法大民商经济法评论

（第九卷）

CUPL-CCE LAW REVIEW

主编／王卫国

CHIEF EDITOR WANG WEIGUO

人民法院出版社

图书在版编目（CIP）数据

法大民商经济法评论．第九卷/王卫国主编．
—北京：人民法院出版社，2013.8
ISBN 978－7－5109－0763－0

Ⅰ.①法… Ⅱ.①王… Ⅲ.①民法－中国－文集
②商法－中国－文集 ③经济法－中国－文集
Ⅳ.①D923－53 ②D922.29－53

中国版本图书馆 CIP 数据核字（2013）第 190709 号

法大民商经济法评论（第九卷）

王卫国 主编

责任编辑：林志农 张钧艳
出版发行：人民法院出版社
地　　址：北京市东城区东交民巷 27 号（100745）
电　　话：(010) 67550572(责任编辑) 67550558（发行部查询）
　　　　　65223677(读者服务部)
网　　址：http://www.courtbook.com.cn
E－mail：courtpress@sohu.com
印　　刷：三河市国英印务有限公司
经　　销：新华书店

开　　本：787×1092 毫米 1/16
字　　数：300 千字
印　　张：14.75
版　　次：2013 年 8 月第 1 版 2013 年 8 月第 1 次印刷
书　　号：ISBN 978－7－5109－0763－0
定　　价：45.00 元

序

《易》："日月得天而能久照，四时变化而能久成。圣人久于其道而天下化成。"学问之人，上仰天道之光明，下参地道之精微，心怀天下，求索不已，刻苦耕耘，持之以恒。历学途之艰辛，经师道之坎坷，淬砺人品，磨勘学术，或可有五车之才情，传世之篇章。曰：若无炎黄以来数百代学人昼夜不息之涓涓，何以见数千年华夏文明气吞万里之泱泱！

今有中国政法大学（简称"法大"）民商经济法学院，乃今日中国法学学人之一群。本院成立于2002年，集法大各相关学科之精英，纳海内外之名宿新锐，组成民法、商法、经济法、民事诉讼法、环境资源法、知识产权法、财税金融法、劳动与社会保障法八大研究所，迄今有专任教师120余名，兼职教授50余名，在校本科生2000名、硕士博士研究生1500名，实乃当今中国最大之民商经济法学者团队。

自2003年以来，本院以"砥砺学术，辩研精要"为旨，设"秋季论坛"，以为成果之检阅，并为交流之平台。当秋高气爽之时，全院师生济济一堂。论坛分若干单元，每单元先以选拔之佼佼者（青年为主）演讲，再由校内外名家（校外为主）点评，听众与嘉宾问答切磋，最后由主持人小结。论坛情趣高雅，气氛热烈，给人"余音绕梁，三日不绝"之感。曰：高堂论学，神采飞扬，雅室求卷，思绪留芳，学问之乐趣莫过于此；松径通幽，才俊辈出，枫林落雁，劲酋长驻，学府之成就莫过于斯也！

为将我辈学人之涓浍，汇入吾国学术之川流，特创办《法大民商经济法评论》。本书选取我校学术论坛的部分论文，按学科分门编排，作者均为本院师生。此外还将开辟翻译特区，刊载师生译作，以飨读者。祈望学界同仁及全院师生对本刊多加垂注、批评和参与。

是为序！

王卫国

（中国政法大学民商经济法学院院长、教授、博士生导师）

目 录

第一部分 民 法

第二部分 商 法

第三部分 知识产权法

第四部分 经济法

第五部分 民事诉讼法

第一部分 民法

“典权入律”的价值与依据
——典权制度的功能与意义

李显东*

一、典权的概念

典权，是指支付典价，占有他人不动产而为使用、收益的权利。① 典权制度是在中国有深远影响的传统法律制度。其最大的特点就是“有买卖之实却无买卖之名”。我国《物权法》虽受台湾地区修订“物权法”时是否保留典权之争论的影响，未规定典权制度，但在社会关系及司法实践中典权制度依然存续。基于典权制度特有的用益与担保之双重功能，不但大陆学者有主张保留典权制度者，② 台湾地区也在相当多学者坚持典制已成“具文”的情况下，在2010年修订的“物权法”中依然保留了第八章“典权”。

台湾地区典权制度为我国所独有，源远流长，更兼其与我国社会人文联系密切，相较于西方法律中的类似制度别具一格，因此学界与社会对其关注度始终不减。随着近年来典权制度之存废在两岸法学界引发争议，典权制度亦再度成为讨论之话题。

（一）典权制度的沿革及其特有传统文化色彩

从典质到典卖，传统意义上的典权制度肇始于隋唐，形成于宋明。追溯典权之渊源，不难发现，最初，典权之所以兴起，乃因我国传统认为变卖祖产尤其是不动产，乃是败家之举，足使祖宗蒙羞，为众人所不齿，故绝不轻易从事，然逢

---

* 中国政法大学民法所教授、博士生导师。

① 梁慧星：《中国物权法草案建议稿：条文、说明、理由与参考立法例》，社会科学文献出版社2000年版，第582页。

② 详见许德平：《典权与不动产质权之比较研究》，载《山东法学》1999年第3期；米健：《典权制度的比较研究——以德国担保用益和法、意不动产质为比较考察对象》，载《政法论坛》2001年第4期；徐洁：《典权存废之我见》，载《法学》2007年第4期。

困窘之际，不能不有解决之计，于是有折衷办法出现，即将财产出典于人，以获得相当于卖价之金额，日后又可以原价赎回。如此，不仅获得资金以应急需，又不至落得遭受变卖祖产之讥。① 此中体现了法律对“那些生存受到威胁者的同情伦理，即法律试图给予贫弱者方便。”② 也彰显了“耕者有其田、居者有其屋”这一类乡土观念与传统伦理对典权制度之肇基。

（二）典权概念之演化

从诞生到最终为成文法所确认，典权的内涵并非一成不变，我国法律制度史上曾经先后出现过典质、典当、典卖并行的情况，直接导致了后来关于其性质认识的混乱，一直到民国民法典修订的时候，“典”才作为完全独立的物权制度在民法典中出现。迄今为止，学界有关典权性质的分歧仍然存在，这也是过去人们对典权性质认识模糊的一种延续。

在对典权的误解中，有一种观点是把典权等同于借贷关系中的抵押或质权，亦或土地关系中的租佃，以为不必在既有法律范畴之外另设典权。这种意见认为，在今日的客观环境之下，典权所能起的作用最多只不过是融资的一种办法，是完全可以用抵押、租佃或其他合同取代的。那样，更符合国际产权惯例。需要指出的是，持这一观点的学者对典权的理解似乎流于表面，因为典权其实是一个与我国乡土观念紧密联系在一起的，是西方现代法律所没有的附有回赎权的土地转让制度，一旦出典，使用权便立即转让，但出典人仍然保留以有利条件回赎土地的权利。③

二、典权制度存废之思辨

（一）典权之回顾与现状

典权制度设立的初衷，无疑是在一定程度上打破传统观念的桎梏，以达到救济贫弱之目的，同时实现社会资源的合理配置。然而，在典权制度趋于成熟的宋明两朝，适逢我国人口增长、土地兼并愈演愈烈之时期，加之法令难以在底层人民中普及，致使典卖制度沦为破产农民向地主出卖土地的“遮羞布”。在典权制度发展的过程当中，人们往往只看到了地主以典卖为手段褫夺农民的土地，却忽视了土地兼并的根本原因在于政策层面的缺陷，如税制的不合理等因素才是加剧土地兼并的主要原因。从这个角度上说，将封建王朝后期的土地兼并现象盲目地

---

① 杨昕宇：《典权制度的价值复兴及其发展》，载中国民商法网，于2013年5月10日访问。

②③ 黄宗智：《中国历史上的典权》，载法律史学术网，网址：http：//www. legal－history. net/articleshow. asp？c_ class＝5&id＝1904&c_ page＝1，于2013年5月12日访问。

归咎于典卖制度，不仅无益于问题的解决，也抑制了典卖制度发挥其积极作用。

自近代以来，伴随着中华法系解体、西方法律制度传入东方，我国的民法体系一贯表现出效法德日的痕迹，在西风东渐的时代背景之下，典权制度能够顽强地在我国近代立法中占据一席之地，充分说明了其在社会生活中不可替代的作用。直到如今，在我国台湾地区，典权制度仍得以比较完整地保留下来，尽管台湾地区半个世纪的司法实践表明，现实中涉及典权法律关系的纠纷并不常见——这一点也正是近年来学者酝酿将典权剔除出民法体系的原因之一——但典权制度本身的存在，就为调整围绕不动产设定的某些权利义务关系提供了一种新的思路。

（二）有关典权性质的探讨

在外观上，典权容易与《日本民法典》规定的不动产质权相混淆，《日本民法典》规定的不动产质权属用益性质，但同大陆法系的不动产质权不同。[①] 典权与不动产质权的最大差别，在于质权是从物权，而非对价性权利，其效力受制于主债权，因此在转质等方面均受限，典权则是对价性权利；而就担保属性而言，典价的返还，并不是一种担保，因为它仅产生债权的效力，而无担保物权具有的优先受偿，即排斥一般债权的对抗力。[②]

同样的，典权也并不仅仅只是某种用益物权的同义词，从回赎、找贴到土地所有权的流转，无不体现了典权处在不可回赎的"绝卖"与单纯的用益物权之间的地带，换言之，典权在功能上近似用益物权，[③]但典权本身又类似于一种缓和了的转让所有权方式，因此有学者指出，典权实际上应划归为用益债权的范畴，毕竟，在当前物权法并未将物权纳入中国大陆民法体系的背景下，称典权为用益物权似不妥当，而从典权产生的基础——合同——来看，典权似为某种附加了对世性的相对权，物权、债权区分的基础在于绝对权和相对权的划分。

在承认典权为他物权的立法之下，典权是在债权的基础上附加了物权的性质，是在相对权的基础上附加了绝对权的性质，是在对人权的基础上附加了对世权的性质。从法律关系论来看，这种附加只是增加了对典权人的保护，在相对法律关系之外，又成立了客体为或不行为的绝对法律关系。[④]

学界对典权的研究还会深入下去，但典权的存在本身，已经为今人利用典权制度解决一些其他制度所无法解决的问题提供了契机。

---

① 参见《日本民法典》第342条、第356～361条。本文仅将典权与日本的不动产质权作比较。

②③ 隋彭生：《论作为用益债权的典权——兼论确立附有不动产留置权的典权》，载《政治与法律》2011年第9期。

④ 隋彭生：《绝对法律关系初论》，载《法学家》2011年第1期。

三、典权的现实意义

——与农村土地流转在改革背景之下的历史耦合

（一）土地承包经营权设典可以有效地促进其流转

农业的现代化需要土地的适度集中以实现农业生产的规模化和集约化经营。而土地的适度集中和规模化经营，只能是通过农民自愿的交易来进行，这就客观上要求进一步放开对农村土地流转的限制。如果把农村土地承包经营权作为债权，则其转让、转包需要经过发包人同意，这显然不利于农用土地进行市场流转。而物权的转让，原则上无须获得他人同意或者通知，土地承包经营权的物权化，就为其流转“松绑”提供了法律上的依据，从而可以更有效地促进土地承包经营权的流转。①

农民享有的土地承包经营权成为物权之后，物权人处分其权利业已不再受制于他人，这不但能够使其真正作为一项稳定的财产进入市场，产生应有的交换价值，而且能使农民的利益与土地联系更为密切，从而更好地维护土地权益。②

显而易见，土地承包经营权物权化后若进一步容许其设典，就更为其流转“松绑”提供了法律上的依据，既能有效地促进土地承包经营权的流转，也有利于土地资源的优化配置，达到发挥农用土地集约经营效益之目的。

（二）典权可作为解决农村金融供给不足的有效路径

1. 传统民间借贷不具有足以解决资金需要的普遍性。民国时期对典卖的相关研究表明，典作为具有中国特色的一种民间自然产生的他物权制度，其所具有的灵活性使其独显理论与实践优势。典不但在某些方面远胜于西方的不动产质权，如典权系以移转占有为要件，与抵押权有所不同。而且，相对于拍卖的繁琐手续，典权人可多年占有典物，只要予以找贴，即取得所有权，其运行便捷。③

因此，如果赋予典权以有力的明文法律保障，则典权便可以充分发挥其长处，应用其既有用益又有担保作用的“天赋”，游刃于农民的融资之间。我国要加快建立资本充足、功能健全、服务完善、运行安全的农村金融体系，必然少不了典权作为其中一分子的支撑作用，因此从实体法意义上接受典权，从部门法的实效上保护典权，无疑是最明智之捷径。

2. 禁止土地所有权的转让和抵押必然阻碍土地融资。许多台湾地区学者认

---

① 杨玉熹：《论物权法定主义》，载《比较法研究》2002年第1期。

② 丁关良：《谈农村土地承包经营权的物权化》，载《山东农业大学学报（社会科学版）》2002年第2期。

③ 选自《典权制度的功能分析及立法选择》，载法律教育网，于2013年3月12日访问。

为典权制度已成具文，故目前业已没有必要再设立典权。台湾地区实行的是土地私有制，其土地所有者们均可以像处分其他一切商品一样自由将土地抵押与买卖，随着融资渠道的不断发展，自然减弱了农民适用典卖的意愿，使其似乎变得不再必要。

但在我国大陆的公有制为基础的农村土地集体所有制条件下，土地公有制使得土地所有权既不能成为买卖合同的客体，也不能成为抵押权法律关系的客体。法律严格地限制土地的商品化流转，而农民作为农村集体经济组织的成员，其所享有的又只能是土地承包经营权这样一种用益物权，因此在仅能使用土地的情况下，土地的融资作用无疑也就遭到了雪藏，其可能发挥的巨大作用仅仅由于这一法律障碍而难以成就。

（三）典权可作为化解小产权房交易困境的工具

1. “小产权房”的概念出于房地两权的分离。所谓小产权房是指在集体所有的土地上建设并向本集体经济组织成员以外的人出售的房屋。亦称所谓“乡产权”，系指在农村集体建设用地上建成的，房屋属于该农村的集体所有者，由基层政府颁发产权证书。这种房产没有国家依法颁发的土地使用证和预售许可证，购房合同国土房管局也不会给予备案。

据国土部不完全统计，2007年以前，全国小产权房的面积累计高达66亿平方米。[①]究其成因，首先是城乡二元化的土地结构所致；[②] 其次是经济利益的驱动所致；最后是土地财政造成有关部门的监管不力所致。

2. 已有的清理小产权对策众说纷纭：

（1）补交地价款。即除非严重影响国家和城市的统一规划，对于那些合理合规建设的小产权房，在补办相关手续、补交相关费用之后应当给予相应的正式产权。[③]

（2）试点物业税。即在补交房地产交易环节税收后，通过物业税形式，确认业主持有环节的合法性，并形成政府稳定的税收。[④]

（3）农村宅基地租赁的放开。即在农民将其住宅转让给本集体经济组织成员以外的他人时，推定在房屋使用期限内房屋受让人与集体经济组织之间有租赁

---

① 21世纪经济报道（广州）：《小产权房整治进入倒计时 初步方案已提交国务院》，载网易云音乐，网址：http：//money. 163. com/12/0403/09/7U5GN50500252G50. html，于2013年3月12日访问。

② 陈国强：《户籍制度二元化土地体制制约城市发展》，载新浪房产，网址：http：//bj. house. sina. com. cn/hy/2011－09－07/1054374395_ 5. shtml，于2013年3月12日访问。

③ 蔡继明：《小产权房数量惊人要承认现实》，网址：http：//news. sina. com. cn/c/2010－03－12/164719851557. shtml，于2013年3月12日访问。

④ 童大焕：《物业税不妨以小产权房做试点》，载《中国社会报》2009年6月3日第B02版。

关系。[①]

（4）将小产权房顺势转为保障房。主要针对已经建成、尚未出售的小产权房，经政府验收合格后收购作为保障房来源，以弥补保障房供应的不足。[②]

3. 已有对策多与我国现行法律制度不尽相容。对于补交地价款以确认产权、以小产权房试点物业税的主张，其制度前提是集体土地使用权的可流转性，因而与现行法律制度并不相容。

关于宅基地租赁或其他的集体土地使用权租赁的主张，因为集体土地使用权的出租同样受到了严格的限制而不具可操作性，且租赁作为债权不利于保障购房者利益。

关于将已建成、未出售的小产权房由政府验收合格后收购作为保障房的观点，只适用于未违反城乡规划且质量合格的部分，而以深圳为例，超过95%的小产权房都没有办理工程验收，达不到消防验收标准，存在严重的安全隐患。[③]

4. 典权制度与小产权房清理的契合性。首先，房屋所有权仍归出典人，符合现行土地制度；其次，典权人对房屋享有用益权，使居者有其屋，满足典权人对房屋占有、使用、收益的需求；再次，回赎权的行使可充分保障农民权益，防止农民失地又失房，比纯粹的买卖更能保护农民权益，又能充实农民对其房屋的利用权，满足其融资需求。

四、典权入律是对物权法定之缓和的呼应

（一）仅有司法解释和习惯调整的典权是否为法定的物权

早在《物权法》还处于起草阶段之际，立法者就针对“典权入律”展开了讨论，几经波折，最后呈现在我们面前的《物权法》最终也没有将典权纳入其中，这决定了当前典权在中国大陆所处的境地：尽管典权制度是一笔宝贵的财富，但在今天其地位却十分尴尬。由于没有明确的法律规定，罕有司法机关作出有关判例。有学者就曾经指出：大陆有关典权制度的研究囿于理论层面是由于我国调整典权关系依据的仅仅是最高人民法院的批复、意见和民间习惯，而无明确

---

① 王文军：《论农村宅基地上房屋的买卖——“小产权房”的另一种形式》，载《清华法学》2009年第5期。

② 《郭松海8提案：小产权房可弥补保障房供应不足》，网址：http：//www. iqilu. com/html/house/dongtai/2012/0309/683287. html，于2013年3月12日访问。

③ 《深圳小产权房无证建设数量惊人 超95%存在安全隐患》，网址：http：//house. ifeng. com/news/detail_ 2012_ 03/07/13027909_ 2. shtml，于2013年3月12日访问。

的法律依据借以定纷止争，因而限制了典卖这一制度在现实生活中的广泛应用。① 虽然典权制度之独特的魅力不容否认，但毕竟《物权法》最终并没有将典权规定进去。换言之，在“物权法定”原则面前，典权始终处于名不正则言不顺的尴尬境地。

1. “物权法定”的概念与意义。所谓“物权法定主义”是指，为了保护交易安全和维持社会的经济秩序，任何国家对物权的种类、内容、效力和公示方法都必须采取法定主义的办法。反过来理解，除了民法和其他法律所明文规定的以外，任何人不能创设物权的种类，对既有的物权也不能创设其他的内容、效力和公示方法，这就叫作物权法定。物权法定主义，如果从其发端之时算起，迄今已走过了近二百年的漫长历程，成为了物权法结构体系的基本原则之一。②

2. 物权法定是现代他物权社会化与公法化趋势的集中体现。现代物权法的社会化潮流是对私人财产依法予以限制，法律不仅禁止所有权的滥用，使所有人的权益日益服从于公共利益，而且强调所有权人负有在社会所提供的法律义务范围内正确行使所有权的义务。③ 20 世纪以来，为了提高对物的利用关系的效率，保护物的利用人的正当利益，促进资源的充分利用，所有权向他物权重心转移，表现出所有权与其所包含的各项权能间分裂的倾向。④ 因而才有了利用权强化的规定出现。这些都是所有权社会化理论的具体表现。⑤

“在授予某人对财产的实际利用，同时授予另外的人保有获取的实物财产作为收益权利甚或资本的担保，”⑥ 这种所有权与其权能的分离成为必要时，只有“典卖”制度才能将其保持在一个限度内，使法律将私法的两个基本原则即自由与效率予以衡平。

3. 物权法定旨在效益与公平之间建立起理想的财产秩序。物权法定原则的核心内容，就是为了建立统一的财产秩序，贯彻物权法定原则，才能建立清晰、明确、统一、完善的物权体系，保障整个社会的秩序化，促进交易的高效快捷。物权法定主义作为一项制度安排，符合“制度化所带来的好处与制度化放弃的灵

---

① 参见杨与龄：《论典权制度之存废》，载《民商法论丛》（第十二卷），法律出版社 1994 年版，第 299 页。

② 王泽鉴：《民法物权》，中国政法大学出版社 2001 年版，第 44 页。

③ ［德］罗尔夫·克尼佩尔：《法律与历史》，朱岩译，法律出版社 2003 年版，第 259 页。

④ ［日］我妻荣：《日本物权法》，有泉亨修订，李宜芬校订，台湾地区五南图书出版公司 1996 年版，第 6 页。转引自胡绪雨：《法定主义价值演进与合理性分析——我国物权法的制定是否应当坚持物权法定原则》，载《法学论坛》2006 年第 21 期。

⑤ 谢在全：《民法物权论》，中国政法大学出版社 1997 年版，第 1117 页。

⑥ ［英］F. H. 劳森，B. 拉登：《财产法》，施天涛、梅慎实、孔祥俊译，中国大百科全书出版社 1998 年版，第 107 页。

活性的价值在边际上相等。”[①] 因此物权法定原则是成文法国家的立法传统。

（二）僵化的物权法定原则难以确认典权的合法性

1. 物权法定主义的局限性随着社会情势的变化愈益显露。近现代大陆法系各国民法均采物权法定主义。[②] 物权法定维护的是法律的稳定性，其既可减少交易费用，又可保障交易安全。但法律稳定性的同义词，从法律意义上说可以包括僵化与保守。物权法定本身有其不可避免的先天自身局限：让立法者设计的物权种类和内容完全都符合社会发展需要的初衷，但事实业已证明这是绝无可能的事情。

物权法定主义因其将所言的“法”拘泥于民法典等成文法，结果使自身陷于僵化的泥坑，并与社会的需要脱节，甚至成为社会经济进一步发展的桎梏。可见，物权法定主义，须时刻追随社会生活的变迁而不断注入新的因素不可。[③]

2. 立法是各个具体时代的产物。立法作为一项探求真理的认识活动，其本身必然受人类认识能力非至上性的限制。[④] 各个时代的立法者必然都会在法律上留下缺漏，使法律不能涵盖社会关系的一切方面。加之社会经济关系在日新月异地发展，社会生活的新需要也在不断地涌现。这些都势必产生立法之初规定的物权类型和内容无法满足现实社会的需要的矛盾。

3. 物权法在本质上是具有强烈民族色彩的固有法。每一部物权法制定之际，立法者往往都会基于当时的社会需要而将习惯法上的物权统统纳入并规定之，这些物权虽大多适宜于当时的社会需要，但随着社会情势的变化，它们又会发生与社会需要脱节甚至相互抵触的现象，为社会所不容。[⑤]

无疑，随着社会经济的发展，物权类型和内容的过于僵化必然会越来越难以满足现实的需要。如果不吸纳新的种类与内容至物权法体系之中，定将使一些问题无法解决，造成法律与实务的严重脱节，对经济秩序和法律秩序都将极为不利。

4. 立法本质上就是一个临时应急措施定型化的过程。物权法固有的传统性和民族性，一些新的物权类型和内容必然伴随习惯长久酝酿、发展与成熟，而这

---

① 汪丁丁：《在经济学与哲学之间》，中国经济出版社2000年版，第61页。

② 事实上，某种权利是否需要确认为物权，更重要的还是一个立法政策的问题。亦即，立法政策对于某种权利是否属于物权乃具有决定性的意义。当立法政策认为某种权利确有承认为物权的必要时，即应认为该权利为物权，反之则否。参见［日］铃木禄弥：《物权法讲义》，创文社1994年版，第344页。转引自陈华彬：《物权法教程》，首都经济贸易大学出版社2008年版。

③ 陈华彬：《物权法教程》，首都经济贸易大学出版社2008年版。

④ 徐国栋：《民法基本原则解释》，中国政法大学出版社1993年版，第140页。

⑤ 陈华彬：《物权法》，法律出版社2004年版，第82页。

需要一个过程，一个立法认识的过程。正如梅因指出：社会的需要和社会的意见常常是或多或少地走在法律前面的。我们可能非常接近地达到它们之间缺口的结合处，但永远存在的趋势是要把这缺口重新打开。因为法律是稳定的，而我们所谈到的社会是进步的。①

5. 从理念上看物权法定与私法自治内在要求冲突。毋庸置疑，私法自治、契约自由才是商品交换本质的要求，而物权法定原则却要求非经物权法或其他法律规定者，不允许当事人自由创设物权的种类和类型，即“法无明文规定即不可为之”。② 物权严守法定主义的结果只能使私法自治半途而废。

相对于合同法领域实行的契约自由，规范财产归属与分界的物权法所充满着的强制，都使物权法定明显与民法的基本理念、与私权的本质格格不入，这不但严重制约了物权领域的自治空间，也减少了当事人交易的选择机会。

五、典权制度的完善

（一）传统典权制度与小产权房问题的冲突症结：作绝

1. 传统民法中典物逾期不赎要转为绝卖。传统典权中，出典人逾期不回赎典物，典物所有权归于典权人，典权关系消灭。③ 在此种方式的作绝中，不存在典权人支付典价与时价之差价的情况，而是直接以买卖关系替代典权关系，因而也被称为“非找贴绝卖”。④

2. 典权一般均可通过找贴转为绝卖。典权存续期间，出典人与典权人达成协议，典权人向出典人支付的典物时价超过典价部分金额，即取得典物所有权。

通过上述两种所谓“作绝”，必然都要引起小产权房的所有权变动，而这无疑又与我国现行法相悖。这自然成为通过“典权”清理“小产权”的最大法律障碍。

（二）以小产权房问题为基点改造传统典权制度

为利用典权制度彻底解决小产权房问题，必须废除典权制度中的作绝对小产权房的适用。本文认为，可通过适用典权制度既有的别卖及构建留置权来调整典期届满的法律关系。

---

① ［英］梅因：《古代法》，沈景一译，商务印书馆 1995 年版，第 15 页。

② 苏永钦：《走入新世纪的私法自治》，中国政法大学出版社 2000 年版，第 87 页。

③ 如前述我国台湾地区“民法”第 923 条、第 924 条之规定。

④ 隋彭生：《论作为用益债权的典权——兼论确立附有不动产留置权的典权》，载《政治与法律》2011 年第 9 期。

1. 别卖：

首先，在典权存续期间，出典人可以将房屋所有权转让给其他符合购买条件的民事主体如同一集体经济组织的其他成员，以所得价款归还典价。

其次，出典人未进行别卖、典期届满又不回赎的，典权人可以将房屋卖与第三人，以收回典价，消灭典权。此处的第三人须为适格主体，主要是同一集体经济组织的成员，而这实际上增加了别卖的难度，是对典权人别卖的极大限制。

2. 设立"房屋储备中心"对验收合格的小产权房予以收储。与此相似的是集体建设用地抵押贷款中抵押权如何实现的问题，实践中一般通过政府土地储备中心以土地收储的方式予以解决，[①] 因而，针对小产权房别卖的困境，可参考上述政府收储方式，设立房屋储备中心，[②] 对验收合格的小产权房进行收储，一方面增强了别卖的可操作性，另一方面也可将收储的房屋纳入住房保障体系。[③]

3. 基于留置权进行的占有应受法律保护。出典人未将房屋别卖或找不到合适的买主，典期届满后又不回赎，此时典权人欲将房屋别卖，也可能找不到合适的买主。此种情况可以通过在典期届满未回赎时赋予原典权关系中的典权人留置权的方式予以解决。此时，典期虽已届满，但由于未能收回典价，原典权人基于留置权得以继续占有该房屋，不因典期届满而丧失占有的合法基础。

对传统典权制度的上述改造，可以实现典权制度与清理小产权房的衔接。以典权关系构建小产权房法律关系，一方面能够促进农民对其不动产的利用，完善其所有权能，另一方面又能保证购房者的住房需求，总体上有利于房价的调控。由于房屋所有权并未转移以及回赎权的存在，在很大程度上打击了炒卖小产权房的行为，更重要的是，其与我国现行土地制度相符，达到了时下既要适法，同时又要兼顾各方利益的清理小产权房之目的功能。

典权诞生之初，显然是带有济弱的道德色彩：出典人多为经济上之弱者，使其于典物价格低减时抛弃其回赎权，即免负担；于典物价格高涨时，有找贴之权利，诚为我国道德上济弱观念之优点。[④] 然今日不同往昔，城市化进程加速致使

---

① 赵伟莉、陆峰：《海门尝试集体建设用地抵押贷款》，载《中国国土资源报》2008 年 11 月 20 日；刘长荣：《枝江：以政府土地收储方式处置不良资产》，载《中国农村信用合作》2009 年第 12 期。此外，《成都市集体建设用地使用权抵押融资管理办法（试行）》第 17 条规定变卖或拍卖的集体建设用地使用权"可由集体建设用地所有权人收购，也可由区（市）县土地储备中心按集体建设用地最低保护价收购。"

② 与此相似的如 2008 年成都市委出台的《关于加强耕地保护进一步改革完善农村土地和房屋产权制度的意见（试行）》提出"有条件的区（市）县可以成立农村房屋储备中心，以市场价格收购进城农民的农村房屋，促进农村房屋流通。"

③ 政府收储房屋用于住房保障之实践，详见侯大伟：《为住房保障攒房源，成都设住房储备中心》，载《新华每日电讯》2007 年 9 月 11 日。

④ 杨昕宇：《典权制度的价值复兴及其发展》，载中国民商法网，于 2013 年 3 月 12 日访问。

乡土观念随之发生转变，最为明显的变化在于土地使用权的流转不仅更加频繁，同时也带有更浓厚的商业色彩，在这一背景下，典权作为交易的一面应当得到彰显。

同过去相比，如今的典权人与出典人之间的地位发生了显著的变化，毋庸置疑，典权制度赋予了出典人以理论上的优势地位，从权利义务分配上来看，出典人享有回赎、找贴等权利，相较而言，典权人则处于被动的地位，没有足以与之对抗的权力；但是，考虑到封建社会森严的社会等级，以及在传统观念的影响下，出典人往往处于极度窘迫的境地才会考虑出典祖产等因素，这种权利义务的倾斜并不足以改变出典人居于相对劣势的事实；而从典权人角度看，其之所以能够支付典价，取得典物的占有使用收益的权利，其目的并不只是占有使用收益该不动产而是最终想取得该不动产的所有权。因此，将回赎设置成出典人的权利，实际上是对典权人的一种抗衡。①

但是在现代典权中，出典人和典权人的关系却发生了变化。

首先，如上文所述，现代社会，商业意识深入人心，加上近几年中国大陆房地产市场呈现过热的态势，往往出典人不再是急等资金周转的被动地位，而典权人却有可能是需要住房的紧急状态，传统的买方市场变成了现在的卖方市场，掌握稀缺资源的主体从过去的典权人变成了今天的出典人：出典人将自己多余的房产出典，获得典价，然后将所获得的典价做更多的投资，而此时典权人的想法也不再是最终取得房屋所有权，因为他已不再掌握典权关系中的话语权；其次，作为相对强势的一方，典价将由出典人主宰，意味着典权人无法对典价施加决定性影响。因此，如果再将回赎等作为出典人的权利，而不为典权人设置与之相抗衡的权利，将典权存在或消灭的决定权全部由本来就强势的出典人行使，那么对典权人来说很不公平。

针对现实，同样保留典权制度的韩国作出了相应改进，韩国法律上为保护典权人的利益，设置了典权人的拍卖请求权、优先受偿权等制度，除维护典权人使用收益之外，更加保障典权人的典价返还。② 这些都值得我国借鉴的。

可以说，正是由于济弱色彩的褪去，典权才能够在今天发挥更大的作用，但也正是由于这一点，典权制度的合理性与公平性遭到了削弱，为了充分发挥典权制度的价值，一味地承袭是不够的，典权制度的完善是必要的任务。

一个典型的例子是，典权与用益物权之权利人均享有对土地使用与收益之权

① 参见邓纯：《由典权存废的争议而引发的思考》，载《法制与社会》2009年第9期。

② 王全弟、陈建宏、高贤升：《典权制度比较研究》，载中国民商法律网，网址：http://www.civillaw.com.cn/article/default.asp?id=37240，于2013年3月12日访问。

能，此为二者相似之处，在此基础之上，典权制度更赋予了典权人取得土地所有权之可能，为保障这一可能的实现，典权期限之设定，至为重要：倘若期限过长，则土地所有权与占有事实可能长期分离，造成法律关系的不稳定；期限过短，鉴于出典人一般处在经济上的弱势地位，典权制度则容易演变为土地买卖的“遮羞布”。

前人亦曾留意到这一问题，乾隆年间所订户部则例就规定：民间活契，典当田房，其契载10年以内者，概不纳税。即是官府许以不纳税之利好，鼓励百姓缩短典期；该则例又规定：民人典当田房，其契载年份，统以10年为率，倘于契内多载年份，一经发觉追缴税银，照例治罪。这是对典期最高年限加以硬性规定。

在可预见的未来，我国仍将处于城乡转变加快、经济高速发展之阶段，因而对于典权期限的设定，需要通过调查研究，体现现实性与前瞻性。

另外，通过之前物权法草案透露出的立法者观点，典权仍然仅适用于建筑物，而不包括土地，或许这种观点的背后是我国土地均为国有或集体所有性质所导致，但这种认识亟待突破：首先，在当代中国，有一点共识已经达成，即所有制性质不应当成为经济发展的桎梏；其次，我国民法上为解决土地的流转煞费苦心的炮制了土地使用权的概念，仔细研究之后不难发现，此使用权绝非一般意义上的使用权，其内涵决不止是一种权能，而是十分近似于所有权。① 从实际情况来看，土地使用权人即使不是完全享有处分权，也差之不多。因而，就土地使用权的属性来看，是完全可以设定典权的，存在于土地流转领域恢复典制的可能性。因此，在大陆下一个阶段的立法活动中，打破典权的人为设限，将典权的适用范围扩展到土地上，是完善典权制度，推动构建一个容纳典权的民法体系的必要课题。

① 杨昕宇：《典权制度的价值复兴及其发展》，载中国民商法网，于2013年3月12日访问。

民法基本原则解释：意思自治原理及其展开

侯佳儒*

一、问题、假说及研究的目的和方法

什么是民法基本原则、民法基本原则包括哪些内容？这是本文要回答的基本问题。

把“民法基本原则”视为“意思自治原理”通过演绎逻辑推演而形成的体系，把“民法基本原则”一词所指代的全部对象通过对“意思自治原理”的演绎推理来确认、解析和定义，这是本文的研究方法，也是本文的首要观点和基本假说。由此，本文核心问题还将包括这样两项：第一，关于意思自治原理——何谓意思自治？何谓基本原理？又如何理解“意思自治是民法学的基本原理”？第二，民法基本原则是意思自治原理的演绎体系——那么，用演绎逻辑推演民法基本原则体系，有何根据？又有哪些要求？民法基本原则如何从意思自治原理中推演出来？

撰写本文有三个目的：

目的之一，对民法基本原则问题作出新的阐释，澄清理论悬疑。对基本原则的研究，法学界一向众说纷纭，鲜有共识。在民法基本原则问题上，也是如此。对于“民法基本原则”，目前学界多从其外部特征、功能作用角度考察并作出描述，但对其本质、形成原因却鲜有探究；在研究方法上，研究者一律采用学说的归纳整理、比较法的经验借鉴、历史分析、法社会学分析等方法，一律片面地依

* 中国政法大学民商经济法学院环境法研究所副教授、法学博士。

赖归纳逻辑，这使得相应研究成果大同小异，难得实质性突破。[①] 为避免重蹈旧辙，本文将转求演绎逻辑，从发生角度探究民法基本原则的来源、本质和功用。这种研究思路，采取了全新的立场和方法，涵纳了全新的理论视域，拥有了全新的问题意识，因此，所见所识必然大异于学界先前见解。为此，对既有观点、学说本文将不作专门检讨、回应；相关论点争议，在本文将被视作“入门的向导”[②]、视作一份问题清单，在将民法基本原则作为意思自治的演绎体系进行推理的过程中，对问题清单上涉及到的争议、分歧，本文将直接表明立场、观点，不作展开；对问题清单上涉及到的每一具体原则，也将直接检验其有无存在的合理性，直接界定其与其他原则存在何种秩序、关系。

目的之二，通过阐释民法基本原则，重申意思自治——民法学的基本原理。在当前民法学研究中，意思自治是一个被冷落、被遗忘的话题。它要么被当成传统民法学过时的主张，要么被当成美丽空洞、且无实益的私法理念。[③] 虽然，我们依然在说意思自治是民法学基本原理，但却少有人真正知晓、意欲知晓其究竟有何深意。恰恰相反，对意思自治弊端、私法社会化、民法社会化、私法公法化这些议题，学界却耳熟能详。事实上，如果不弄清民法何以意思自治、如何意思自治、意思自治之于民法究竟有何意义，那么，任何民法社会化、私法公法化之类的论调都缺少根基，任何相关研究都缺少参考的坐标和维度。因此，本文将通

① 对于民法基本原则问题，涉及的教材或研究的专论甚众，但并未形成一套公认的、准确的定义和理论表述；对于不一致和存在争议之处，大多数论者的处理方式只是申明立场、自说自话地表明自身观点。总的来说，对此问题，学界尚缺乏深入讨论和理论对话。在具体观点上，民法基本原则研究有如下特点：第一，对民法基本原则欠缺系统性、整体性的把握。一般都是将传统民法三大原则与诚信原则、公序良俗原则割裂开来，将传统民法三大原则作为传统民法理念来讲述，对诚信原则、公序良俗原则视为现代民法基本原则，视为现代民法模式的重要特征，而对各个具体原则相互之间的关系，民法基本原则与其上位规范和下位规范的关系，都关注较少。第二，民法基本原则重点在诚信原则和公序良俗原则上，将二者视为民法基本原则的“帝王条款”，视为授权法官自由裁量权的授权条款，有论者认为其是克服成文法局限性的工具。第三，研究方法上，一律依靠比较法、历史研究、概念文义梳理、法社会学研究等方法，片面依赖归纳逻辑的运用，而缺乏对演绎逻辑和理论体系建构的关系的研究。专论参考徐国栋：《民法基本原则解释》，中国政法大学出版社 2004 年版；董学立：《民法基本原则研究——在民法理念与民法规范之间》，法律出版社 2011 年版；陈历幸、杨鹏飞、侯放：《民法的理念与运作》，上海人民出版社 2005 年版；于飞：《公序良俗原则研究》，北京大学出版社 2006 年版；徐国栋：《诚实信用原则研究》，中国人民大学出版社 2002 年版；赵万一主编：《公序良俗问题的民法解读》，法律出版社 2007 年版。

② 借用毛泽东语：“我们看事情必须要看它的实质，而把它的现象只看作入门的向导。”参见毛泽东：《毛泽东选集》（第一卷），人民出版社 1991 年版，第 99 页。

③ 意思自治问题目前在民法学话语体系里，基本上都与民（私）法理念、民（私）法精神这些概念相关联，而意思自治是民法学基本原理，仅仅是被提及，对这一命题之具体内涵，学界并无深究。

过重新阐释民法基本原则，重申意思自治原理。[①] 具体方法，根据庞德的观点，本文同时具有“分析方法”和“哲理方法”两种特征：一方面，意思自治在本文被视为民法体系的理想、主旨，借助这条线索来梳理民法规范体系的内在经纬，这符合“哲理方法”[②] 的理路；另一方面，本文对民法体系的理想、主旨和逻辑前提穷根究底，通过对民法规范、制度和基本原则的体系化阐释，反过来，就是为证明、再现和重塑民法的理想——作为民法文本之“前见”和原始预设的意思自治——这又符合分析方法[③]的特征。事实上，将分析方法与哲学方法结合起来，兼顾经验与逻辑双重维度，不但可行，且对当代民法学、乃至法学的研究也是十分必要的，借用徐爱国教授的说法，“从私法制度中寻找法律的精神，从法哲学的抽象中寻找法律实践的意义，应该是法哲学界和法理学界共同的任务。当民法学界和法理学界携手起来，共同探求私法制度及其理念，我们才能找到我们自己真正的民法学和法理学。”[④]

目的之三：通过意思自治原理推演民法基本原则，通过解释民法基本原则重申意思自治，最终目的，是为了重申和践行当代中国民法学的三大使命。民法转型是当今时代潮流，但中国民法转型身处特别境遇。西方民法转型只涉及时间一个维度，是从近代民法向现代民法转变，其本质是近代民法模式发生了后现代转向。[⑤] 但在我国，当代民法[⑥]转型具有双重维度：在时间维度上，当代民法驻足现代向后现代转向的路口，介于近代民法与现代民法之间，它经受现代主义和后

---

① 侯佳儒：《意思自治之外民法学基本原理——基于语义分析的建构性理解与诠释》，载《江海学刊》2010 年第 1 期。

② 这一方法所研究的乃是法律体系和制度准则的哲学基础以及这种体系中的理想要素。它力图构建起法律体系中的哲学牵涉并且力图通过哲学来理解和组合其理想要素。它假定了有关法律目的或法律秩序的目的的理想，而根据这些理想，人们便可以对法律制度、法律准则和法律律令做出评价和批判。［美］罗斯科·庞德：《法理学（第一卷）》，邓正来译，中国政法大学出版社 2004 年版，第 20 页。

③ 这种方法所关注的是一种法律体系的结构、主旨和律令，以求通过分析而达致该法律体系赖以为逻辑前提的若干原则、理论和概念，并且在此一逻辑的基础上将司法和行政裁决的权威性材料组织起来。它假定了一套于逻辑上相互依凭的法律律令，或者视其为一种理想。这只是一种假设或一种理想，因为历史上从来就不曾有过相互依凭得这般完美的法律律令。但是，这种假设却不仅有助于使法律便于讲授和易于理解，而且也有助于使其具体律令符合理性。上引庞德书，第 19 页。

④ ［加拿大］欧内斯特·J·温里布：《私法的理念》，徐爱国译，北京大学出版社 2007 年版，“译者前言”，第 7 页以下。

⑤ 侯佳儒：《近代民法的现代性危机及其后现代转向——兼论当代民法使命》，载《中国政法大学学报》2009 年第 2 期。

⑥ 近代民法、现代民法是两个描述性概念，分别用来描述大陆法系启蒙时代的民法模式和进入 20 世纪后的民法模式，而当代民法则应当是一个建构性概念，即立足当下中国的历史建构，当代中国民法学应当是有中国问题意识、扎根中国语境的话语体系。参考侯佳儒：《环境法学与民法学的对话》，中国法制出版社 2009 年版，第 210 页以下、第 220 页。

现代主义双重思潮的侵蚀和蛊惑；在空间维度上，当代民法介于东西方文明的交汇处，儒家文化与西方文化的交汇口，它时刻感受文明的冲突与“文化震撼”(Culture Shock)。这种时空境遇，决定了当代民法有三项任务：继承西方近代民法遗产，应对西方现代民法带来的挑战，完成中国私法文化的启蒙、整合和重构；这种时空境遇，“现代”与“后现代”大交接、中西文化视域大融合，赋予当代中国民法肩负沟通东西文化、由近代民法向现代民法转型和重申启蒙精神的三大使命。[①] 这三大使命，是本文内在的问题意识。实际上，重申意思自治，即在重申启蒙理想；通过建构民法基本原则体系来重申意思自治，即是在当下时空，在现代民法枝叶凋零、碎片飞扬的境况下[②]，重塑近代民法；而通过重新理解和阐释公序良俗原则的当下意义，赋予公共秩序和善良风俗以有创意的误解[③]，则可能为民法的跨文化沟通开辟可行之路。

二、三项准备工作

（一）作为逻辑大前提的意思自治

意思自治是私法的理想，它主张个人生活应自主、自治而不受非法干涉。其伦理根基，简单说，就是一条道德律令：“人间最高贵的事就是成为人”“法的命令是：‘成为一个人，并尊敬他人为人’。”[④] 以“意思自治”为基本原理的民法，就是使每个人“成为一个人，并尊敬他人为人”的规范体系。

在民法学话语体系里，其实有两个意思自治：一个是意思自治原理；一个是意思自治原则。作为民法演绎体系大前提的是意思自治原理，即私法的理想。这一私法理想，是近代西方社会的产品，是一种“地方性知识”，[⑤] 它植根于启蒙时代的文化土壤，因此它对人、法律和人世伦理的理解，都颇具启蒙时代的精神

---

① 侯佳儒：《近代民法的现代性危机及其后现代转向——兼论当代民法使命》，载《中国政法大学学报》2009 年第 2 期。

② 所谓现代民法就是近代民法被迫地去适应现代性危机，而逐渐发生后现代转向的历史产物。现代民法有着强烈的后现代主义精神特质、思维特质——后现代主义宣称确定性已经终结、基础已经塌陷、反正统、解构、对世界的碎片化图解等等，这些观念在现代民法模式上都有体现——现代民法其实就是一种典型的后现代法律现象。参考前引①，侯佳儒文。

③ 新的文化承载者接受一些有持续性的因素，同时也导致它们的变异：每回历史上的相逢，都是有创意的误解。[德] 弗朗茨·维亚克尔：《近代私法史》，陈爱娥、黄建辉译，上海三联书店 2006 年版，第 30 页。

④ [德] 黑格尔：《法哲学原理》，范扬、张企泰译，商务印书馆 1996 年版，第 46 页。

⑤ 将法律视为地方性知识和社会产品，是法律文化分析的基本命题和观点。

和气质：关于人、人是自身目的。因为人具有理性和自由意志；[①] 每个人（MENSCHEN）都应使自己成其为“人”（PERSON）、自由为人，不自由，毋宁死，自由系人对自身的自然法义务。关于法律，个人自由系法律之基础，“一个依照法律的人类最高自由的组织，由于这个，人人的自由，可以与他人的自由相调和的……这个不单是必须放在国家组织第一计划，而且必须放在他的一切法律的基础上面”[②] ——因此，以个人自由为“基础”的法律，须满足每个人的自由都相互“调和”，须奠基在人与人互相尊重的人世伦理上，即“每个人得要求他人尊重其存在及尊严，而此更须以尊重他人为前提。”[③]

意思自治是民法学基本原理，这一命题表明民法对个人与自我、他人、社会、国家之间关系的规范，系采取个人主义的立场、观点：它确认个人相对于万物，居于中心位置并具有主体性地位；它肯定个人自由至上、个人权利至上，主张个人仅以满足社会共存为最大对价去换取个人最大限度的自由；它要求民法对社会关系的调整、民法学对问题的解释和阐释，都须从个人的立场、角度、视野出发，都须采取以个体为本位、以权利为本位的模式。[④] 意思自治是民法学基本原理，就是说，如果民法是一个被解读的文本，那么意思自治就是这个文本全部的要义、秘密和理想：所谓要义，即意思自治是整个民法规范体系内在的精神、灵魂，它赋予现行民法规范体系以生命意志和发展动力；所谓秘密，即对于我们理解民法而言，意思自治是最基础、最根本、甚至最终有效的语言中介[⑤]，它是我们趋近民法的基本路径，是我们打开民法帝国的入门钥匙；所谓理想，即意思自治是民法制度的终极价值取向，是私法文化对个人生命价值和意义的最终信仰。[⑥]

在这里，意思自治被当作演绎推理的逻辑大前提，实际上包含两个假设：第

---

① 在全部宇宙万物中，人所希冀和能控制的一切都能够单纯用作手段，唯有人，以及有理性的创造物，才是自在目的本身。［德］康德：《实践理性批判》，关文运译，商务印书馆 1960 年版，第 89 页；人是自身目的，就是因为他自身中具有神圣的东西——那便是我们从开始就称为理性的东西，又从他的行动中的自决力量，称作自由。［德］黑格尔：《历史哲学》，三联书店 1960 年版，第 73 页。

② ［德］康德：《纯粹理性批判》，商务印书馆 1960 年版，第 312 页。

③ ［德］卡尔·拉伦兹：《德国民法通论》，王晓晔等译，法律出版社 2003 年版，第 45 页；王泽鉴：《民法总则》，中国政法大学出版社 2001 年版，第 35 页。

④ 侯佳儒：《意思自治之外民法学基本原理——基于语义分析的建构性理解与诠释》，载《江海学刊》2010 年第 1 期。

⑤ 后现代理论……认为理论充其量只是提供了关于对象的局部性观点，并且所有关于世界的认知性再现都受到历史和语言的介入。［美］斯蒂文·贝斯特、道格拉斯·凯尔纳：《后现代理论——批判性的质疑》，张玉斌译，中央编译出版社 1999 年版，第 5 页。

⑥ 侯佳儒：《意思自治之外民法学基本原理——基于语义分析的建构性理解与诠释》，载《江海学刊》2010 年第 1 期。

一个假设是，如果民法规范体系可以借助演绎逻辑推导而获取，那么，意思自治就是推演民法规范体系的逻辑大前提；第二个假设是，因为意思自治是民法学的基本原理，因此意思自治是民法理论体系的初始假设和逻辑大前提。

对于第一个假设，其假设前提——如果民法规范体系可以借助演绎逻辑推导而获取——是可以成立的。实际上，从抽象的价值形式导出整体法律，这种思路早在19世纪的自然法运动中就已存在。[①] 其后的法典化运动，使民法不但成为具有形式理性的概念体系，也成为有机的价值体系，即各种规范、制度、原则通过更高层次的共同目的，达到了内在有机统一[②]——这个更高层次的共同目的，即可视为民法规范体系推演的逻辑大前提。这个前提的真实性，还可用系统论关于系统的要素、结构和功能三者关系的原理来证明：民法就是一个系统，由规范、制度、原则等要素构成，这些要素间存在各种关联的结构，能使民法系统产生一定的功能——这个功能，就可以视为民法体系推演的逻辑大前提。对于假设结论——意思自治就是推演民法规范体系的逻辑大前提，如果我们承认意思自治是民法学基本原理，那么对它也就毋庸置疑了。

对于第二个假设，得从理论的概念说起。理论可以从两个角度观察：在内容上，理论反映了人们对事物的认识和理解；在形式上，理论表现为一系列概念、假设、命题和原理的组合。以这种观点考察意思自治原理，则就内容而论，意思自治原理是对民法理论内容最抽象、最本质的概括；就形式而论，民法学理论作为一组假设命题的逻辑体系，意思自治原理就是这个假设命题体系的最原始假设、最源初命题——凡理论问题，都可被穷根尽底、永无限度地追问下去，但一旦一个命题被预设为基本原理，就意味对它不容置疑，它是我们为思考所预设的逻辑起点；任何理论都存在观点上的分歧、争论，基本原理是对该问题领域辨别是非的根本标准。由是观之，则意思自治原理就应当是我们解释民法规范、构筑民法学知识体系的根本依据，是我们评价、仲裁民法学理分歧的最终尺度。

当然，这些都是假设。这些假设是否有效、在多大程度上有效，这正是本文将要检验的。其实，先提出假说，然后再根据逻辑和经验对之进行检验，这正是

---

① 吴从周：《概念法学、利益法学与价值法学：探索一部民法方法论的演变史》，中国法制出版社2011年版，第33页、第40页、第42页。

② ［美］艾伦·沃森：《民法法系的演变及形成》，李静冰、姚新华译，中国政法大学出版社1992年版，第20页。

理论研究的过程和实质。[①]

（二）作为基本方法的演绎法

民法基本原则是对意思自治进行演绎逻辑推演而形成的体系。那么，用演绎法推演意思自治，有何根据？简单说，有三个理由：

1. 演绎法是有关道德哲学、规范科学的必要艺术，演绎法也是研究法律体系、民法规范体系的必要方法。

2. 演绎法是民法学的方法论诉求。民法学的思维逻辑，本质上是个人主义的，而演绎法的运用是个人主义方法论的内在要求。个人主义视“个人系原始的、既与的事实，系简单的、自明的事实，一切超越个人的关系都必须以个人作为解释的出发点”——其实，这也是整个启蒙运动哲学的“默契的前提”[②]——从一个理想社会个体模型出发构建道德规范和法律规范，这是个人主义思维方式的内在逻辑。

3. 演绎逻辑是建构理论的基本方法。理论的本质，是规范人们思想和行为的概念体系。一个理论体系的建立，是从最精炼的原始概念、初始条件出发，以严密的逻辑手段推演出一系列的定理、定律、公式，从而形成普遍性、预测性的结论，其最终目的，是“为思维理解、描述、刻画和解释世界提供强有力的逻辑”。[③] 而我们说“意思自治是民法学的基本原理”，即是确认在民法学理论体系中，意思自治具有公理地位，即在整个民法理论体系中，意思自治是第一定理、首要假设。

我们要借助演绎法推演意思自治来获得民法基本原则体系。那么，运用演绎法有哪些要求？

1. 每一条民法基本原则都必须是充足而必要的，少一条是缺憾，多一条是累赘。如果缺少必要的原则，民法基本原则体系会残缺，无法充分表达“意思自治原理”的全部内涵；如果原则过多，会引起原则体系内部的重叠、冗余和混乱，还会在法律适用过程中导致法律依据不清。

2. 这些原则之间应具有特定的秩序、层级关系，它们不能引出相互矛盾的

---

① 一个科学家，不论是理论家还是实验家，都提出陈述或陈述系统，然后一步一步检验它们。……批判地检验理论和根据检验结果选择理论的方法，总是按下列路线进行的：借助演绎逻辑，从尝试提出来且尚未经过以任何方式证明的一个新思想——预知、假说、理论系统，或任何其他类似的东西——中得出一些结论；然后将这些结论，在它们相互之间，并和其他有关的陈述加以比较，来发现他们之间存在的逻辑关系（如等价性、可推导性、相容性、不相容性）。[英] K·R·波珀：《科学发现的逻辑》，查汝强、邱仁宗译，科学出版社 1986 年版，第 1 页、第 6 页。

② [德] 文德尔班：《哲学史教程（下卷）》，罗达仁译，商务印书馆 1997 年版，第 688 页。

③ 孙正聿：《哲学导论》，中国人民大学出版社 2000 年版，第 72 页。

结果；这些原则之间还应相互独立，每一条原则与其他原则在逻辑关系上都应当地位平等。如果一条原则的存在及其合理性，必须、且只需借助其他原则才能够获得证明，那么，这一条原则就是不必要的。

3. 这些原则在整体上，要与意思自治包含等量信息；必须是一个封闭而周延的体系；在适用方面必须保持逻辑上的自足，而无需求助于原则体系之外的其他规则。这一要求的意义是：通过对封闭原则体系的周密定义，可以避免为公权干涉私域留下通道，从而确保个人意思自治免于非法干涉。

4. 这些原则的界定，必须清晰、明确。如果含糊不清、模棱两可，从立法讲，这必然会导致立法体系内部冲突；从适用讲，会使人无所适从，无章可循，客观上会更依赖法官自由裁量权的行使，从而为意思自治的保障留下隐患。

5. 演绎法无法通过纯粹的逻辑形式来应用，因此，演绎法的应用必须借助经验归纳法的补充。[①] 对民法基本原则体系的推演，也不例外。针对这一要求，本文首先根据传统民法三大原则学说，将意思自治、私权神圣和个人责任三条原则作为演绎推理的基础；[②] 同时，通过整理目前学界的观点和学说，把涉及到的每一条具体原则都列为考察对象，然后在民法基本原则体系的演绎推理过程中，对每一条原则都进行检验，确认其有无存在的合理性、确认其与其他原则有何关系。

（三）初步推演：个人自由和社会共存

意思自治，即个人凭借理性自主生活的私法理想，是我们进行演绎推理的逻辑大前提，是我们推演民法基本原则体系的出发点。这里要明确，个人自由是私法的理想，但私法保障的自由，是“人人的自由，可以与他人的自由相调和（不是最大幸福的，因为这个是必然的与前者相随）”[③] 的自由，因此，私法蕴含人的互相尊重、个人须承担与他人平等共存的义务——但个人承担的这一义务，

---

① 演绎法的运用须借助归纳法才能完成，即演绎法的假设前提须为归纳法的结论。依据演绎法的这一特点，有观点认为，所有的理论在本质上都是归纳的，演绎法其实就是“归纳－演绎”法。

② 我国学界基本认可传统民法学有“民法三大原则”一说，但对这一学说的根底并无深究。排除语言表述差异，一般认为三大原则，即意思自治、私权神圣和个人责任原则；也有学者认为传统民法其实有四条原则，即还包括人格平等原则。笔者认为，既有学说和观点都不影响我们把它作为一种体系理论去建构，“反对把过去当成当下的意义期待乃是一项经常性的任务”（哈贝马斯语）；而且在当代中国语境下，在民法三大原则一说基础上构建民法基本原则理论，既为必要，也有可能。

③ ［德］康德：《纯粹理性批判》，商务印书馆1960年版，第312页。

不为利益、不因强制，“只应为尊重他自己”。[①] 可见，民法具有保障个人自由与社会共存的双重价值，民法是使每个人“成为一个人，并尊敬他人为人”的法律体系。

对个人自由与社会共存的关系，要强调两点：第一，个人自由是目的，社会共存是条件，二者是目的与条件的关系；第二，根据“意思自治原理”，民法制度设计的偏好是：个人自由应是最大化的，越多越好，多到仅以满足社会共存为前提，社会共存作为条件性约束，应是尽可能少的，越少越好，少到仅以满足社会共存为必要。

民法基本原则研究的重点，是社会共存原则体系。传统民法学的三大基本原则，建构了关于个人自由的法律框架。本文工作重点，放在有关社会共存的具体原则上，将它们从隐而不宣的存在中昭示出来，并结合当下中国的历史情境、问题意识和论辩氛围予以阐释。社会共存构成对个人自由的限制，但这种限制的存在及其合理性，须为意思自治原理的内在逻辑要求、须内生于自治的私法的封闭体系。因此，研究社会共存原则的关键，就是要借助意思自治原理的观照，去考察每一社会共存原则的存在及其合理性，同时，要把不必要的公权力——非基于意思自治原理内在逻辑需求而介入的公权力、无法通过“从内部去理解私法”[②]的方法获得合理性的公权力、无法从民法基本原则的密闭体系找到存在依据的公权力——全部的、彻底的，从社会共存原则体系中清理出去。

因此，在民法基本原则问题上，要尽一切可能避免为非法干涉私领域留下“后门”，尽一切可能避免在字里行间为自由的理性张扬设置不必要障碍，这其实是民法基本原则研究的核心任务。[③]

具体来说，在个人自由和社会共存两个原则体系里，本文拟分别论证如下原则：（1）关于个人自由的原则包括三条：私权神圣原则、契约自由原则和个人

---

① 这种论述显然是康德主义的。“激励人服从道德律的动机必然只能是**对道德律本身的尊重**。……因此对康德来说，**对人的尊严的尊重**是道德科学的实质性原则。人尽义务，不为利益，而**只应为尊重他自己**；在同他的同伴交往中，他的最高原则是，不把别人当作达成自己目的的工具，而要永远尊重别人的人**格的尊严**。”（原文加黑）［德］文德尔班：《哲学史教程（下卷）》，罗达仁译，商务印书馆1997年版，第759页。

② 从内部来理解私法，作为自我理解的私法事业，是加拿大学者温里布提出的观点，非常具有启发性。［加拿大］欧内斯特·J·温里布：《私法的理念》，徐爱国译，北京大学出版社2007年版，“译者前言”，第9页以下。

③ “自由主义（理论，引者加）又是严格的，就是要把政治尽可能从社会共存中拿出来。……应该使这个理论不容易哪怕是在字里行间为政府在任何时候‘做好事’提供一个含蓄的授权。”这种严格自由主义理论应具备的理论特征和功效，也是严格保障意思自治的民法基本原则理论应当具备的特征。参见［英］安东尼·德·雅赛：《重申自由主义》，中国社会科学出版社1997年版，第74页。

责任原则；（2）关于社会共存的原则包括三条：人格平等原则、诚实信用原则和公序良俗原则。①

具体结构如图一所示：

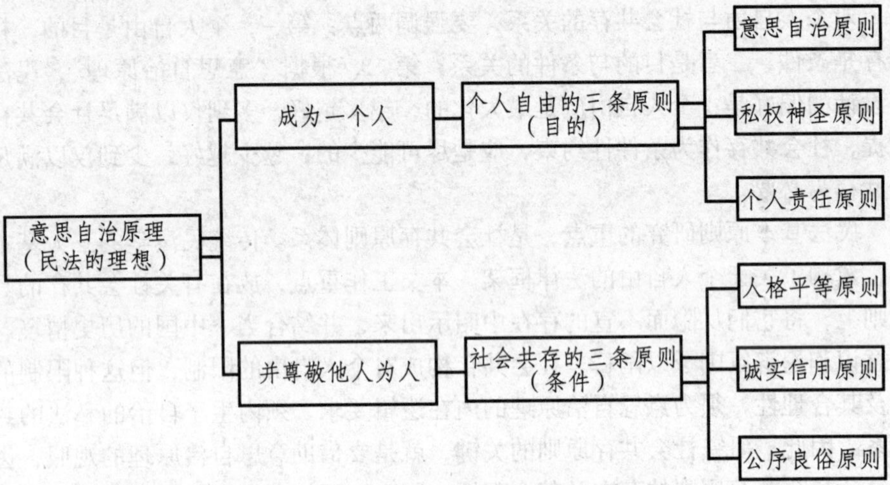

图一：民法基本原则的推演体系结构图

① 通览有关民法基本原则的专著和教材，不考虑表述上的措辞差异，学者们将之视为民法基本原则的包括如下内容：私权神圣、意思自治（自愿原则、合同自由原则）、个人责任（过错责任）、人格平等（法律地位平等）、诚实信用原则、公序良俗原则、禁止权利滥用、公平原则、守法原则。参考谢怀轼：《外国民商法精要》，法律出版社2006年版，第10页以下；梁慧星：《民法总论》，法律出版社2001年版，第46页以下；王利明：《民法》，中国人民大学出版社2012年版，第25页以下；张俊浩主编：《民法学原理（上）》，中国政法大学出版社2000年版，第38页以下；李永军：《民法总论》，法律出版社2006年版，第49页；龙卫球：《民法总论》，中国法制出版社2002年版，第46页以下；董学立：《民法基本原则研究——在民法理念与民法规范之间》，法律出版社2011年版；陈华斌主编：《民法总论》，中国法制出版社2011年版，第59页以下；王卫国主编：《民法》，中国政法大学出版社2007年版，第13页以下；江平：《民法学》，中国政法大学出版社2011年版，第18页以下；姚辉：《民法的精神》，法律出版社1999年版，第35页以下。对于权利不得滥用原则，因为其内容和涵义的确定，只需借助诚信原则、公序良俗原则的定义和解释就可获得，因此它不满足民法基本原则之间须相互独立的属性，不属于民法基本原则。对于公平原则和守法原则，笔者有特殊考虑：（1）公平原则，其本质是衡平原则，其思想基础并非民法的意思自治原理，它也并非内生于意思自治之演绎体系，因此不是民法基本原则；（2）守法原则，系现代法治社会的基本观念，并非民法特有原则，虽然民法的理念、精神对阐释合法原则具有重要意义，但这个问题更适宜在公法和私法的框架下来讨论，因此本文没有对这两条原则进行讨论，但笔者将另有专文论述。

三、有关个人自由的三条原则

（一）意思自治原则

意思自治原则，即个人得依个人意思处理个人事务，不受非法干涉。[①] 进一步解释，"人依其本质属性，有能力在给定的各种可能性的范围内，自主地和负责地决定他的存在和关系、为自己设定目标并对自己的行为加以限制。"[②] 其在民法中有两种表现方式：其一，以自明性语言的语言，宣示私法的理想；[③] 其二，通过对非法干涉予以清理、排除和矫正，为个人自由空间安置隔离带和防护栏。第一种表现方式，是诗性的语言，它能够强烈冲击我们体察私法的直观感受，陶冶我们的私法情感，唤醒我们的私权意识，激发我们崇尚自由、追慕正义的理想和豪情；第二种表现方式，存在于个人自治的法律制度设计当中：法律的真义不是宣言式的表白自由，而是在制度设计层面缔造个人自由空间，为自由屏蔽非法干涉。这种基于意思自治缔造的法律制度，不是束缚个人自由的绳索，而是保障个人自由免于非法侵犯的隔离带、防火墙。[④]

意思自治原则的主要体现，在德国法上就是法律行为自由原则的确立。[⑤] 以法律行为自由原则为根据，意思自治原则在民法各个领域进一步具体化：婚姻法中的婚姻自由原则、合同法中的契约自由原则、财产法中的财产支配自由原则、

---

① 谢怀轼先生从国家与个人的关系上界定意思自治原则，也十分合理且具有启发性。所谓私法自治原则，包含两个内容：1. 私法关于完全由个人决定。2. 国家和法律的任务只是保护个人的意思，而不是干预个人的意思。后者又包含两个内容：第一，国家只有在个人有诉求的时候，才干预私法关系。个人没有诉求的，国家概不干预。第二，即使国家对民事关系加以干预，也要尊重当事人的意思。这是从个人与国家关系视角的界定，它强调意思自治原理内含关于"国家"及其治理模式的特定理解。参见谢怀轼：《外国民商法精要》，法律出版社2006年版，第7页以下。

② ［德］卡尔·拉伦兹：《德国民法通论》，王晓晔等译，法律出版社2003年，第34页。

③ 各国立法直接确认意思自治原则的，一般认为主要包括：《法国民法典》第1134条第1款、第2款；《德国民法典》第305条；《乌克兰民法典》第3条；《民法通则》第4条。

④ 意思自治的第二个表现方式一直为人所忽略，看不到意思自治、私权神圣原则在民法中的表现是必然的、基础的、本质的、目的的，其状态是弥漫的、遍布的、结构性的。而有关个人自由的限制性原则，如公序良俗原则，在民法中则是偶然的、非基础的、非本质的、条件性的，其状态则是具体的、非结构的、修补性的。因此，民法基本原则体系中，最为突出的原则不是公序良俗，而是意思自治、私权神圣原则。目前理论界对公序良俗原则与诚信原则的关注，可谓"一叶障目，不见泰山"。

⑤ 《德国民法典》虽然没有像《法国民法典》那样，以明确的言词表明契约自由或意思自治，但却处处体现出契约自由的底蕴。这一点，从德国人创立的深受世人瞩目的'法律行为'这一概念中就可以得到印证。法律行为是私法中创设权利义务的基本方式，而法律行为的核心便是当事人的意思。契约自由是最重要也是最主要的法律行为，故当事人的意思就是契约的核心。极其抽象的法律行为概念规定于总则中，对整个民法制度通盘统筹，不仅在契约法中，而且在整个私法制度中均体现了意思自治原则。参见李永军：《民法总论》，法律出版社2006年版，第58页。

遗嘱法中的遗嘱自由等等。这些民法子部门的具体原则的表现形式，与意思自治原则一样，一方面体现为积极地价值宣示、原则主张；另一方面，通过排除限制自由的非合理因素，为个人自由设置防线。

这里要强调两个问题：一个是，按照前文演绎逻辑体系第三项特征的要求，即民法基本原则体系须为“封闭体系”的观点，对意思自治原则——也包括后文的私权神圣原则——的限制性因素，须存在于民法基本原则体系之内部，否则民法基本原则之演绎体系即在逻辑上不能自足。因此，对意思自治原则的限制，须在有关社会共存的三条原则框架下找到根据，即人格平等、诚实信用和公序良俗三条原则应该涵纳对意思自治原则的全部的合理限制，非此三项原则所要求者，即视为违背意思自治原理。这也可看做是从内部去认识私法的一个具体要求。

这里还要强调一点：构成民法基本原则的，是意思自治原则，而非契约自由原则，[①] 尽管在近代社会背景下，契约自由是意思自治原则的核心内容。[②]对这一点，有这样的考虑：中国选择民法，主要是基于民法具有的工具价值，即民法的经济调整功能满足了改革开放以来国家发展经济的意义期待，所以民法兴盛于当代中国；[③] 但当下审视，民法承载的私法文化，民法蕴涵的伦理观念、启蒙精神，本身就具有目的价值，其实能负载国人更多角度、更多层面的意义期待。因此，弘扬民法，应超越经济狭窄的视角，而应放在文化这一广阔视域上面。其实，缺乏全面的私法文化支撑，民法对经济生活的调整，其根不深，其行不远。

（二）私权神圣原则

私权神圣原则，肯定个人权利神圣不可侵犯。与意思自治原则类同，其在民法中也以两种方式表现出来：其一，以自明性的语言，宣示个人权利神圣，不可侵犯；[④] 其二，通过否定侵犯权利的行为，为私权保护树立屏障。私权神圣原则

---

① 有些学者直接将契约自由原则作为民法基本原则来解释，如前引龙卫球：《民法总论》，中国法制出版社 2002 年版，第 53 页；前引李永军：《民法总论》，法律出版社 2006 年版，第 49 页。

② 私法最重要的特点莫过于个人自治或自我发展的权利。契约自由为一般行为自由的组成部分……是一种灵活的工具，它不断进行自我调节，以适应新的目标。它也是自由经济不可或缺的一个特征。它使私人企业成为可能，并鼓励人们负责任的建立关系。因此，契约自由在私法领域具有重要的核心作用。[德] 罗伯特·霍恩、海因·霍茨、汉斯·G·莱塞：《德国民商法导论》，楚建译，中国政法大学出版社 1996 年版，第 90 页。

③ 对这一观点，可以回顾 20 世纪 80 年代法学界关于民法、经济法论战，关于民法本质是调整商品经济的法学说所产生的话语背景。民法论战之胜出，正因为民法的商品经济本质论恰好迎合当时国人的意义期待。

④ 一般认为，私权神圣原则在各国立法上的体现主要包括：《法国民法典》第 545 条；《日本宪法》第 29 条；《美国宪法》第 5 条修正案；《意大利民法典》第 834 ~ 835 条等。

可以定义为："民事权利受到法律充分保障，任何人或任何威权均不得侵犯，并且非依公正的司法程序，不得限制或褫夺。"①

私权神圣是一条民法基本原则，这是以意思自治为基本原理的民法的必然诉求。私权神圣之私权即权利。尽管，权利概念的界定，众说纷纭，② 但权利内容即为法律所允许之个人行为空间，这一点却有共识。因此，弘扬私权神圣，即弘扬个人行为自由之空间神圣不可侵犯；民法崇尚个人自由至上，其实就是崇尚个人权利至上；而民法主张以权利为本位、以个体为本位，③ 其实就是个人行为自由为本位。可见，私权神圣原则与意思自治原则诉求一致。根据拉伦兹的观点，权利范围即"某个人……全部的权利或者受法律保护的利益的总和……也可以把法律意义上的人看做是其所享有的权利范围的核心"④ ——由是观之，所谓私权神圣原则即是承认人之尊严神圣不可侵犯。而人之尊严神圣，在近代社会背景下，突出体现在人格权神圣和所有权神圣两点。在私法视野中，财产与人格两位一体，无财产即无人格，但人永远是目的，而不能成为个人实现其目的的手段或工具，因此"私权神圣首先是人格权神圣，亦即自然人的人格权神圣"。⑤ 而在人格权体系中，生命权和身体权是基础，自由权是核心⑥——可见，在人格权方面，私权神圣原则弘扬之人格权神圣与意思自治原则弘扬之人格自由得到契合，二者实是一体两面。而在财产权方面，财产安全是个人自由之基础，⑦ 因此弘扬财产权神圣，亦在捍卫个人自由——意思自治原则与私权神圣原则之宗旨再次契合。可见，在私法中，意思自治原则与私权神圣原则具有同等地位，二者一体两

① 张俊浩主编：《民法学原理（上）》，中国政法大学出版社 2000 年版，第 28 页。

② 梁慧星：《民法总论》，法律出版社 2001 年版，第 76 页。

③ 谢怀轼：《外国民商法精要》，法律出版社 2006 年版，第 9 页。

④ 我们可以把法律意义上的人看做是其所享有的'权利范围'的核心。这一观念虽然也只是一种形象的比喻，但要比将人视作权利和义务的"载体"的流行观点更切中要害。"权利范围说"包含着这样的思想：不能在理念上简单地把人从他的权利范围中分离出来，损害人的权利范围，也间接地损害人本身。因此，在诉讼中，当事人主张的不仅仅是实体上的诉讼客体，而且同时维护了自身的尊严。[德] 卡尔·拉伦兹：《德国民法通论》，王晓晔等译，法律出版社 2003 年，第 48 页以下。耶林认为，诉讼的标的不是关键，但为权利而斗争即是维护自己的人格与尊严，即将权利视同人自身的人格与尊严。为权利而斗争是对自己的义务。……何物为权利的标的，这个问题无关紧要。……有人侵害之，即是侵害我的人格。在人格领域，即在以主张人格为目的的为权利而斗争中变成了诗——为权利而斗争是节操的诗。[德] 耶林：《为权利而斗争》，胡宝海译，载梁慧星主编：《为权利而斗争》，中国法制出版社 2000 年版，第 22 ~ 23 页。

⑤ 人及人之尊严是整个法律秩序的最高原则。人的保护，维护其个体性及人格关系，为民法的首要任务。前引王泽鉴：《民法总则》，中国政法大学出版社 2001 年版，第 35 ~ 36 页。

⑥ 张俊浩主编：《民法学原理（上）》，中国政法大学出版社 2000 年版，第 29 页。

⑦ [美] 詹姆斯·布坎南：《财产与自由》，韩旭译，中国社会科学出版社 2002 年版。

面，正是借助权利概念这一法律技术手段，二者目的、功能达到高度一致，实为民法两大“帝王条款”[①]，二者都以捍卫人的自由与尊严为宗旨，而人及人之尊严是整个法律秩序的最高原则，基于人的本位与人的尊严的伦理基础，进一步而衍生民法基本原则之体系建构。[②]

私权神圣原则在近代社会的确立，意义深远，人格权神圣与财产权神圣观念之弘扬，价值殊巨。人格权是私权神圣原则的核心内容，肯定了人权相对于神权、王权与他人的主体地位。从身份到契约是近代社会转型的经典命题，如果从私权保护、从独立的私法人格缔造这一角度出发，这一命题也可表述为从关系到人格。缺乏财产权保障的人格权，是虚伪的人格权，财产权因此成为私权神圣原则保护的重点。而在财产权体系中，私人所有权是基础，因此近代社会背景下，私权神圣原则突出表现为财产权神圣原则，而且是私人所有权神圣原则的存在。在当代中国社会背景下，应在弘扬私权神圣原则的语境下来提倡对私人财产权的保护，因为在跨文化的私法移植过程中，一般的、普遍的私权观念更为基本，缺乏私权观念、私法意识支撑的私人财产权保护，其行不远。[③]

（三）个人责任原则

私法肯定个人意思自治系私法理想，因为人是自身目的、人具有理性和自由意志两种神圣的东西。[④] 而人既然是自身目的，个人事务就应交给个人自决、自理，但个人亦须自负后果——这即是个人责任原则，包含两个内容：一是自己责任原则；二是过错责任原则。

自己责任原则，即个人只对自己的行为负责，且必须对自己的行为负责。第一，根据意思自治原理，个人行为是个人意思之外化，相应结果系个人理性的选择，而个人选择其行为亦应担负其行为结果，符合正义概念；第二，个人仅对自己的行为负责，他人行为后果须由他人担负，不可替代、不可连坐；[⑤] 第三，自己责任原则的主要体现，在侵权法上为过错责任原则的确立，在契约法上为契约

---

① “帝王条款”是目前学界谓诚实信用原则与公序良俗原则之语，在此借用，以示对比。

② 王泽鉴：《民法总则》，中国政法大学出版社 2001 年版，第 35～36 页。

③ 有学者认为，近代民法的价值主要是对私有财产权的保障。这种观点无疑是正确的，但在我国社会背景下，民法一大价值即在于弘扬私权，重心也在于财产权。前引龙卫球：《民法总论》，中国法制出版社 2002 年版，第 53 页。

④ ［德］黑格尔：《历史哲学》，三联书店 1960 年版，第 73 页。

⑤ 自己责任包含有否定株连的积极价值，这是值得赞同的观点。张俊浩主编：《民法学原理》（上），中国政法大学出版社 2000 年版，第 33 页。

应予遵守原则及债务不履行的责任。[①]

过错责任原则，也称过失责任原则，即个人对他人损害承担责任，须以自身具有过错为必要条件。这一原则，是自己责任原则的延伸和补充：第一，凡有损害发生，个人须自担后果，他人遭受损害，他人须自担其损失，这是自己责任的要求，良好的政策应让损失停留于其所发生之处；第二，但如果有特别干预的理由，个人须对他人损害担承担责任；[②] 第三，在民法基本原则层面[③]，这一特别干预的理由，即是个人对他人损害的产生具有过错，"使人承担损害赔偿的，'不是因为有损害，而是因为有过失'，其道理就如同化学上之原则，使蜡烛燃烧的，不是光，而是氧，一般的浅显明白。"[④]

个人责任是意思自治原理的题中之义。私法追慕个人生活自治，尊重和肯定个人具有自由和理性能力，"作为对价，个人就过错行为承担责任，体现了对人的尊重。"[⑤] 反过来，对个人的过错行为"课以责任，因此也就预设了人具有理性行动的能力，而课以责任的目的，则在于使他们的行动比在不负责任的情况下更具理性。它还预设了人具有某种最低限度的学习能力和预知能力，亦即他们会受其对自己行动的种种后果的引导。"[⑥] 即个人之所以承担责任，即在于法律尊重理性个人的生活自治，私法奉行意思自治。

四、有关社会共存的三条原则

（一）人格平等原则

关于个人自由的三条原则，就个人论个人，为个人自由制度的构建奠定基

---

① 王泽鉴先生认为，契约法方面产生契约应予遵守原则及债务不履行的责任是自己责任原则的要求，十分合理；但在本文体系下，诚信原则、尤其是承诺必须遵守原则也应该是"契约应予遵守"及债务不履行责任的根据。考虑到诚信原则是民法基本原则已经约定俗成，因此应该肯定诚信原则、主要是承诺必须遵守具有的独立价值。参见王泽鉴：《民法总则》，中国政法大学出版社 2001 年版，第 36 页。

② 被害人须自己承担所生的损害，仅于有特殊理由时，始得向加害人请求赔偿损害。王泽鉴：《侵权行为法》（第一册），中国政法大学出版社 2001 年版，第 11 页。

③ 侵权责任归责原则，通说认为主要包括过错责任原则和无过错责任二者；以二者为根据，当代侵权法有一般侵权和特殊侵权的二分格局。但从本文视角，在意思自治原理的推演体系中，惟有过错责任原则具备独立的民法基本原则地位；而无过错责任原则，其存在根基应在于公共秩序原则，或者说，通过公共秩序原则能够为无过错责任原则进行妥帖理论解释。事实上，认为无过错责任非在损害恢复，而在损害分配；非为矫正正义，而属分配正义，考察视角不在个人、而在公共秩序与安全，这是目前学界共识，上引王泽鉴书，第 16 页。

④ 耶林语，转引自王泽鉴：《侵权行为法之危机及其发展趋势》，载《民法学说与判例研究》（第 2 册），中国政法大学出版社 1998 年版，第 144 页。

⑤ 王泽鉴：《侵权行为法》（第一册），中国政法大学出版社 2001 年版，第 13 页。

⑥ ［英］F·哈耶克：《自由秩序原理》（上册），邓正来译，三联书店 1997 年版，第 90 页。

础。从人格平等原则起，民法基本原则的演绎开始进入个人与他人的交往世界，即作为个人的“我”与作为交往对象的“你”的世界。在“我+你”这样“一对一”的二人世界里，有两条交往规则：一个是人格平等原则[①]，另一个是诚实信用原则。

民法的理想世界，是自由人共同自由生活的世界，这个世界里，每个人都是自由的，每个自由人与其他自由人同享自由，每个自由人均承认他人与自己一样得享自由。可见，在自由人的私域社会里，人格平等是私域存在的基础性条件。在民法里，人格平等是人类社会生活及每一个个别法律关系的基石，它要求自由人之间须相互肯定为同享权利与义务的主体——这其实就是人格平等的基本涵义。[②] 需要进一步说明的是，这一人格平等，仅仅是法律人格平等，这一法律人格，是不考虑人之出身、教育、社会、经济等具体背景差异的抽象人格，而这一抽象人格可由自身意思自由地成为与自己有关的立法者，其理想是一个“在理性、意思方面强而智的人的人像”[③] ——可见，人格平等原则之人格，首先是意思自治的法律人格；而得以意思自治的法律人格，是具备理性和自决之意思的、强而智的法律人格，而且，还是承认他人与自己同样具备法律人格的“法律人格”。

人之平等，是私法不灭的追求和向往。早在公元前五世纪，雅典执政官伯里克利就提出，“在公民私权方面，人人平等”。到了启蒙时代，这个口号成了反封建等级特权的战斗宣言，在资产阶级革命胜利以后，通过法律面前人人平等这一原则载入各国宪法。近代民法受启蒙思想影响，也宣示了人格平等原则。《法国民法典》首开先河，第8条规定：一切法国人均享有民事权利。其后，这一原则为各国民法所继承。[④] 这里要指出，尽管人格平等原则为法律明文规定，已时间久远，但真正的人人得享平等法律人格，则是近代以后的事。在古代罗马，因承认奴隶制度而区分人格等级，因此不存在普遍的法律人格平等；在欧洲中世纪，人格平等也只在少数特权阶层存在；直到近代，资产阶级革命废除封建奴役和教会奴役，一切人得享平等法律人格渐渐成为现实。

---

① 人格平等原则也被表述为身份平等原则、民事主体地位平等原则、权利能力平等原则等，但其恰当表述应该是人格平等。

② 王泽鉴：《民法总则》，中国政法大学出版社2001年版，第35页。

③ ［日］星野英一：《私法中的人——以财产法为中心》，王闯译，载前引梁慧星主编：《为权利而斗争》，中国法制出版社2000年版，第331页。

④ 如《德国民法典》、1907年《瑞士民法典》第11条、1947年经修正的《日本民法》第1条第2款、《民法通则》第3条。

（二）诚实信用原则

在“我+你”的世界里，诚实信用是两个自由人交往的第二条规则。它包含两个内容：诚实原则，即对待他人诚实不欺；信用原则，即承诺必须遵守。一般认为，诚实信用观念起源于罗马法，《法学阶梯》第1卷第3条：“诚实生活、不犯他人、各得其所。”① 但其成为一条民法基本原则，则始于1907年《瑞士民法典》，并在其后一些国家的民事立法中，其基本原则地位得到进一步确认。②

诚实信用原则是一条民法基本原则，这是学界定论，③ 诚实信用一直是民法体系的一项基本原则，这是本文要特别强调的观点。④ 对后一结论，需要进一步阐释：

1. 诚实信用不仅仅是一个道德律令，它也是个人与他人交往的必要准则，是自由人共同体得以存在的必要条件。这正如雅赛所言：“说话的意义在于向另一个人传达信息。说谎也许可以满足说谎者的特殊需要，但是如果大家都说谎，说话的意义也就被消除了，因为没有任何人还相信所传达的东西。同样，承诺的意义在于使一个人对一个行动的义务让另一个人觉得可以信赖。违背承诺也许对违约者有利，但是如果大家都违背承诺，承诺就没有任何意义了”⑤ ——如果说话和承诺都失去了意义，则个人与他人的交往就失去预期，社会也失去存在的根基。所以，诚实信用原则是一个社会得以存在的必要条件，它自然也是民法体系的构成性原则。

2. 诚实信用原则一直就是民法基本原则之一，因为诚实信用原则内生于以意思自治为基本原理的民法制度体系。这一点还可借用雅赛的话来解释：“如果没有对法律的尊重，法律也是可能和可行的；没有对所承诺的道德约束力量的信念和关于违约可耻的信念，契约也是可能的和可行的，那样法律和契约的生存就是以强制性的制度安排为条件的，而强制性的制度安排最终是与一个自由主义秩

---

① 诚信原则起源于罗马法，为学界定论，但其究竟起源于罗马法上的何种制度，分歧较大。参见郑强：《合同法诚实信用原则研究》，法律出版社2000年版，第47页以下。

② 诚信原则的法律渊源，一般认为包括1907年《瑞士民法典》第2条第1款、“台湾地区民法典”第148条第2款、《民法总则》第4条、《合同法》第6条、《担保法》第3条、《日本民法典》第2条第1款、《韩国民法典》第2条第2款。在德国和法国的民法中，诚实信用为契约法的基本原则：《德国民法典》第157条和第242条，《法国民法典》第1134条第3款。

③ 有学者甚至认为，民法只有诚信原则和公序良俗两条基本原则。参见前引徐国栋：《诚实信用原则研究》，中国人民大学出版社2002年版，第384页。

④ 目前学界的通说认为：诚实信用成为民法基本原则是20世纪初才产生的现象，始于1907年《瑞士民法典》，而在此之前，民法学理上只有“民法三大原则”一说。

⑤ ［英］安东尼·德·雅赛：《重申自由主义》，中国社会科学出版社1997年版，第87页。

序不相容的"[①] ——民法秩序显然是自由主义秩序，所以，诚实信用原则是意思自治原理的题中之义，符合私法内在逻辑，通过意思自治推演民法基本原则体系会自然导出诚实信用原则。

上述观点会引起两个质疑：第一，既然诚实信用原则一直是民法基本原则体系的重要内容，那么，为何传统学理上的民法三大原则一说并没有提到它；第二，既然诚实信用原则一直存在，为什么直到1907年《瑞士民法典》，才通过立法确认其基本原则地位。对这两个问题应这样理解：

首先，传统民法的三大原则一说并不是体系化的理论，[②] 其宣示性价值大于其对民法制度进行具体构建和阐释的技术性价值。但传统民法三大原则是民法基本原则体系的核心，它们从正面积极确认意思自治这一私法理想，这三大原则可以视为民法基本原则体系化的历史起点和逻辑起点，是民法基本原则体系的胚胎和模型。对于本文，它是民法基本原则及其理论建构的最初入门向导。

其次，诚实信用原则应该是一直就有的，这在逻辑上具有必然性；直到1907年才在《瑞士民法典》首次亮相，这个事件需要重新解读，这只能理解为是当时社会的特定语境使然：诚实信用原则只是民法对当时及其后种种社会危机的一种制度因应措施，诚实信用原则不过是从隐而不宣的存在中渐次显露，走到前台。这里所谓的"种种社会危机"，可以概括为近代社会之"现代性危机"，民法因之而生的制度因应，即所谓"近代民法发生后现代转向"而表现出的种种变化。[③] 诚实信用原则从幕后走到前台，是现代民法对社会危机与民法危机的制度因应表现之一。[④]

再次，理论对实践的理解、阐释都是历史的、流动的、开放的，理论应该具备"向上的兼容性、时代的融涵性和逻辑的展开性"[⑤]；法律基本原则其实是一种法律技术手段，一国是否确认一项法律规则为原则、何时确认其法律规则，这具有历史的偶然性，它取决于社会现实需要、取决于既有法律技术手段是否充足及其充足程度、取决于当时的主流理论认识等因素。因此，民法三大原则学说里

① ［英］安东尼·德·雅赛：《重申自由主义》，中国社会科学出版社1997年版，第84页以下。

② 至少目前我们可以获得文献资料还不能表明：传统民法三大原则一说是一个体系化的理论。其实，即使存在一个体系化的理论，也不妨碍我们提出新的理论体系来对民法三大原则一说作新的解释。

③ 侯佳儒：《近代民法的现代性危机及其后现代转向——兼论当代民法使命》，载《中国政法大学学报》2009年第2期。

④ 关于现代民法模式的特征，参考前引张俊浩主编：《民法学原理（上）》，中国政法大学出版社2000年版，第33页；前引龙卫球：《民法总论》，中国法制出版社2002年版，第57页；前引李永军：《民法总论》，法律出版社2006年版，第48页以下、第96页；前引陈华斌主编：《民法总论》，中国法制出版社2011年版，第59页以下；梁慧星：《从近代民法到现代民法》，载《律师世界》2002年第5期。

⑤ 孙正聿：《哲学导论》，中国人民大学出版社2000年版，第74页。

并没有诚实信用原则，《瑞士民法典》第一次通过成文法典确认诚实信用是基本原则，即使这两点是事实，也不能构成对“民法基本原则体系一直包含诚实信用原则”这一命题的否定；恰恰相反，我们通过“民法基本原则体系一直包含诚实信用原则”这一观点，却可以重新省视、修正传统民法三大原则一说，可以重新思考《瑞士民法典》及其后民事立法中，诚实信用原则之所以价值凸显的背景、根由和意义。其实，借助更宽广的历史视域来重构诚信原则的当下意义，这正是理论“向上的包容性”这一特征的表现和要求。

（三）公序良俗原则

人格平等和诚实信用两条原则是“我＋你”这个二人世界的交往规则，到了公序良俗原则，就进入了公共领域，在“我＋你”框架下，加入了“他/她”——不特定之任意第三人——“我＋你＋他/她＝我们”——一个自由人生活、交往的领域，即所谓私域自治之私域。

公序良俗原则，即个人得享意思自治、生活自主，须以尊重公共秩序与善良风俗为前提。它包含公共秩序原则与善良风俗原则两项内容，二者虽然都在公序良俗原则名下，但各自地位均应与其他民法基本原则等同。而且，在本文——民法基本原则即民法体系之构成性原则、框架性原则——这一观点下，二者各有功用，价值殊巨。①

先说公序良俗原则，即公共秩序原则和善良风俗原则的共有特征。有两点：

1. 公共秩序与善良风俗都是对意思自治的制约。两者的界定及区分，通过简单地语义分析、比较法研究无法获知，而应当从私法内部去观察，必须从意思自治原理出发才能界定其内涵、内容。明白这一点很重要，公序良俗原则为一般的、抽象的法律条款，有学者谓之透明条款，有些道理，但进一步谓之帝王条

---

① 公序良俗原则理论一大争议点，即在于如何区分公共秩序与善良风俗的界限。理论上根据各国立法、司法判例差异，有三种观点：二者同一说，公序原则为主良俗为辅之说，良俗原则为主故序为辅说。前引于飞：《公序良俗原则研究》，北京大学出版社2006年版，第16页以下。但在笔者看来，二者的区分是显然的，二者区分问题无法通过语义分析获得解决，单纯的比较法研究也不能解决这个问题，历史研究也存在局限。善良风俗原则的兴起应视为现代民法对近代民法的发展和延续，是在跨文化背景下沟通异质文化的桥梁；在现代社会，公权力对私域干涉越来越多，公共秩序原则应被打造成公域与私域，公法与私法之间的防火墙、隔离带。

款、空白条款、谓之法官自由裁量权的授权书，却失之准确，铸成大错了。[①] 公序良俗原则须就意思自治原理方可获得理解，因此，与意思自治比较，其为“臣下”，后者才是“帝王”。

2. 根据意思自治原理，在民法内，对个人自由的限制越少越好，其限制仅以满足社会共存为必要，而民法基本原则研究的核心任务，即为实现个人自由的最大化，应在民法基本原则层面，尽可能把不必要的、非为意思自治原理内在逻辑所需求的公权力介入清除出去。而公序良俗原则，是对意思自治最大的威胁，因此应在法律技术层面，对旨在限制意思自治的公序良俗原则也施加限制。通过对公序良俗原则的具体化有助于达到这一目的，具体限制方法有二：（1）对公序良俗的内容，必须具体化、定型化，学理、法律及相应司法实践须尽可能详尽罗列其具体内容，从而减少将公序良俗原则作为一般性条款予以适用的空间；[②]（2）对公序良俗原则的内涵、内容、功能及适用课以特殊要求，即须从私法内部的视角去解释和适用，须就意思自治原理的观照来解释和适用。

分开说，先说公共秩序原则。私法中的“公共秩序原则”，规定了一个作为“私域”的共同体得以存在的最基本条件和最低要求。要对其内涵作出简单直接的文字定义，这种努力既困难，也难得实益；[③] 尤其是，这种界定方法很难将公

① 通说认为：民法基本原则是克服成文法局限性的工具，是一般的抽象条款、空白条款、透明条款和帝王条款，其功能是赋予法官自由裁量权去弥补法律漏洞、空白和协调矛盾之处。这一学说为梁慧星和徐国栋两位教授所倡导，并渐成学界通说。详细参考前引梁慧星：《民法总论》，法律出版社 2001 年版，第 51 页；前引徐国栋：《诚实信用原则研究》，中国人民大学出版社 2002 年版。笔者认为，这些观点是片面和偏颇的，民法基本原则具有克服成文法局限性的作用，这是民法基本原则作为民法人格体构造原则的功能外化，但这种作用的发挥需要依赖于对整个民法基本原则体系的体系化理解和适用，而不是目前学界通说这样认为的：具备补充成文法功用的，仅是诚信原则和公序良俗。对此，后文有详论，不再赘述。

② 将公序良俗原则内容具体化，是民法学界通行研究方法和思路。代表性专著如前引于飞：《公序良俗原则研究》，北京大学出版社 2006 年版；前引赵万一主编：《公序良俗问题的民法解读》，法律出版社 2007 年版。

③ 有关概念界定，参考前引于飞：《公序良俗原则研究》，北京大学出版社 2006 年版，第 11 ~ 22 页；前引陈历幸：《民法的理念与运作》，上海人民出版社 2005 年版，第 290 页。

共秩序原则与公法的定义截然区别开来。[①] 但对于公共秩序原则而言，其价值所在，恰恰是界分公法、私法的模糊地界；因此，无法将公共秩序原则与公法区别开的定义方法，徒劳无功，绝无实用。事实上，界定公共秩序原则的关键，不在于静态的文字定义本身，而在于定义的程序和方法。具体来说：公共秩序的内涵，须结合公法、私法之划分予以界说，公共秩序所涵盖之内容，系公法与私法交接的灰色地带，[②] 但公共秩序原则规定之内容，本质上属于私法调整的领域，这一领域的特殊之处仅仅在于：这是一个灰色地带，具有模糊性，而且看似“两可”，因此，对其识别和界定，须结合个案予以特殊考察、考量。公共秩序原则积极地表明，个人自由须受有关公共秩序这一强行性规范的制约；但其内容的确定方式，却是消极的，即须从私法视角、须从私法内部去观察、须结合意思自治原理，来具体考察涉及公共秩序原则的事项——是否对意思自治构成不当干预、是否逾越私域得以存在所必须之最低条件。因此，公共秩序原则的适用，是一项技艺，是一套方法和程序；因此，拘泥于概念比较、纠缠于文辞梳理、定位在静态概念获取，这对于研究公共秩序原则，无异于缘木求鱼。

公共秩序原则构成私法和公法之间的隔离带，但其属于私法的内容，因为其蕴含的理念和精神属于私法的。虽然，目前学界对公共秩序原则与公法概念的界定几近一致，但两者实则分明：（1）公法对于私法而言，是异质的，而公共秩序原则之精神、意蕴、内容与私法同质；（2）公共秩序原则体现了一个自由人的共同体、一个私域社会得以存在的最基本条件，其内容受意思自治原理制约，无关共同体内部每一成员的意志；但在公法，本质上是自由人联合的事业，应视为社会成员共同意志的表达，是社会成员的“公共选择”之产品、结果；（3）基于公共秩序原则对意思自治的限制，意在“恢复”和“矫正”，其限制是消极的，其考察视角是私法的，性质属于“矫正正义”；但公法对意思自治的限制，

① 公法、私法、包括所谓的社会法的概念界定充满分歧，人言人异。但全面考察一下会发现，除去语言表述等修辞性内容的差异，对公法、社会法概念多会借用公共秩序、公共利益这个词汇来界定，而界定公共秩序也会常谈公共利益。如此一来，公法、私法、公共秩序原则的界定最终往往会落在公共秩序、公共利益这两个核心词上。参考［日］美浓部达吉：《公法与私法》，黄冯明译，中国政法大学出版社2003年版，第23页以下；前引［德］卡尔·拉伦兹：《德国民法通论》，王晓晔等译，法律出版社2003年，第4页；德·梅迪库斯：《德国民法总论》，法律出版社2001年版，第11页以下；前引于飞：《公序良俗原则研究》，北京大学出版社2006年版，第11页；前引陈历幸：《民法的理念与运作》，上海人民出版社2005年版，第290页；王为农、吴谦：《社会法的基本问题：概念与特征》，载《财经问题研究》2002年第11期。

② 这里不可避免会涉及社会法的概念界定及相关问题。笔者认为，如果搞不清公法与私法，探讨社会法是缺少基础的；但公法、私法划分，目前是一个悬而未决的问题，所谓的社会法只是一个筐，打了社会法的标签，筐里装得只是那些“公法、私法”理论没有解决的问题。参考侯佳儒：《环境法兴起及其法学意义：三个隐喻》，载《江海学刊》2009年第5期。

源自集体选择，其限制是积极的，其考察视角则是公法的，性质则属于“分配正义”。

再说善良风俗原则，也有两点需要特别说明：

第一，“意思自治”须接受善良风俗的限制，这符合、至少不违背意思自治原理的要求。根据自由主义理论的观点，一个风俗得为风俗，须为社会所公知——或者，至少这一社会之成员可以善意推知——因此，风俗系共同体内部成员之间的非正式的无言的契约。① 这些非正式的无言的契约具有最终自我强制执行的特性：遵守某一风俗比违背它更容易，促使人遵守规则的力量超过违反规则的力量，因此每个人都遵守风俗、习惯，风俗、习惯得以自我强制执行。②这种风俗、习惯“自我强制执行”的力量如此强大，以至于每一社会成员对其遵守已成习惯本能，因此，遵守风俗习惯不可能违背个人自治意思，因为个人甚至于无法对风俗习惯之内容产生自治之意识、意思。由是推知，遵守风俗习惯与奉行意思自治兼容不悖。

善良风俗须得到弘扬，它是社会的黏合剂，它的存在有助于增进个人对自身事务安排的理性预期。个人生活自治理想的实现，正是依赖这些风俗、习惯、契约、国家制定法、个人才形成理性决策，个人进而妥当心安地安排个人未来生活。③ 如果没有这些制度保障，个人理性会蒙受困惑，对未来无法形成稳定预期，对未来生活安排最终将失去依托。这种处境下，人是不自由的，人的理性时刻遭受异己力量的强制。因此，自由人共同生活的私域，需要风俗和习惯的支撑；风俗和习惯，是私域内自治个人缔结的“无言契约”。

对于习俗，“明白事理的人在大多数情况下执行其主要规定，偶尔也有违反的行为。只有不明事理的人才在大多数情况下违反规定。”④ 因此，如果公权欲对违背风俗的行为予以矫正，需综合考虑如下因素：（1）只能矫正恶意违反风俗者，即违反者应是明白事理的人，而非不明事理的人；（2）致他人合法权益遭受损害，是违反习俗者承担责任的法律要件之一；（3）风俗须为善良风俗，善良风俗应时易世，最难把握，其内容应予具体化、类型化，其判断应综合衡量各民法基本原则的具体内容，综合衡量民法所保障之各种利益关系权重；（4）最为重要的，对善良风俗原则的解释方法，也应从私法内部的视角并就意思自治

---

①② ［英］安东尼·德·雅赛：《重申自由主义》，中国社会科学出版社 1997 年版，第 100 页、第 103 页。

③ 制度，包含法律在内，其主要功能即在于增进人对未来的理性预期，这是新制度经济学的核心命题之一。参见［德］柯武钢、史漫飞：《新制度经济学》，韩朝华译，商务印书馆 2000 年版，第 1 页。

④ ［英］安东尼·德·雅赛：《重申自由主义》，中国社会科学出版社 1997 年版，第 100 页、第 105 页。

原理的框架来考察。

第二，中国当下处于私法移植进程之中，要重视、发挥善良风俗原则在沟通异质文化方面具有的功能。民法是西方文化的产品。作为一种“地方性的知识”，其与我国固有文化传统多有差异、冲突和亟待协调之处。[①] 我们的民法移植，不是对我国既有风俗、习惯的全盘否定，二者之间须留有沟通的渠道、对流的接口。在技术层面，善良风俗原则应该、也能够成为沟通东西方文化、连接两种私法文明的制度设计。事实上也是如此，善良风俗原则的功能就体现在对习惯的调控上：“在民法中，习惯要上升为习惯法，一个基本的条件就是不能违背公序良俗原则。这有力地遏制了不符合社会发展进步的习惯无限制地进入到民法中，为习惯法提供了过滤器，同时又为有益于社会的习惯进入到民法中提供了通道。”[②] 对公序良俗原则的判断标准，虽然有地域取向标准、时间取向标准之分，但两种观点都认为，要判断个体行为是否违背公序良俗，须结合特定时空之人文背景、社会条件与主流伦理标准，[③] 就事论事——这实际上也是将公序良俗原则的考察，奠基在成文法与社会既有习俗的协调上面，这些观点无疑都是合理的。

总之，当代中国民法学面临公法与私法双向互动的挑战，面对中西文化沟通的难题，在当下语境，重新理解和阐释公序良俗原则，这对于弘扬私法精神、充分利用本土私法资源，对于协调公法与私法、沟通东西方法律文化，无疑都具有重要作用。

五、简单结论

（一）发生角度的定义

回到最初的提问：什么是民法基本原则？

——如果从发生角度进行定义，则民法基本原则就是通过对意思自治进行逻辑演绎而形成的原则体系。由于本文将意思自治原理视为演绎推理的大前提，它包含两个假设：第一个，如果民法是一个可以借助演绎逻辑推导而获得的规范体系，则意思自治就是推演民法规范体系的逻辑大前提；第二个，如果民法学理论是由一系列假设、命题和定理构成的逻辑体系，则意思自治构成民法学理论体系的初始假设和逻辑大前提。所以，将民法基本原则视为意思自治通过逻辑推演而

① 侯佳儒：《近代民法的现代性危机及其后现代转向——兼论当代民法使命》，载《中国政法大学学报》2009 年第 2 期。

② 梁慧星主编：《中国民法典草案建议稿附理由（总则编）》，法律出版社 2004 年版，第 13 页。

③ 董学立：《民法基本原则研究——在民法理念与民法规范之间》，法律出版社 2011 年版，第 164 页。

形成的原则体系，就有了两层涵义：第一，在民法规范形态上，民法基本原则体系是通过推演意思自治这一私法理想，而获取的抽象的、一般的法律原则体系；第二，在民法学理论形态上，民法基本原则是通过对意思自治这一民法学第一公理预设推演出来的，是构成民法学理论体系核心框架的若干假设、定理、原则、命题，而民法基本原则体系就是基于意思自治原理而展开的公理化命题系统。

进一步解释民法基本原则的外延：在规范形态上，包括意思自治、私权神圣、个人责任、人格平等、诚实信用和公序良俗六项具体基本原则；在理论形态上，包括意思自治、私权神圣、个人责任、人格平等、诚实信用和公序良俗六项命题、定理、假设、原则。这六项具体原则之间，存在秩序、位次和价值权重的差异：(1) 民法是使每个人“成为一个人，并尊敬他人为人”的规范体系，意思自治原理蕴含个人自由与社会共存双重价值，包含个人自由和社会共存两个原则体系。(2) 意思自治和私权神圣是民法基本原则体系中的“帝王条款”、民法学理的核心假设。二者的排序是形式上的，实际上，借助权利概念的构造，二者互为表里、一体两面：私权神圣之私权，即法律保障之自由；法律保障个人的意思自治，不过赋予个人之行为空间以权利外衣。(3) 接下来，是个人责任原则。自由为理性个体之自由，意思自治以意思能力之具备为前提；法律肯定个人的自由意志，个人因此得自主行为，但个人亦应自担后果，这是意思自治的题中之义。意思自治、私权神圣和个人责任这三条原则，缔造出民法关于个人自由的制度建构。 (4) 人是社会动物，因此必与他人交往。作为交往对象的，是“你”——“我”的交往相对人，在“我 + 你”这个私域之世界，“我”与“你”须同享自由，须互相尊重对方也作为自由人之存在与尊严，因此产生“人格平等原则”。(5)“我 + 你”的交往，还须互相负担诚实信用的义务，诚实信用原则是社会共存的基本条件，系私域之构成性原则。(6) 个人得享意思自治的私域世界，即是“我 + 你 + 他/她 = 我们”——一个自由人生活、交往的社会领域。为保障个人自由与社会共存，个人须遵守公序良俗——公共秩序原则，是自治之私域社会得以存在的最低要求、最基本条件的法律表达；而遵守善良风俗，不但为私域自治所必需，同时有醇化文化、沟通文化的意味。

这六条原则的层次、位序和结构，可以从公法、私法、习惯法和社会风俗之间的关系上考察（如图二），它能表明公法、私法、社会习俗之间的界分以及公共秩序原则的位置和价值；(1) 私法体系内，公共秩序原则构成私法与公法的隔离带、防火墙；而善良风俗原则是将习惯、风俗纳入私法体系的通道，东西私法文化对流的接口；(2) 以民法基本原则体系为核心架构的私法，具有自然法的根基、符合自然法的精神和理念；(3) 风俗、习惯是私法之外的社会规范手段，体现中国本土文化的风俗、习惯与代表西方文化的民法规范之间，文化的沟通、整合和重塑是中国民法研究的一个重点；（4）私法的意思自治原理，实际上对国家、国家治理都有特定理解，并部分地体现在公法的私法理解方式上面，体现在遵守法律、遵守制定法的私法理解上。

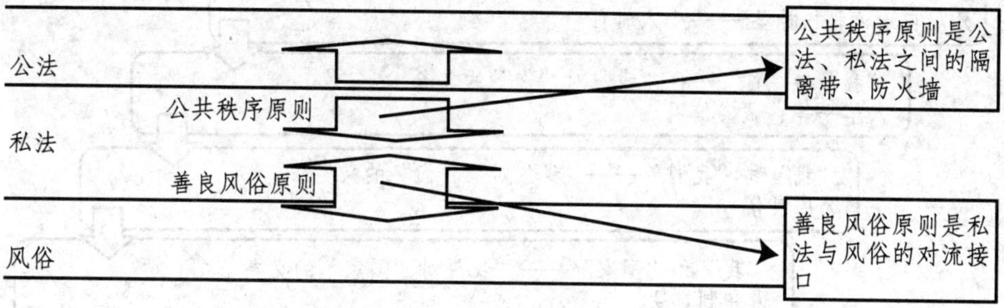

图二 公法、私法、习惯法、社会风俗和公序良俗原则的关系图

（二）功用角度的定义

从功用角度定义，民法基本原则是私法之理想人格体的构造原则。

人格体是人的法学成像。民法把人变成民法上的人格体。① 因此，人格体的图释须借助民法规范、民法学语言；人格体是社会的存在，因此人格体的图释，须“通过其与其他人的关系即其角色来确定”。② 根据这两项标准，可以认为：民法基本原则就是民法上人格体的素描线条，它勾勒出民法上人格体的轮廓、骨骼和基本框架。

首先，民法基本原则是民法规范体系的构成内容，其本质系一般的抽象规范；而民法基本原则又是民法学的表述语言，其构成民法学理论的核心假设和命题。因此，界定民法基本原则为民法上人格体的构造原则，这满足民法上人格体构造须借助民法规范、民法学语言的要求。

其次，民法基本原则的六条内容，其层次、位序和结构可以从个人对自我、他人、社会和国家所担负的伦理义务角度考察，③ 它能反映出，一个个人欲实现

---

① 规范把人变成人格体，人格体必须在规范之外为群体完成某项当为任务。只要群体是存续的，规范就是现实的。因为规范现实地存在着，就存在着人格体的世界——社会。参见［德］京特·雅科布斯：《规范·人格体·社会——法哲学前思》，冯军译，法律出版社 2001 年版，“译者后记”，第 132 页。

② 规范、人格体和社会互为前提，关于三者关系详细论述，参考上引雅科布斯书。

③ 实际上，本文是以义务概念为核心建构民法基本原则体系的。将人之本质与自由、理性关联起来，通过宗教教义、道德伦理、哲学等理论将自由视为人对自身的自然法义务，这是一种悠久的理论传统。［古罗马］西塞罗：《论义务》，王焕生译，中国政法大学出版社 1999 年版；［德］塞缪尔·普芬道夫：《人和公民的自然法义务》，鞠成伟译，商务印书馆 2000 年版。

意思自治，在处理与自我、他人、社会和国家的关系上，各种权利主张和义务负担的来源、层次与结构（见图三）：

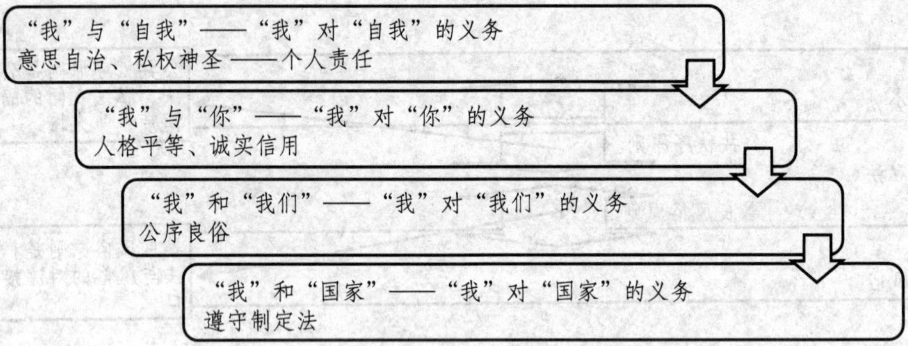

图三　个人对自我、他人、社会、国家的义务

因此，将民法基本原则视为民法上人格体的构造原则，满足“人格体是通过其与其他人的关系即其角色来确定”① 这一要求。但民法把人变成民法上的人格体，是整个民法规范体系的任务，就民法基本原则而论，它只是对民法上人格体的粗线条素描，民法基本原则把握民法上人格体的精神和意蕴，勾勒出民法上人格体的轮廓、骨骼和基本框架。

将民法基本原则概括为人格体构建原则，有如下要点：

1. 民法奉行意思自治，民法借助权利概念的构造，将人、权利主体和权利能力三者等同视之②，因而人的私法画像——即私法上的人格体，是全部民事权利及其约束的抽象集合体。因此，民法崇尚意思自治，不用宣言、口号去呼唤自由，而是通过权利概念为个人行为自由划出疆域、缔造空间，通过对限制和约束权利之因素的界定、清理，为个人自由设定防护栏、隔离带、防火墙——在这里，权利的界定主要借助意思自治和私权神圣两条原则；而疆域划分和地界隔离，则是人格平等、诚实信用和公序良俗三原则的任务。还要看到，在权利话语中，私法规范、私法人格体和私域之社会互为前提，③ 所以在私法学话语中的私法自治、意思自治和私域自治虽言及不同，但所言者同一。

2. 权利概念为个人界定群己权界，民法上的人格体又是一个抽象的、各种

① ［德］京特·雅科布斯：《规范·人格体·社会——法哲学前思》，冯军译，法律出版社 2001 年版，“译者后记”，第 30 页。

② 王泽鉴：《民法总则》，中国政法大学出版社 2001 年版，第 35 页。

③ 互为前提一语的详细论证，参考［德］京特·雅科布斯：《规范·人格体·社会——法哲学前思》，冯军译，法律出版社 2001 年版，第 30 页。

民事权利的集合体，也就是一个人受到法律保护的、各种行为的全部可能性集合。那么，民法基本原则作为人格体的构造原则，实际上也是人格体之自由行为空间的构造原则。这意味着，用民法基本原则体系来解释民事法律行为制度，是应当的、必要的、可能的。因此，所谓的民法基本原则，实际上也是民事法律行为制度的构造性原则。

3. 民法基本原则是私法上的人格体的缔造原则。对此，可以进一步从多角度对其功能作出展开探讨：（1）从立法角度来看，民法基本原则是建构整个民法制度的构成性原则、框架性原则。意思自治是支撑和搭建整个民法体系的地基，民法基本原则就是支柱、栋梁。[①] 民法基本原则向上承接民法价值体系，向下链接民法制度体系，承上启下，使得民法规范体系建构上下勾连，经纬纵横，具备了体系化的可能。（2）从司法角度来看，民法基本原则是民法适用的重要工具。在法的“功能－结构”模式下，凡遇有成文法律规范存在漏洞、空白、矛盾之处，必然求助于上位法律概念，在这种情况下，民法基本原则的确表现了“克服成文法局限性”的功能，但民法基本原则之所以具有克服成文法局限性的功能，概因民法基本原则本质上是民法制度之构成性原则的缘故。（3）从学理角度来看，民法基本原则体系构成民法学理论体系核心框架，是基于意思自治原理而展开的公理化命题系统，因此，民法基本原则是我们理解民法的基本路径，是步入民法帝国的入门向导，它既是我们解释民法规范及其知识体系的重要依据，也是构成我们评价私法理论实践和制度实践的可靠标尺。（4）对于常人而言，民法基本原则表述简洁、直白、自明，容易为人所理解、接受，容易激发人的道德共鸣，从而能够指引人的日常交往、生活。又由于民法基本原则植根私法文化，从这个角度看，宣扬民法基本原则，就有了普及私法文化，弘扬私法精神的启蒙价值和意义了。

总之，民法基本原则是意思自治在民法规范体系、民法学理论体系里的延伸和具体化，民法基本原则问题实际上是民法体系和民法学理论的构造问题。

---

① 这一观点为《欧洲示范民法典草案》的制定者所支持。“欧盟委员会的报告书中偶尔会出现‘原则’一词，但其前面都加上了‘基本’一词。这就意味着‘原则’一词实质上是用来概括抽象的基本价值。不管是否明文规定，示范规则一定是构筑于这些基本原则之上，其重要性毋庸置疑。私法是或者至少应该是，以这些根深蒂固的原则为基础的，并以这些原则为指南的法律部门之一。”欧洲民法典研究组、欧盟现行私法研究组编著：《欧洲示范民法典草案：欧洲私法的原则、定义和示范规则》，高圣平译，中国人民大学出版社2012年版，第8页。

物权行为的规范结构与我国所有权变动

朱庆育*

一、导论

众所周知，物权行为理论堪称德国法系之标志。[①] 关于德国民法体系的特点，弗卢梅（Werner Flume）曾指出："学说汇纂体系的主要特征在于前置总则之体例，总则之核心则在法律行为理论。"[②] 雅科布斯（H. H. Jakobs）说法与乃师有所不同："德国法典编纂的体系特点既不在五编制，亦非前置总则之体例，而是物法与债法的截然区分。"[③] 貌似冲突的表述其实只是强调重点不同：区分物法与债法之后，即有了变动物权的行为（物权行为）与负担债法义务的行为（债权行为）的分离，由此抽象而来的"法律行为"概念亦得以成为法典公因式，并撑起总则大厦。在此意义上，王泽鉴教授以"任督二脉"比喻负担行为（债权行为）与处分行为（物权行为）之区分，[④] 可谓是形象而精准。

自萨维尼创立物权行为理论以来，德国法学所积累的研究文献已是汗牛充栋，不可遍检。直至今日，仍时有新作涌出。民国继受德国物权行为理论，虽然鲜见专书专论，但教科书普遍予以肯定。物权行为系彼时法律人习见概念无疑。

1949 新政权之后，物权行为理论蓦然淡出法学家的视野。中央政法干部学校民法教研室编著的《中华人民共和国民法基本问题》一书系新政权首部民法教科书，亦是迄至20世纪80年代初唯一一部公开出版的民法教科书。该书对于物权行为只字未提，同时，在谈及买卖合同的效力时，书中指出："出卖人的财

---

* 中国政法大学副教授、法学博士。

① Larenz/Wolf, Allgemeiner Teil des Bürgerlichen Rechts, 9. Aufl., 2004, § 23 Rn. 86；[德] K. 茨威格特、H. 克茨：《"抽象物权契约"理论——德意志法系的特征》，孙宪忠译，王晓晔校，载《外国法译评》1995 年第 2 期，第 25 页。

② Werner Flume, Das Rechtsgesch? ft, 4. Aufl., 1992, S. 28.

③ Horst Heinrich Jakobs, Gibt es den dinglichen Vertrag? SZ 119 (2002), S. 288 f.

④ 王泽鉴：《民法总论》，北京大学出版社 2009 年版，第 218 页。

产所有权因出卖而消灭，买受人对于标的物的所有权因买受而发生。”① 显然是认为，所有权变动系买卖合同效力的结果。

文革结束后，民法教科书相继出版。20 世纪 80 年代，仅有少量教科书在叙述法律行为的分类时一笔带过式地提及物权行为与债权行为②或要因行为与不要因行为③之分类，并且，在叙述所有权的变动时，但凡有所涉及，均对原因行为（债权行为）与直接导致权利移转的处分行为（物权行为）未加区辨，直接以买卖合同作为所有权的取得方式。④

1989 年，受日本学说影响的梁慧星教授在《法学研究》第 6 期发表大作《我国民法是否承认物权行为》，既让物权行为概念正式浮出水面，并且接续了之前买卖契约直接导致所有权变动的学界通说。随后，首版于 1991 年的教科书《民法学原理》则对物权行为理论持肯定态度。该书不仅较为详细地介绍了处分行为与负担行为及有因行为与无因行为之分类，并且在物权通论章为物权行为单辟一节，系统分析了物权行为的概念、形式、特征、构成要件等基本内容。⑤ 1996 年，德国负笈归来的孙宪忠教授在《法学研究》第 3 期上发表《物权行为理论探源及其意义》一文，借助一手德文文献，倡导物权行为理论，正面挑战通

---

① 中央政法干部学校民法教研室编著：《中华人民共和国民法基本问题》，法律出版社 1958 年版，第 213 页。

② 例如，金平主编：《民法学教程》，内蒙古大学出版社 1987 年版，第 105 页（陈训敬）；寇志新主编：《民法学》（上册），陕西科学技术出版社 1989 年版，第 161 页（寇志新）；佟柔、赵中孚、郑立主编：《民法概论》，中国人民大学出版社 1982 年版，第 57 页（杨大文）；王利明、郭明瑞、方流芳：《民法新论》（上册），中国政法大学出版社 1988 年版，第 370 页。

③ 例如，金平主编：《民法学教程》，内蒙古大学出版社 1987 年版，第 105 页（陈训敬）；寇志新主编：《民法学》（上册），陕西科学技术出版社 1989 年版，第 161 页（寇志新）；《民法教程》编写组：《民法教程》，复旦大学出版社 1987 年版，第 62 页；全国第三期法律专业师资进修班民法班整理：《中华人民共和国民法原理》（上册），西南政法学院出版社 1983 年版，第 178 页（佟柔）；西北政法学院民法教研室编：《民法原理讲义》，西北政法学院 1982 年版，第 76 页（王家祯）；周元伯主编：《中国民法教程》，南京大学出版社 1989 年版，第 121 页（曾昭华）。

④ 例如，金平主编：《民法学教程》，内蒙古大学出版社 1987 年版，第 105 页（王光明）；江平、张佩霖：《民法教程》，中国政法大学出版社 1988 年版，第 130 页（江平）；《民法教程》编写组：《民法教程》，复旦大学出版社 1987 年版，第 112 页、第 185 页；佟柔、赵中孚、郑立主编：《民法概论》，中国人民大学出版社 1982 年版，第 195 页（郑立）；佟柔主编：《民法原理》（修订本），法律出版社 1986 年版，第 281 页；王利明、郭明瑞、吴汉东：《民法新论》（下册），中国政法大学出版社 1988 年版，第 69 页；王忠等：《民法概论》，黑龙江人民出版社 1984 年版，第 304 页；王作堂等编：《民法教程》，北京大学出版社 1983 年版，第 139 页；西北政法学院民法教研室编：《民法原理讲义》，西北政法学院出版社 1982 年版，第 119 页（张效友）；杨振山、王遂起：《中华人民共和国民法讲义》，中国政法大学出版社 1984 年版，第 333 页（王遂起）。

⑤ 张俊浩主编：《民法学原理》，中国政法大学出版社 1991 年版，第 227 ~ 230 页（张俊浩）、第 370 ~ 380页（刘心稳）。

说。之后的十数年间，物权行为理论越来越成为学术热点，反对[①]与支持[②]二阵营论战不断，持续至今。

2007年，《物权法》颁行。然而，争论并未消弭，甚至几乎没有学者因此改变之前择定的立场。这部法律的意义，似乎仅仅在于为不同立场提供解释与印证的材料而已。[③] 此亦表明，在学术未予澄清之处，理论分歧不可能借助立法而得到消除。

所有权如何依法律行为而变动之问题，无论是民法理论，抑或民法适用，均不可绕过。有鉴于此，本文不避狗尾之嫌，愿在众多研究中再添一言，希望对于我国所有权变动的规则体系有所澄清。物权行为理论的规范结构可拆作分离原则与抽象原则两部分，本文亦在此框架内展开。

二、分离原则

（一）分离原则的含义

因履行债法义务而变动物权时，变动物权的法律行为与设定债法义务的法律行为相互分离，彼此独立。后者称债权行为（schuldliche oder obligatorische Rechtsgesch? fte），前者称物权行为（dingliche oder sachenrechtliche Rechtsgeschafte）。此之谓分离原则（Trennungsgrundsatz），汉语亦称独立性原则。法律规范由构成要件与法律效果两部分组成，分离原则的意义亦可作此两层理解：其一，效果分离。即，法律行为之债法效力与物法效力相分离。其二，要件分离。即，产生债法效力者与产生物法效力者分属两项相互独立的法律行为，各有其构

---

① 例如，陈华彬：《论基于法律行为的物权变动》，载梁慧星主编：《民商法论丛》（第6卷），法律出版社1997年版；崔建远：《从立法论看物权行为与中国民法》，载《政治与法律》2004年第2期；崔建远：《从解释论看物权行为与中国民法》，载《比较法研究》2004年第2期；米健：《物权抽象原则的法理探源与现实斟酌》，载《比较法研究》2001年第2期；王利明：《物权行为若干问题探讨》，载《中国法学》1997年第3期；王轶：《物权变动论》，中国人民大学出版社2001年版。

② 例如，葛云松：《物权行为理论研究》，载《中外法学》2004年第6期；李永军：《我国民法上真的不存在物权行为吗?》，载《法律科学》1998年第4期；孙宪忠：《物权变动的原因与结果的区分原则》，载《法学研究》1999年第5期；孙宪忠：《再谈物权行为理论》，载《中国社会科学》2001年第5期；田士永：《物权行为理论研究》，中国政法大学出版社2002年版；徐涤宇：《物权行为无因性理论之目的论解释》，载《中国法学》2005年第2期；谢怀栻、程啸：《物权行为理论辨析》，载《法学研究》2002年第4期；赵勇山：《论物权行为》，载《现代法学》1998年第4期。

③ 偏于主观解释的否定论者，自然相信《物权法》系否定论的成果（如梁慧星、陈华彬：《物权法》，法律出版社2010年版，第83～84页；崔建远：《物权法》，中国人民大学出版社2011年版，第47～48页）；肯定论者则从规范的客观意旨出发，认为《物权法》体现了分离原则（如葛云松：《物权行为：传说中的不死鸟》，载《华东政法大学学报》2007年第6期），甚至还认可了抽象原则（如田士永：《〈物权法〉中物权行为理论之辨析》，载《法学》2008年第12期）。

成要件。[①] 若与抽象原则一并出现，分离原则一般在后一意义上使用。

（二）分离原则的基础

分离原则欲获得实证法上的正当性，在价值理念与逻辑体系两方面均需有其存在基础。价值理念方面，分离原则可呼应自治与正义之要求；逻辑体系方面，则尤以债物二分及随之而来的物权客体特定原则为基础。

1. 理念基础：

（1）私法自治与分离原则。私法自治理念之下，法律效果基于行为人意志而产生。这意味着，行为人欲以何种行为发生何种法律效果，由行为人自主决定。行为人可能通过行为负担给付义务，使得对方产生给付请求权，此等行为建立债法关系，故以债权行为相称；行为人亦可能通过行为直接变动权利，所变动的权利若为物权，即称物权行为。

（2）正义法则与分离原则。占有的稳定性（the stability of possesion）、财产基于同意而移转（the transference of property by consent）以及履行允诺（the performance of promises）的法则，是休谟所总结的人类社会三项基本法则。[②] 其中，占有乃是社会形成之初，确定财产权归属的初始规则；后两项法则则表明，财产基于自由意志而移转是人类交往的基本正义规则，其间所体现的思考进路，与德国法上的分离原则如出一辙。

自然状态下，财产权概念并不存在。因而，“划定财产、稳定财物占有的协议，是确立人类社会的一切条件中最必要的条件。”[③]

占有是偶然的机会行为，虽然具有稳定财产权之功能，但远不足以满足人的多样需求。在不破坏和平秩序的前提下，占有者之间有必要依各自意志互通有无。由此产生“财产基于同意而转移”之法则。然而，这一法则仍不敷使用，因为，即时交易式的财产转移意义有限。休谟指出，“一个人不能转移六十里以外的一所特定房屋的财产权，因为这种同意不能伴有交付，而交付是一个必需的条件。一个人也不能凭着单纯的表示和同意转移出十斛谷或五大桶酒的财产权；因为这些只是一般的名词，与任何一堆特定的谷或某些大琵琶桶的酒毫无直接关系。”[④]前者表明，仅仅是愿意移转财产之允诺本身，尚不足以导致财产权发生变

---

① Brehm/Berger, Sachenrecht, 2. Aufl., 2006, § 1 Rn. 19.

② ［英］休谟：《人性论》（下册），关文运译，郑之骧校，商务印书馆 1996 年版，第 2 章“论正义与非义”，尤其是第 2 ~ 5 节（第 525 ~ 566 页）；并参 David Hume, A Treatise of Human Nature, Clarendon Press, 1896, pp. 477 ff. 若干措辞与术语笔者根据英文原著有所改译。

③④ ［英］休谟：《人性论（下册）》，关文运译，郑之骧校，商务印书馆 1996 年版，第 532 页、第 560 ~ 561 页。

动；后者则表明，在客体被特定化之前，不可能发生具体财产权的变动。

为了使得远程交易与种类物交易能够顺利完成，第三项法则便不可或缺——履行允诺。履行允诺本非自然法则之要求，因为，基于利己的本性，任何利他行为或者不可理解，或者不具有道德约束力。就此而言，“许诺是以社会的需要和利益为基础的人类的发明。”[①] 申言之，人类天性利己，在本性上难以为他人利益而行为，除非在此过程中，可同时实现自己的利益，并且，自己此等利益之实现，须以利他行为为前提。如此，履行对于他人的诺言，即构成人类互利交往的基础。若是任意违反而无需承担任何不利后果，人类交往的信任关系将为之颠覆。

将后两项法则转换成德国法律术语，财产基于同意而转移，此处同意（consent），即是所谓物权合意，而令允诺人负担履行义务之允诺（promise），显然是对应于债权行为。物权行为与债权行为分离之观念，昭然若揭。至于使得允诺具有拘束力的利益关系，则构成法律行为（债权行为）之法律原因。

2. 规范基础：

（1）债物二分。债物二分的概念体系，在逻辑上就已经蕴含了发生债法效力的法律行为与发生物法效力的法律行为之分立，债法效果（负担效果）与物法效果（处分效果）得以截然分开。就此而言，只要民事立法是在德国式债物二分的格局下展开，债权行为与物权行为的分离，即是逻辑必然。[②] 相反，《法国民法典》因其尚未分立债物，也就无从想象分离原则，将所有权变动效果附着于买卖契约（《法国民法典》第1583条），自在情理之中。

介于德法之间的是日本。《日本民法典》移植了德国债物二分的概念体系，第176条（物权的设定及移转，仅因当事人的意思表示而发生效力）却又是受法国影响的结果。兼采众家的后果是，规范体系出现了重大错乱。[③] 为了弥补这一漏洞，直至今日，日本学界仍在殚精竭虑寻找实证法框架之内合乎逻辑的解释。

---

① ［英］休谟：《人性论》（下册），关文运译，郑之骧校，商务印书馆1996年版，第559页。

② 亦见葛云松：《物权行为理论研究》，载《中外法学》2004年第6期，第724页；苏永钦：《物权行为的独立性与无因性》，载氏著：《私法自治中的经济理性》，中国人民大学出版社2004年版，第123～124页；孙宪忠：《再谈物权行为理论》，载《中国社会科学》2001年第5期，第125～126页；田士永：《物权行为理论研究》，中国政法大学出版社2002年版，第329页以下。

③ 苏永钦：《物权行为的独立性与相关问题》，载氏著：《私法自治中的经济理性》，中国人民大学出版社2004年版，第156页。

其间虽然学说层出，创意不断，效果却似乎始终不尽如人意。①

（2）物权客体特定原则。物权客体特定原则（一物一权原则）的基本含义是："物权只存在于确定的一物之上，相应地，每一行为亦只能处分一物。"② 该项原则服务于物权的清晰性。清晰性不仅体现在静态的权利内容方面，更体现在动态的物权移转方面。由于一物之上存在、且只存在一个物权，移转一项权利便需要一项行为。若是物权行为不独立于债权行为，物权客体特定原则将被消解。原因在于，债权行为并不要求客体特定化，无论负担几项义务，均无妨包含于同一意思表示当中。这在所谓"一括买卖、分批履行"的情形下，意义尤其突出。无论国内交易抑或国际贸易，一笔订单分期交货的交易形式均属正常。如果所有权的移转只能附着于一次买卖合意，那么，分期交付标的物之所有权移转问题，将无可避免地面临解释困境。③

（三）分离原则否定论

否定分离原则的各项主张之间，彼此未必能够兼容。概括而言，否定理由大致可分两类。其一，客观上并无物权行为之存在。此又包括两类：一是债权契约即足以导致物权变动，故债权契约与物权变动系一体行为；二是债权契约辅以事实行为可导致物权变动。其二，观念上不容有物权行为之存在。此亦含两类：一是日常观念上，分离原则过于疏离生活；二是法律观念上，行为人的债权意思与物权意思应作一体把握。以下分而述之。

1. 行为一体论。行为一体论的基本主张是，买卖契约旨在变动所有权，因而买卖契约本身与构成契约目的的所有权移转彼此不可分离，系一体行为。如此，不需要有分离原则，所有权移转系买卖契约的当然效果。前文已述，这一见解，是我国新政权之后直至20世纪整个80年代的绝对通说。

---

① 有关第176条的解释，《日本民法典》施行之初，直至整个明治时代，主流学说与司法判例均从法国法解释，否认独立的物权意思表示之存在，而认为物权变动系债权契约的当然效果。明治末期开始，德国解释进路（称形式主义）逐渐占据通说地位。大正10年（1921年），末弘严太郎重新祭出法国理论，并在我妻荣的支持下，使得本已没落的意思主义理论重返前台。之后，末川博对我妻荣学说提出挑战，以德国理论为底色，开创了物权行为理论本土化的解释新格局。如今，物权行为之否定与肯定两阵营并峙而立，每一阵营内部又存在各种变格，学说极其繁荣。可参见［日］近江幸治：《民法讲义Ⅱ物权法》，王茵译，渠涛审校，北京大学出版社2006年版，第33～49页；［日］田山辉明：《物权法》（增订本），陆庆胜译，齐乃宽、李康民审校，法律出版社2001年版，第32～42页；［日］我妻荣著，有泉亨补订：《新订物权法》，罗丽译，中国法制出版社2008年版，第51～70页。

② Brehm/Berger, Sachenrecht, 2. Aufl., 2006, § 1 Rn. 42; Hans Josef Wieling, Sachenrecht, Band 1, 2006, S. 22.

③ 苏永钦：《物权行为的独立性与无因性》，载氏著：《私法自治中的经济理性》，中国人民大学出版社2004年版，第129页。

奉行为一体论的典型立法是法国。[①] 因其主张物权变动的意思包含于买卖契约或其他债权契约当中，故称一体原则（Einheitsprinzip）[②] 或合意原则（Konsensprinzip）[③]。汉语法学则受日本影响，多称债权意思主义。依《法国民法典》第711条的规定，财产所有权因债的效力而移转。第1583条更是明确规定：当事人一经对标的物与价金协议一致，即使标的物尚未交付，价金尚未支付，买卖即告完全成立，且买受人对出卖人依法取得标的物的所有权。不过，在二分债物的德国法学看来，变动所有权，是行为人的经济目的，而判断行为在法律上是否具有一体性，应以法律效果为标准。买卖契约的效力，在于令出卖人负有移转标的物所有权之义务。此时，买受人只是有权请求出卖人作出给付。所有权之变动，则是义务履行行为所产生的法律效果。因而，负担性的买卖契约与处分性的所有权让与，二者并非一体行为。[④]

法国立场的逻辑与缺陷不必详述，[⑤] 无论如何，我国实证法无法作与之类似的解释。

首先，1986年通过的《民法通则》第五章第二节专节规定"债权"，2007年颁行《物权法》。至此，我国民事立法确立了债物二分的基本格局。概念框架不一，步趋法国无制度基础。如果债权效力可导致物权变动，意味着，无需公示即可依法律行为取得并享有物权。这与物权公示的规范意旨不符：物权之所以需要公示，是因为它属于绝对权。

其次，我国具体规定与法国大相径庭。《民法通则》第84条第1款前段关于债的定义是：按照合同的约定或者依照法律的规定，在当事人之间产生的特定的权利和义务关系。依同该条2款之规定，债权人所享有的特定权利，仅限于给付请求权（有权要求债务人按照合同的约定或者依照法律的规定履行义务），而不

---

① 《法国民法典》之前，著名法学家波蒂埃（Robert - Joseph Pothier）接受了多内鲁斯（Donellus）的见解，将物权契约作为所有权移转的前提。但令人意外的是，《法国民法典》虽然大量采行了波蒂埃的学说，于此问题却歧路而行，转而采纳格老秀斯（Hugo Grotius）所称的自然法规则，认为所有权取得乃是债的效力，交付并非必要。Ulrich Huber, Savigny und das sachenrechtliche Abstraktionsprinzip, in: Festschift für Claus - Wilhelm Canaris zum 70. Geburtstag, 2007, S. 492 ff.（中译本参〔德〕乌尔里希·胡贝尔：《萨维尼和物权法抽象原则》，田士永译，载张双根、田士永、王洪亮主编：《中德私法研究》，第5卷，北京大学出版社2009年版，第50～91页。基于语言习惯的考虑，下文直接援引德文版）；Franz Wieacker, Privatrechtsgeschichte der Neuzeit: unter besonderer Berücksichtigung der deutschen Entwicklung, 2. Aufl., 1967, S. 292 f..

② Wolf/Wellenhofer, Sachenrecht, 24. Aufl., 2008, § 7 Rn. 41 f.

③ Ulrich Huber, Savigny und das sachenrechtliche Abstraktionsprinzip, in: Festschift für Claus - Wilhelm Canaris zum 70. Geburtstag, 2007, S. 480.

④ Larenz/Wolf, Allgemeiner Teil des Bürgerlichen Rechts, 9. Aufl., 2004, § 23 Rn. 65.

⑤ 简要的检讨，可参 Rüthers/Stadler, Allgemeiner Teil des BGB, 16. Aufl., 2009, § 16 Rn. 16.

得直接取得标的物之上的权利（如所有权）。至于所有权，《民法通则》第72条第2款前段规定，原则上从财产交付时起转移。

《合同法》的规范逻辑与《民法通则》相近。《合同法》第130条虽然将买卖契约定义为“出卖人移转标的物的所有权于买受人，买受人支付价款的合同”，但这并不表示，买卖契约产生直接移转所有权的效力。第135条系买卖契约对于出卖人所生效力的基本规定：出卖人应当履行向买受人交付标的物或者交付提取标的物的单证，并转移标的物所有权的义务。这一规定与《德国民法典》第433条第1款前句如出一辙。据此，依买卖契约，出卖人仅负有移转标的物占有以及标的物所有权的义务，并不导致所有权直接移转。所有权的移转，如《民法通则》之规定，原则上自标的物交付时起转移（《合同法》第133条前段）。至于《合同法》第130条之立法定义，则是将经济目的强嵌于法律规范的非专业手法。

上述有关交付的规定以动产交易为原型。关于不动产，《物权法》第15条规定：当事人之间订立有关设立、变更、转让和消灭不动产物权的合同，除法律另有规定或者合同另有约定外，自合同成立时生效；未办理物权登记的，不影响合同效力。此所谓合同显然是不动产物权变动的原因行为，即债权契约；而未办理物权登记，在公示生效主义的原则下（《物权法》第9条），即意味着，物权尚未发生变动。因而，第15条的要旨在于：不动产物权未变动，不影响买卖契约等债权契约之效力。反过来说，买卖契约等债权契约生效，不动产物权并不因之同时发生变动。虽然从中不足以得出承认物权行为独立性之结论，但至少可知，买卖契约等债权契约不产生直接变动物权之效力。

2. 债的履行系事实行为。债的效力不能直接导致物权变动，并不意味着，必然承认分离原则。在逻辑上，还存在一种可能，即有效的债权契约及其履行行为（交付）相结合，产生物权变动效果。其中，有效的债权契约称“名义”（Titel），交付则为“方式”（Modus）。此即所谓“名义加方式理论”（Titel－Modus－Lehre）。若无有效的负担行为或负担行为嗣后无效，物权变动亦无效。[①] 由于交付属于事实行为，因而并无独立的移转所有权之意思表示存在。1811年的《奥地利普通民法典》第380条明确规定：缺乏名义或法定取得方式者，不能获得所有权（Ohne Titel und ohne rechtliche Erwerbungsart kann kein Eigentum erlangt

---

① Martin Binder, Sachenrecht, 2003, S. 33.

werden.）。可归入此列。[1]

我实证法上，债权行为无直接变动物权之效力。问题是，变动物权是否需要独立的一项法律行为（物权行为）？

《民法通则》第72条第2款、《合同法》第133条与《物权法》第23条均规定：所有权变动自交付时发生效力；至于不动产物权变动，《物权法》第9条称，“经依法登记，发生效力；未经登记，不发生效力。”此等规定，较之《德国民法典》，存在一项重大的不同。根据《德国民法典》第873条与925条，变动不动产物权，除了以登记（Eintragung）为要件外，还需要双方当事人的物权合意（Einigung，Auflassung）；同样，变动动产物权，除了交付（bergabe）外，亦以物权合意（Einigung）为必要。两相比较，我实证法缺乏物权合意之规定。而德国法上的所谓物权契约，恰恰体现于此。不过，若据此得出结论，称我国实证法未承认物权行为的独立性、物权变动采“名义加方式”模式，管见以为，则未免失之仓促。

（1）我实证法缺乏相当于《奥地利普通民法典》第380条之规定，亦无任何规范明确显示：原因行为无效，物权变动随之无效。因而，就物权变动的整体立场，难以作类似于奥地利法的解释。

（2）依《合同法》第135条规定，出卖人负有两项并列的主义务：一是交付标的物，二是移转标的物所有权。显然，仅仅是交付义务之履行，不足以导致所有权移转。为了履行第二项义务，出卖人还必须实施一项独立的所有权让与行为。交付标的物即占有之移转，以之为事实行为，可以理解；[2] 但若认为，所有权让与之行为亦属事实行为，则无论如何不能让人信服。第135条虽以动产买卖为原型，但相同的规范逻辑适于不动产无疑，只不过交付义务应替换为登记义务而已。

---

① 就物权变动受制于原因行为效力而言，这一立场可称要因让与原则（Prinzip kausaler Übereignung）；与法国立场不同，奥地利法强调了作为“方式”的交付之地位，因而又称交付原则（Traditions - prinzip）。瑞士、荷兰与西班牙亦大致同此法例。直至今日，《奥地利普通民法典》的要因让与原则仍为当代奥地利通说所支持。不过，《德国民法典》颁行的世纪之交，奥地利受其影响，学术文献曾试图引入德国法上的抽象原则。这一努力虽未成功，但在随后的学术发展中，要因原则已不再是当然之理。如今，关于物权合意，奥地利主要存在三种学说：具相当影响力的见解坚持，物权合意根本不必要；第二种观点则认为，该项合意表示虽为必要，却通常包含于负担行为当中；根据第三种看法，物权让与合意通常附着于动产移转所必需的交付行为之上。Martin Binder，Sachenrecht，2003，S. 33；Ulrich Huber，Savigny und das sachenrechtliche Abstraktionsprinzip，in：Festschift für Claus - Wilhelm Canaris zum 70. Geburtstag，2007，S. 480；Astrid Stadler，Gestaltungsfreiheit und Verkehrsschutz durch Abstraktion，1996，S. 27 f.；Wolf/Wellenhofer，Sachenrecht，24. Aufl.，2008，§ 7 Rn. 41 f.

② 德国法与中国法上的分析，可参见田士永：《物权行为理论研究——以中国法和德国法中所有权变动的比较为中心》，中国政法大学出版社2002年版，第183～187页。

然则如何解释我实证法直接规定“变动所有权自交付（登记）之时发生效力?”对此，不妨作如下解释：《物权法》第9条与第23条（以及《民法通则》第72条第2款与《合同法》第133条）只是表明，我国以公示生效主义（公示公信主义）为基本原则，规范功能相当于“民国民法典”第758条与第761条。它并不表示，所有权之移转，仅需事实行为即为已足。在公示生效主义之下，公示状态与物权变动状态彼此重合，故而不妨以外在公示状态作为物权变动之判断标志。“民国民法典”无物权合意之规定，通说却认可物权行为理论，原因亦在于此。

（3）买受人有义务支付价金（《合同法》第159～161条）。履行此项义务时，若以货币支付价金，则买受人同样需要实施移转货币占有及货币所有权之行为。更具直观说明价值的是，买受人亦得以债权让与或债务承担的方式履行义务。此时，甚至根本不存在事实行为，能够看到的，唯有清晰可辨的法律行为（处分行为）。例如，买受人不付现金、而刷银行借记卡（储蓄卡），此即以债权让与的方式履行义务。持有借记卡的买受人是银行债权人，刷卡时，自己账户中的相应金额被转入出卖人账户，买受人对银行的债权被让与给了出卖人，价金支付义务亦因此而得到履行。再如，买受人不付现金、而刷银行贷记卡（信用卡），此系以债务承担的方式履行义务。刷贷记卡时，买受人的银行借记账户金额并未减少，因此他对于银行的债权未被让与。刷卡时，各方达成的合意是，由银行为买受人向出卖人支付价金。此合意性质为债务承担。债权让与系处分行为无疑；由于债务承担改变了债权之义务人，属于权利内容之变更，故亦具处分行为性质。[①]

（4）《合同法》第134条规定：当事人可以在买卖合同中约定买受人未履行支付价款或者其他义务的，标的物的所有权属于出卖人。此即所谓所有权保留买卖。据此，所有权之移转，以买受人履行支付价款或其他义务为生效条件。能够附条件的，唯法律行为而已；此处所附条件，并不影响买卖契约效力。因此，唯一合理的解释只能是，移转所有权的，是买卖契约之外的另外一项法律行为，即物权契约。

（5）事实行为的法律效果由制定法规范直接给出，无效果自主之余地。若移转所有权通过有效的买卖契约加一项事实行为而完成，可能既不利于私法自治理念之贯通，亦为纠纷之解决制造难题。例如，双方约定，买卖契约生效3个月

---

① Fikentscher/Heinemann, Schuldrecht, 10. Aufl., 2006, Rn. 755; Karl Larenz, Lehrbuch des Schuldrechts, Bd. 1: Allgemeiner Teil, 14. Aufl., 1987, S. 603 f.; Medicus/Lorenz, Schuldrecht I: Allgemeiner Teil, 19. Aufl., 2010, Rn. 791.

后履行。设若履行期届至时，买受人以欺诈或胁迫手段诱使或迫使出卖人履行义务，由于欺诈、胁迫不能影响事实行为的法律效果，而此等效力瑕疵因素又不存在于之前已经生效的买卖契约当中，故纵然实施了欺诈、胁迫等行为，买受人亦可无障碍地从出卖人的履行行为中获得所有权，出卖人难以寻求法律救济。又设出卖人在此期间因精神病发被鉴定为行为能力欠缺之人，由于行为能力对事实行为无意义，买卖契约效力亦不因其后丧失行为能力而受影响，故而出卖人届期的履行行为足令买受人取得所有权。此时，出卖人因缺乏必要的判断能力而可能遭受不利（如未意识到履行抗辩权之存在等），并且难以获得法律救济。

3. 分离原则疏离生活。分离原则之下，即便是日常的即时买卖，亦至少包括三项法律行为：买卖契约、标的物所有权让与及价金所有权让与。批评因而经常在于，此等人为的复杂化局面，与当事人生活观念严重不符，难以为外行所理解，从而导致法律疏离生活。[①]

即时交易（Handgesch afte）中，除非借助“逻辑一秒钟”，否则瞬间完成的一手交钱、一手交货，确实很难让法律外行看到负担行为与处分行为的分离。[②]就此而言，称分离原则疏离于生活实践，确不为过。然而，分离原则在何种程度上疏离于生活观念，取决于私法以何种形式的交易为原型；而疏离生活在何种程度上构成分离原则的缺陷，则又取决于如何理解私法规范的功能。

（1）私法交易可能是负担契约生效及其履行一气呵成的即时交易，如到报亭买报纸。此时，至少在表面上看，“我只做了买报纸一件事”较为贴近生活观念，甚至付钱的行为也会笼统地归入“买报纸”这“一件事”当中。然而，一旦把时间拉长，当负担契约生效及其履行之间的时间间隔可被明显感知时，负担义务之行为与为履行该义务而移转所有权的行为相互分离之景象，亦相应变得明晰。市场交易越发达，非即时交易就越能代表典型的交易形态。因而，正如苏永钦教授所指出的，分离原则“不仅未与现实生活脱节，当交易形态愈来愈多样化，因距离而保留交易弹性的需求也增加以后，分离主义反而比所有权当然随买卖合意而移转的合一主义更贴近生活。”[③]

（2）民法规范并非旨在为私人提供积极行为规范，而是以裁判规范的面目出现，为纠纷之解决提供裁判依据。[④] 由此决定，私法规范及其相应的规范解释理论，系法律专业人士用以分析私法关系之工具。判断私法规范及其解释理论是

---

① Brox/Walker, Allgemeiner Teil des BGB, 34. Aufl., 2010, Rn. 121.

②③ 苏永钦：《物权行为的独立性与无因性》，载氏著：《私法自治中的经济理性》，中国人民大学出版社2004年版，第127~128页。

④ 朱庆育：《私法自治与民法规范》，载《中外法学》2012年第3期。

否合理的标准，在于它是否能够准确分析法律关系，为纠纷提供公正的解决方案。至于分析过程是否与法律外行的生活观念一致，则无关宏旨。此正如医生诊断疾患，所使用的医学术语及病理分析过程是否为患者所懂并不重要，重要的是，他能否准确找到病因并对症下药。作为分析工具，分离原则如同观察法律关系的高倍显微镜，将交易行为拆分到最小单元，清楚地显示行为人在交易每一阶段的相应意思表示，从而帮助观察者准确获悉导致纠纷发生之"病因"（比如，具体存在何种意思表示瑕疵，意思表示瑕疵又具体存在于何处），为随后的对症下药奠定基础。与之相对，不加区分地笼统对待的"一体原则"，精密度明显不足。

实际上，若说抽象难懂，任何专业概念，未受过相应教育之人皆难以理解，岂独物权行为为然？又岂独法律概念为然？就此而言，以外行的观念为标准，所追求的，其实是法律的去专业化。这与知识分工日益细致的趋势，显然是背道而驰。

4. 分离原则与意思表示解释。当事人只是按照生活观念理解交易行为，如何用法律概念加以表述，系意思表示解释问题。关于基于法律行为的所有权变动，可能的解释之一是："买卖合同的买主是为了取得对象物的所有权而订立合同的，而卖主则相反，但两者的意向是吻合的。因此，可以解释为订立买卖契约时，也有了物权变动的意思表示。"① 如此，债权意思与物权意思被一体把握了，债权行为之外，不需要有独立的物权行为。②《合同法》第 132 条第 1 款似乎为之提供了实证法支持。该款规定：出卖的标的物，应当属于出卖人所有或出卖人有权处分。买卖契约若无处分效力，处分权之要求本无必要。

依笔者管见，上述解释值得怀疑。

（1）关于现实物买卖。此又可分特定物与种类物两种情形。

第一，特定物买卖。当事人订立买卖契约时一并达成所有权让与之合意，自是无妨，此在即时交易中尤为常见。只不过，对两项意思作一体把握的，只是当事人的生活观念。生活事实上的一件事，未必对应于法律规范中的一项行为。后者的判断标准，在于法律效果。在出卖人方面，订立买卖契约之意思与移转所有权之意思判然有别，前者发生债法效果，后者则发生所有权变动之物法效果。它们分别对应于两项行为。换言之，在债物二分的立法例下，即便即时交易的当事人订立买卖契约时一并达成物权合意，解释时，亦须分拆为债权行为与物权行

---

① ［日］田山辉明：《物权法》（增订本），陆庆胜译，齐乃宽、李康民审校，法律出版社 2001 年版，第 41 页。

② 梁慧星：《民法总论》，法律出版社 2011 年版，第 167 页。

为。若要从规范层面强作“一体把握”，首先需要改变的，是债物二分的概念体系。或者说，“一体把握”之主张，实际上是否认负担行为与处分行为之区分。

第二，种类物买卖。当事人订立买卖契约时达成所有权移转之合意，若为即时交易，在生活观念上，亦无不可。但在法律关系上，买卖契约订立之后、履行之前，其实尚存在一项种类物的特定化行为。对此，当事人虽然往往因为时间瞬息经过而予以忽略，法律关系的分析者却必须将其凸显出来，否则无法解释“客体尚未被特定化，如何能够让与所有权”之问题。因而，加入“逻辑一秒钟”后，法律关系的结构是：买卖契约订立（债权合意）标的物特定化买卖契约履行（标的物所有权移转合意）。在非即时交易中，这一规范结构更是一望可知。债权合意与物权合意之间横亘着另外一项意思表示，“一体把握”如何可能？

（2）关于未来物买卖。买卖契约订立时，标的物尚未存在。此时，即使在生活观念上，亦不可能存在所有权移转合意，规范上的“一体把握”，更是无从谈起。

（3）如果买卖契约具有处分效力，欠缺处分权，其有效性即取决于处分权人意志。在得到同意之前，买卖契约将处于效力待定状态。然而，未来物买卖固然不可能因为处分权不存在而无效，即便是出卖他人之物，最高人民法院关于《买卖合同解释》第3条第1款亦明确规定：当事人一方以出卖人在缔约时对标的物没有所有权或者处分权为由主张合同无效的，人民法院不予支持。显然，最高人民法院在解释《合同法》第132条第1款时，并未将处分权作为影响买卖契约效力的因素。当事人违反这一条款，无任何不利后果发生。可见，该条款不具有强制规范之效力。① 若以处分权作为买卖契约的效力控制因素，意味着，除非买卖契约订立之时即可履行，否则该项交易将被禁止。很明显，这一立法政策下的市场交易，受到了不必要的过度管制。②

三、抽象原则

（一）抽象原则的含义

抽象原则（Abstraktionsgrundsatz），更为通行的汉译是“无因原则”，与之相

---

① 亦见韩世远：《合同法学》，高等教育出版社2010年版，第386页。

② 前《合同法》即《经济合同法》时期，标的物若非为出卖人所有，往往属于采取签订合同的方式，合同标的不过手，从中牟取非法利益的利用经济合同买空卖空之投机倒把行为，因其挑战国家计划分配体制，不仅经济合同无效，甚至可能构成犯罪。参见《最高人民法院关于在审理经济合同纠纷案件中具体适用〈经济合同法〉若干问题的解答》（1987年7月21日颁行，2000年7月25日废止）之六。实际上，禁止倒卖合同牟利、禁止买空卖空，一直是计划经济的题中之义。就此而言，《合同法》第132条也许只是转型时期计划管制思维的余绪。世易时移，它已不再具有规范效力。

反的情形则称有因原则或要因原则。基本判断标准是，法律行为之效力是否受其原因（causa，Rechtsgrund）之影响。[①] 若是，则为有因行为或称要因行为（kausale Rechtsgesch afte）；若否，则为无因行为或称抽象行为（abstrakte Rechtsgesch afte）。显然，为了进一步理解抽象原则之含义，首先需要了解何谓法律原因。

1. 法律原因。人性虽然包括利他之美德，但当中最为核心的，乃是利己之本能。[②] 在资源稀缺的背景下，任何人给予他人利益，往往有其自身利益考虑。[③] 当中的利益关系，如休谟所言，正是使得给予允诺具有约束力之原因。相应地，自他人之处取得利益，亦需要相应的正当理由。为给予行为提供正当化说明的，即是所谓的法律原因。[④] 法律原因不同于当事人的动机或经济目的，它指的是"负担行为中双方共同形成的、为法律所认可的目的。"[⑤] 谓之"典型交易目的"（geschaftstypische Zwecke）。[⑥]

一方向对方移转所有权，对于"此人为何愿向对方移转所有权"之追问，存在不同的回答。若回答为：因为他想帮助对方。该"原因"即为动机（Beweggrund）；若是回答为："因为他想赚钱。"则为经济目的，在法律上，亦被归入"动机"（Motiv）之列。法律原因的回答则是：因为他负有此项义务。即，移转所有权（处分行为）系所负担的法律义务之履行行为。在此意义上，设定该项法律义务（债务）者，可称"原因行为"（Kausalgeschaft），它是买卖契约、互易契约、赠与契约等以移转所有权为目的的债权行为。可见，原因行为是目的设定行为（Zwecksatzungsgeschafte，zweckbestimmte Geschafte），它通过权利义务之确定而形成当事人之履行目的。[⑦] 由于作为履行行为的处分行为旨在清偿债务，故而该原因被称作清偿原因（causa solvendi）。

然则，一方何以愿意承担移转所有权之义务？对此问题，因债权行为之有偿无偿而有不同回答。若是有偿，法律原因在于，对方愿意为此负担支付对价之义务。这意味着，双方互负之义务，分别构成双方负担义务之法律原因。此称负担原因（causa obligandi）。一方负担义务，对方因此取得给付请求权（债权），因

---

① Astrid Stadler，Gestaltungsfreiheit und Verkehrsschutz durch Abstraktion，1996，S. 19.

② ［英］休谟：《人性论》（下册），关文运译，郑之骧校，商务印书馆 1996 年版，第 527 页。

③ 正义也正是起源于人的自私和有限的慷慨与资源的稀缺性之间的紧张关系当中。［英］休谟：《人性论》（下册），关文运译，郑之骧校，商务印书馆 1996 年版，第 536 页。

④ Brox/Walker，Allgemeiner Teil des BGB，34. Aufl.，2010，Rn. 113.

⑤ Larenz/Wolf，Allgemeiner Teil des Bürgerlichen Rechts，9. Aufl.，2004，§ 23 Rn. 66.

⑥ Astrid Stadler，Gestaltungsfreiheit und Verkehrsschutz durch Abstraktion，1996，S. 10.

⑦ Ernst Zitelmann，Der Wert eines ? Allgemeinen Teils " des bürgerlichen Rechts，1905，S. 15 f.

而，负担原因亦称取得原因（causa acquirendi）或与信原因（causa credendi）。[①] 无偿给予行为，系利他美德之体现，不存在法律上的对价，故直接以赠与原因（causa donandi）相称。然而，以赠与原因作为无偿给予之正当化理由，难免循环论证。为救其穷，实证法上或者以赠与为要式行为（如《德国民法典》第518条第1款），以法定形式弥补原因缺陷，或者赋予未具备法定形式之赠与人以任意撤销权（如“民国民法典”第408条，“合同法”第186条），以消解赠与允诺对于赠与人的拘束力。

清偿原因、负担原因与赠与原因之三分，周延地涵盖了包括处分行为与负担行为在内的几乎所有给予行为之法律原因。[②]

2. 外部抽象与内部抽象。有如分离原则，抽象原则亦可作两层理解：[③]

（1）外部抽象（au Bere Abstraktion），亦称狭义抽象原则（Abstraktionsprinzip im engeren Sinn），[④] 指处分行为效力不受负担行为的影响，是所谓效力抽象。申言之，处分行为是否有效或者存在何种效力瑕疵，须就自身而作判断；作为原因行为的负担行为，无论有效性如何，均不对处分行为构成影响。如此，在逻辑上，负担行为和处分行为的效力可能呈现四种样态：①负担行为与处分行为皆有效；②负担行为有效而处分行为存在效力瑕疵；③负担行为存在效力瑕疵而处分行为有效；④负担行为与处分行为皆存在效力瑕疵。

（2）内部抽象，亦称内容抽象（inhaltliche Abstraktion），是指处分行为的内容抽象于原因行为的目的合意之外，原因行为有关履行目的的合意不进入处分行为内部，不构成其内容。换言之，处分行为的构成要件抽象于原因行为。此亦分离原则之含义。[⑤] 在此意义上，抽象原则的内容包括了分离原则。[⑥]

---

① 取得原因在罗马法与信原因的基础上发展而来，当代常作同义概念使用。两概念之间的细致辨析，参见田士永：《物权行为理论研究——以中国法和德国法中所有权变动的比较为中心》，中国政法大学出版社2002年版，第289~290页。

② Brox/Walker，Allgemeiner Teil des BGB，34. Aufl.，2010，Rn. 113；Werner Flume，Das Rechtsgesch? ft，4. Aufl.，1992，S. 155；Astrid Stadler，Gestaltungsfreiheit und Verkehrsschutz durch Abstraktion，1996，S. 11；田士永：《物权行为理论研究——以中国法和德国法中所有权变动的比较为中心》，中国政法大学出版社2002年版，第289页。

③ Reinhard Bork，Allgemeiner Teil des Bürgerlichen Gesetzbuchs，3. Aufl.，2011，Rn. 479；Brehm/Berger，Sachenrecht，2. Aufl.，2006，§ 1 Rn. 20 f.；Dieter Medicus，Allgemeiner Teil des BGB，10. Aufl.，2010，Rn. 225.

④ Ulrich Huber，Savigny und das sachenrechtliche Abstraktionsprinzip，in：Festschift für Claus – Wilhelm Canaris zum 70. Geburtstag，2007，S. 474，476.

⑤ Ulrich Huber，Savigny und das sachenrechtliche Abstraktionsprinzip，in：Festschift für Claus – Wilhelm Canaris zum 70. Geburtstag，2007，S. 474.

⑥ Larenz/Wolf，Allgemeiner Teil des Bürgerlichen Rechts，9. Aufl.，2004，§ 23 Rn. 79.

3. 绝对抽象与相对抽象。绝对抽象，是指物权行为效力必抽象于债权行为。如此，抽象原则具有强制规范性质，不得为当事人所排除。德国通说认为，对于动产所有权的移转，当事人可以约定，以债权行为的有效性作为物权行为的有效条件。虽然这属于不真正条件（因为债权行为之有效不是将来的不确定事件），但可类推适用第158条以下。① 换言之，动产领域所奉行的，是相对抽象原则，当事人无妨以特约排除，从而在债权行为与物权行为之间建立效力关联。至于不动产领域，《德国民法典》第925条第2款规定：不动产转让，附条件或期限者，无效。据此，当事人不得以债权行为作为不动产物权行为之条件，因而奉绝对抽象原则。之所以如此，原因在于，不动产登记被赋予公信力，对此效力，当事人无自治之余地。

（二）抽象原则的基础

1. 理念基础：私法自治。法律行为的私法自治包括行为自由与效果自主两个方面。行为自由对应构成要件——实施何种性质的行为取决于行为人意志，由此产生负担行为与处分行为的分离以及内部抽象；效果自主则对应于法律效果——不同法律行为的效力应就该行为自身判断。负担行为与处分行为各有其构成要件，法律效果自应分别观察，互不影响，此即外部抽象（效力抽象）。

有如分离原则，物权行为效力是否抽象亦属意思表示解释问题。要因与抽象两说，皆可诉诸私法自治。

要因说认为，即便奉行分离原则，债权行为与物权行为毕竟具有经济上的一体性，因而原则上这两项行为具有因果关系。前者无效，后者应随之无效，因为一般情况下，当事人不会愿意履行不存在的义务。要因说亦有绝对要因说与相对要因说之别。前者排除了当事人以特约将物权行为效力抽象于债权行为之可能性，极大地限缩了私人自治空间。因此，“一般讲的有因说，实际上是指相对有因说。即只要当事人未订立使物权合同从原因行为上隔离开来这一特别约定，如果作为原因的买卖合同被撤销，就理所当然地致使物权合同也失效。这个见解符合当事人的意思，是妥当的。”②

抽象说则认为，债权行为与物权行为在规范的意义上，分属两种不同性质的

---

① BGHZ 31, 321, 322; Reinhard Bork, Allgemeiner Teil des Bürgerlichen Gesetzbuchs, 3. Aufl., 2011, Rn. 489; Larenz/Wolf, Allgemeiner Teil des Bürgerlichen Rechts, 9. Aufl., 2004, § 23 Rn. 81; Dieter Medicus, Allgemeiner Teil des BGB, 10. Aufl., 2010, Rn. 239; Rüthers/Stadler, Allgemeiner Teil des BGB, 16. Aufl., 2009, § 20 Rn. 15.

② ［日］近江幸治：《民法讲义 II 物权法》，王茵译，渠涛审校，北京大学出版社2006年版，第41～42页；［日］田山辉明：《物权法》（增订本），陆庆胜译，齐乃宽、李康民审校，法律出版社2001年版，第38页。

行为，其效力亦发生于不同的法律领域，理当互不影响。订立买卖契约，固然是以移转所有权为目的，但何时移转、如何移转，却应有当事人自主判断之余地，移转物权与负担义务之间的效力关联，亦应有其自主选择之空间。因而，抽象原则符合当事人可推断的意思。①

表面上看，两种对立学说均可寻求私法自治的支持。需要判断的是，何种主张更符合私法自治下的规范性意思表示解释路径？如果承认债权行为与物权行为属于相互独立的两项行为，逻辑上的自然推论就是，该两项行为的效力须分别观察。依私法自治，当事人自然无妨将后者效力系于前者——这尤其体现于动产交易领域，不过这同时意味着，负担行为之有效，被设定为处分行为有效之条件。需要考察的问题因而在于：为一项法律行为设定控制效力之条件，是否需要当事人的积极意思表示？对此问题，相对要因说与相对抽象说的思考方向正好相反：前者以效力相关为前提，若要否认，需作出积极意思表示；后者则以效力分离为原则，若要建立关联，需作出积极意思表示。管见以为，后者更符合私法自治之思考脉络，因为，行为不同，效力不同事属常态，法律不宜以效力连带为规则出发点、而令当事人负有积极否认之义务。况且，在不动产领域，若登记产生公信力，物权行为必抽象于债权行为。

2. 规范基础：物权公示公信原则。物权行为不受原因效力影响，这意味着，即便债权行为无效、被撤销，物权移转效力亦与之无关。物权公示公信原则为之提供了规范基础。

（1）公信效力与对抗效力。公信力的经典立法是《德国民法典》第 892 条第 1 款第 1 句：为通过法律行为取得土地上的权利或此等权利之上权利之人利益计，土地登记簿的内容视为正确，除非登记簿上已作异议登记或其不正确性为取得人明知。该条原旨表明，此系土地登记簿之公信力（Qffentlicher Glaube des Grundbuchs）之规定。土地登记簿的内容视为正确，德国通说认为，对此可作两方面理解：已登记之物权，视为存在（积极信赖）；未登记或已注销之物权，视为不存在（消极信赖）。② 与此相应，物权变动奉登记生效主义（《德国民法典》第 873 条），即物权变动情形与登记簿的记载一致：已登入登记簿者，已变动；未登入登记簿者，未变动。③如此，物权公示公信主义可称物权取得的结果主义。登记簿即足以清楚显示物权变动的结果，至于引发变动之原因（债权行为），则

① Ulrich Huber, Savigny und das sachenrechtliche Abstraktionsprinzip, in: Festschift für Claus - Wilhelm Canaris zum 70. Geburtstag, 2007, S. 511.

②③ ［德］鲍尔/施蒂尔纳：《德国物权法》（上册），张双根译，法律出版社 2004 年版，第 506 页、第 61 ~62 页。

因其不得进入登记簿而被排除于考虑之外。就此而言，物权公示公信主义可称物权行为抽象原则的技术前提。由于登记簿之登入或注销须经登记机关之手，非纯属当事人自治领域，故一旦登入登记簿，物权变动之效力不得仅因当事人意思表示而废止。并且，为了确保登记簿之公信力，所记载事项须具有确定性。由此可以理解，为何《德国民法典》第 925 条第 2 款禁止不动产物权变动附条件或期限，奉行绝对抽象原则，而与动产不同。

与之形成对比的是日本。由于《日本民法典》第 176 ~ 177 条之规定，日本不动产之登记簿原则上不产生公信力，仅具对抗第三人效力而已。对此，日本学说与判例均无异说。[①] 因而，在当事人已作出物权变动之意思表示、却未登入登记簿时，物权依第 176 条之规定已发生变动，第三人却无法从登记簿上获悉。换言之，登记簿的记载事项可能与物权变动的真实状态相左。登记簿无法准确提供物权变动的真实信息，抽象原则缺乏制度基础。

（2）登记效力与登记审查。是否采行物权行为理论，反过来又对不动产公示审查的范围构成影响。如果物权移转的效力受到原因行为的影响，为了保证公示登记的正确性，登记机关就有理由对原因行为（债权行为）的效力进行审查。[②] 反之，登记机关仅审查登记表示本身。显然，前一种登记政策扩大了公共机构介入私法关系的范围。

论者常以为，在审查程度上，如果登记仅生对抗效力，形式审查即为已足，而如德国法般采公信主义，则须由登记机关对私法关系作实质审查，以确保登记之正确性。[③] 如此，公信力之设置，加深了公权力对私法关系的介入程度。这恐怕是误解。

《德国土地登记簿条例》（Grundbuchordnung）第 19 条规定：若权利受影响之人表示同意，登记即得实行。通说据此认为，登记只需权利受不利影响之人单方同意即为已足，无须共同申请，是所谓“形式合意原则” （formelles Kon-

---

① ［日］近江幸治：《民法讲义 II 物权法》，王茵译，渠涛审校，北京大学出版社 2006 年版，第 33 页；［日］田山辉明：《物权法》（增订本），陆庆胜译，齐乃宽、李康民审校，法律出版社 2001 年版，第 31、43 页；［日］我妻荣著，有泉亨补订：《新订物权法》，罗丽译，中国法制出版社 2008 年版，第 74 页。

② ［日］田山辉明：《物权法》（增订本），陆庆胜译，齐乃宽、李康民审校，法律出版社 2001 年版，第 43 页。

③ ［日］近江幸治：《民法讲义 II 物权法》，王茵译，渠涛审校，北京大学出版社 2006 年版，第 33 页；［日］田山辉明：《物权法》（增订本），陆庆胜译，齐乃宽、李康民审校，法律出版社 2001 年版，第 43 页、第 45 页。

sensprinzip)。[①] 更有进者，形式合意之所以称形式，指的是该同意只需要指向登记申请这一程序行为即可，不必包含实体法上的物权合意或债权合意。[②]同时，“土地登记机关需要审查的只是，是否具备《土地登记簿条例》第19条所要求的表意要件。可能的权利障碍或权利消灭事由，唯在登记机关觉察具体线索时，始被考虑。登记员不负有调查义务。”[③] 不过，《土地登记簿条例》第20条确立了一个例外：在土地让与及地上权的设定、内容变更或转让时，只有当权利人与对方当事人作出合意表示时，登记始得实行。此时，基于经济上的重要意义之考虑，实行实质合意原则（materielles Konsensprinzip），但须接受审查的实质合意，亦仅是物权合意（dingliche Einigung）而已。[④] 无论如何，债权合意均不进入审查范围。

我国不动产登记兼采公信主义与对抗主义两种立场，但无论何种立场，似乎均未妨碍登记机关的实质审查。登记机关进行审查时，不仅积极主动，而且审查范围极为广泛，物权移转合意与原因行为均在其列。[⑤] 显然，审查制度首先被定位为我国登记机关对私法交易进行“管理”的合法手段。此亦表明，若是公权力者欲积极介入私法交易，自有动因规定范围广泛、程度深入的审查制度，而无关乎登记在私法上产生公信效力抑或对抗效力。

（3）我国不动产登记。我国不动产物权变动之登记，兼采公信主义（生效主义）与对抗主义两种立场。《物权法》第9条第1款与第14条显示，不动产登记以公示生效（公信）为原则。作为例外的公示对抗情形，包括土地承包经营权之让与登记（《物权法》第129条）、地役权设立登记（《物权法》第158条）等。此等立法格局，导致物权变动与原因行为之间的关系变得复杂，以至于难以

①② Brehm/Berger, Sachenrecht, 2. Aufl., 2006, § 11 Rn. 19; Hans Josef Wieling, Sachenrecht, 5. Aufl., 2007, S. 274.

③ Brehm/Berger, Sachenrecht, 2. Aufl., 2006, § 11 Rn. 21.

④ Brehm/Berger, Sachenrecht, 2. Aufl., 2006, § 11 Rn. 19; Hans Josef Wieling, Sachenrecht, 5. Aufl., 2007, S. 274 f.; Wolf/Wellenhofer, Sachenrecht, 24. Aufl., 2008, § 17 Rn. 37.

⑤ 《物权法》第12条规定：（第1款）登记机构应当履行下列职责：（1）查验申请人提供的权属证明和其他必要材料；（2）就有关登记事项询问申请人；……（第2款）申请登记的不动产的有关情况需要进一步证明的，登记机构可以要求申请人补充材料，必要时可以实地查看。《房屋登记办法》第18条规定：（第1款）房屋登记机构应当查验申请登记材料，并根据不同登记申请就申请登记事项是否是申请人的真实意思表示、申请登记房屋是否为共有房屋、房屋登记簿记载的权利人是否同意更正，以及申请登记材料中需进一步明确的其他有关事项询问申请人。询问结果应当经申请人签字确认，并归档保留。（第2款）房屋登记机构认为申请登记房屋的有关情况需要进一步证明的，可以要求申请人补充材料。

在一般的意义上断言，抽象原则是否得到我国实证法的认可。[①] 可以肯定的只是，在采公示生效（公信）主义的领域，抽象原则有其制度基础。对此，《买卖合同解释》提供了进一步的规范依据。《解释》第34条规定：买卖合同当事人主张《合同法》第134条关于标的物所有权保留的规定适用于不动产的，人民法院不予支持。最高法院通过限缩解释，将所有权保留买卖排除于不动产领域之外，可理解为，不动产所有权的移转，不得附条件。在规范体系上，此恰与房屋所有权移转[②]之公示公信主义相呼应。如德国法般以抽象原则解释，当无障碍。

（三）抽象原则的功能

即便在债物二分的框架内，逻辑上，物权行为之效力亦存在依附于债权行为之可能。在欧洲乃至整个世界范围内，德国法几乎是一肩承担了抽象原则的型塑构造。[③] 这表明，是否采行抽象原则，如弗卢梅所言，并非先验正确与否的问题，更多的是在合理解决纠纷的考量下进行目的论权衡。[④] 然则，抽象原则对于解决纠纷有何意义？

1. 厘清法律关系。法律纠纷是否得到合理解决，取决于解决措施能否维护当事人的自由意志，能否支持当事人正当诉求。所有这些，都以法律关系的清晰为基本前提。分离原则将债法关系与物法关系区分开来，法律关系极为清晰；抽象原则则在此基础上进而提供了解决纠纷的合理路径。对此，可从动产的即时交易、动产的非即时交易与不动产交易三个方面观察。

（1）在动产的即时交易，处分行为与负担行为一般同其效力，此无论要因抑或抽象。负担行为有效，处分行为亦有效；负担行为因行为能力之欠缺而无效，处分行为亦无效；负担行为因胁迫而可撤销，处分行为亦可撤销……诸如此类，不一而足。就此而言，要因或抽象，对于即时交易纠纷之解决，并无不同。差别只在解释方式。要因原则下，处分行为之效力，系受负担行为影响所致。抽象原则的解释与之不同。处分行为之所以与负担行为同属有效，原因在于，两项行为均不存在效力瑕疵事由；当负担行为因行为能力欠缺或胁迫等因素而出现效

---

① 我国学者中，即便承认分离原则，对于实证法是否采行抽象原则的问题，亦存在不同解释。例如，葛云松教授认为，抽象原则尽管在法律政策上具有合理性，但就解释论而言，在《物权法》上的确没有体现。葛云松：《物权行为：传说中的不死鸟》，载《华东政法大学学报》2007年第6期，第105页。田士永教授则认为，物权法不但承认了物权行为的独立性，而且承认了物权行为的抽象性。田士永：《物权法中物权行为理论之辨析》，载《法学》2008年第12期，第98页。

② 依《物权法》第47条与58条之规定，土地只能为国家或集体所有，故私法交易，能够被移转所有权的不动产，一般仅限于房屋等土地上建筑物。

③ Rüthers/Stadler, Allgemeiner Teil des BGB, 16. Aufl., 2009, § 16 Rn. 21.

④ Werner Flume, Das Rechtsgesch? ft, 4. Aufl., 1992, S. 176.

力瑕疵时，由于时间瞬息经过，此等因素亦延续到了处分行为，换言之，处分行为之所以同为无效或可撤销，亦系行为能力欠缺或胁迫所致，而非受负担行为影响的结果。

若所有交易均为即时交易，那么，要因理论与抽象理论，无强作取舍之必要。问题在于，法律交易存在多种形式，即时交易不过是其中最简单的一种。法律理论的功能在于对法律现象提供解释。解释力越强的理论，其可接受性也就越强。对于动产的非即时交易与不动产交易，抽象理论的解释力明显强于要因理论。

（2）当动产交易非即时履行时，负担行为与作为履行行为的处分行为时间间隔拉长，彼此效力分离的可能性亦随之增加。买卖契约生效后，当事人履行义务时，处分行为之效力既可能受到对方胁迫等因素之影响，亦可能因自己丧失行为能力而无效。此时，负担行为与处分行为效力出现分离。要因理论难以解释：两项行为之效力既具因果关联，为何前者有效却无法保证后者同为有效？

更具说明意义的是，负担行为存在效力瑕疵，未必意味着，处分行为亦须作相同认定。

一方面，处分行为可能有效。例如，限制行为能力人订立买卖契约，法定代理人拒绝同意，该买卖契约因而无效。限制行为能力人若在履行期届至时已成年，因不知买卖契约无效而向对方履行契约、移转所有权。此时，行为能力欠缺之因素已得到消除，因而处分行为有效。再如，出卖人受胁迫而订立买卖契约。设若履行期届至，撤销期限尚未届满，且胁迫因素已消除，当出卖人依尚未被撤销因而有效的买卖契约履行契约时，移转所有权之处分行为当然有效。即便随后出卖人将买卖契约撤销，处分行为亦继续有效。

另一方面，处分行为可能存在不同于负担行为的效力瑕疵。例如，前述限制行为能力人在履行期届至时，因买卖契约无效而不愿履行义务，但在相对人的胁迫下，不得不移转所有权。此时，负担行为因行为能力欠缺而无效，处分行为则因受胁迫而可撤销。再如，买卖契约因受胁迫而订立，在履行契约时，胁迫因素已消除，但出卖人因精神病而陷于无行为能力，处分行为无效。

（3）对于不动产交易，若采登记生效并公信立场，债权关系并非审查范围，只要所有权让与合意无瑕疵，登记表示真实，登记机关即应作出登记。同时，不动产所有权是否发生变动，取决于是否登记。如此，债权行为具有何等效力，在逻辑上，自然与物权行为无关。以债权行为之有效性作为物权变动的根据，如前文所述，为公权力介入私法交易提供了合法借口。

2. 捋顺法律效果。抽象原则的实质意义，体现于负担行为与处分行为效力不一之情形。包括两方面：（1）负担行为有效而处分行为无效；（2）负担行为无效而处分行为有效。问题因而在于：拆出这两种效力状态，对于纠纷之解决是否有益？

其一，负担行为有效而处分行为无效。此时，权利受让人不能依无效的处分行为取得所有权，处分人得以所有权人身份请求返还（Vindikation）。然而，由于负担行为继续有效，处分人的返还请求权实现后，依然负有将所有权移转于对方之义务。然则处分人请求返还之意义何在？

管见以为，意义主要体现于三点：首先，当事人不得借助无效法律行为变动权利。处分人若非享有返还请求权，无异于表明，权利变动时，相对人尽可恶意欺诈、非法胁迫无妨，亦表明，处分人意志自由是否遭到不法侵扰、判断能力是否健全，对于权利变动无关紧要。这显然与私法自治理念背道而驰。① 其次，处分人的返还请求权实现后，固然依旧负有向对方移转所有权之义务，但再次履行义务时，处分人重新获得了处分自由，他因而既可选择将此物所有权移转于其他人、亦可在向对方履行义务时考虑履行抗辩权的行使，若是行为能力欠缺，还为法定代理人的介入提供渠道，如此等等。最后，若受让人再次让与标的物，其行为属于无权处分。第三人除非能够满足善意取得要件，否则将受到原权利人所有权返还请求权之追及。

其二，负担行为无效而处分行为有效。抽象原则下，权利变动的有效性与原因行为无关，因而负担行为虽为无效，却不妨碍所有权移转。这一效力格局虽然合乎逻辑，却难免令人心生疑窦：当事人所履行的，是无效的负担行为，所有权却因此而失去了，正当性何在？看起来，抽象原则于此制造了一道规范裂痕。修复该裂痕的，是不当得利制度。②

申言之。一方面，处分行为的效力固然抽象于原因行为之外，但另一方面，原因给出了当事人的典型交易目的，处分行为正是为实现这一目的而实施。目的不复存在，利益之给予便不再有正当性。为此，权利受让人虽依有效的处分行为获得利益，但因不具有正当原因，故不得保有，应将其返还。利失之人对于利得之人所享有的请求权，即是不当得利返还请求权（Kondiktion）。为自始不存在（如负担行为自始无效）或嗣后消失（如负担行为被撤销）之清偿原因而履行者，构成给付不当得利（Leistungskondiktion）中的一类重要形态——"非债清偿"（condictio indebiti）。③ 正是在此意义上，王泽鉴教授指出，基于给付行为的

---

① Heinz Hübner, Allgemeiner Teil des Bürgerlichen Gesetzbuches, 2. Aufl., 1995, Rn. 656.

② Heinrich Dernburg, Das bürgerliche Recht des Deutschen Reichs und Preu? ens, Bd. 2 Abt. 2, 4. Aufl., 1915, S. 722.

③ Medicus/Lorenz, Schuldrecht II: Besonderer Teil, 15. Aufl., 2010, Rn. 1133 f.

不当得利返还请求权，“具有调节因物权行为无因性理论而生财产变动的特殊规范功能。”[①] 可见，处分行为有效，并不意味着，移转所有权之人不能获得法律救济。负担行为无效时，无论要因抑或抽象，均不否认处分人的返还请求权，区别只在于，前者对应所有权返还请求权（Vindikation），后者则产生不当得利返还请求权（Kondiktion）。

负担行为无效而处分行为有效时，若不涉第三人，处分人的返还请求权性质纵有不同，在返还效果上，要因原则与抽象原则亦无实质差异。唯在第三人介入后，二原则的不同效果才得以凸显。

设若相对人将所有权再次让与第三人。要因原则下，由于负担行为导致处分行为无效，故相对人对于第三人之让与，属无权处分。除非原权利人表示追认或满足善意取得要件，否则第三人不能取得所有权，原权利人之返还请求权可及于第三人。相反，依抽象原则，相对人基于有效的处分行为取得所有权，再次让与，属有权处分。此时，原权利人的不当得利返还请求权仅及于相对人，第三人与原权利人之间无任何法律关系，所取得的所有权不受追夺。二原则效果差异一望可知。问题是，此等差异意义何在？概括而言，其意义事关债的相对性原理。负担行为所确立的债权属于相对权，效力仅及特定的相对人。要因原则使得负担行为的无效后果通过处分行为而及于第三人，显然有违债的相对性原理。抽象原则即将第三人阻隔于当事人的债权关系之外，且避免返还请求权人介入相对人与第三人的法律关系当中，与债的相对性原理丝丝相扣。[②] 孰优孰劣，不言自明。

3. 维护交易安全。债权效力具有相对性，仅在特定的当事人之间产生约束力。同时，债权不必公示，亦无公示之法定途径。债权关系是否存在、内容如何、效力状态等问题，第三人既无从知晓，亦无权介入。因而若以债权关系影响第三人行为之效力，交易安全将存在未知隐患。抽象原则则切断了负担行为对于第三人的拘束力。无论负担行为效力如何，只要处分行为有效，第三人即可取得不受追夺的权利。[③] 就此而言，抽象原则有助于维护交易安全。

现代学者普遍突出抽象原则维护交易安全之功能，甚至以之为首要功能。[④] 然而，研究表明，萨维尼创立物权行为理论时，其实并未特别关注交易安全问

---

① 王泽鉴：《不当得利》，北京大学出版社2009年版，第29页。

② Ulrich Huber, Savigny und das sachenrechtliche Abstraktionsprinzip, in: Festschift für Claus-Wilhelm Canaris zum 70. Geburtstag, 2007, S. 503 ff.

③ Reinhard Bork, Allgemeiner Teil des Bürgerlichen Gesetzbuchs, 3. Aufl., 2011, Rn. 480; Brox/Walker, Allgemeiner Teil des BGB, 34. Aufl., 2010, Rn. 120; Larenz/Wolf, Allgemeiner Teil des Bürgerlichen Rechts, 9. Aufl., 2004, § 23 Rn. 87

④ Larenz/Wolf, Allgemeiner Teil des Bürgerlichen Rechts, 9. Aufl., 2004, § 23 Rn. 87.

题。在他看来，基于何种原因移转所有权，涉及的不过是行为动机问题。当让与人误信存在有效的给予原因时，即出现了动机错误，而动机错误原则上不被考虑。因此，原因关系无从影响所有权移转的效力，此乃自然的逻辑结论。① 将抽象原则通过目的论（teleologisches Argument）的方式与交易安全相联结，应归功于十九世纪晚期的德国法学家尤其是《德国民法典》立法者的引申。② 可见，在发生学意义上，维护交易安全，并非创立抽象原则之初衷，它不过是抽象原则所产生的“受欢迎的从属结果”（willkommene Nebenfolge）而已。③

（四）抽象原则否定论

抽象原则建立在分离原则的基础之上。分离原则若遭否定，抽象原则自然无从谈起。此处所论否定论，仅针对抽象原则，不涉分离原则。两种典型的否定主张分别诉诸公平与交易安全两项法律理念。

1. 对原权利人不公平。当负担行为无效时，依要因原则，处分行为随之无效，处分人因而享有物权性质的返还请求权；抽象原则之下，处分人所享有的，是债权性质的不当得利返还请求权。若相对人陷于支付不能，破产清偿时，在前者，原权利人（出卖人）得以所有权人身份直接取回标的物（取回权）；在后者，原权利人只能与其他普通债权人按比例清偿，地位明显不利。更进一步，若相对人将标的物让与他人，在前者，无论标的物辗转至何人之手，原权利人的返还请求权均可追及而至；在后者，原权利人的不当得利返还请求权仅及于相对人，无力向第三人请求回复。原权利人再次被置于不利境地。④ 这一建立在利益衡量基础上的批评，对抽象原则最具杀伤力。⑤ 此亦是我国众多学者反对物权行为理论的最重要理由。不过，当中的思考进路值得再推敲。

（1）出卖人仅享有债权请求权，系债物二分体例下债权相对性的自然结果。

---

① H. H. Jakobs, Gibt es den dinglichen Vertrag? SZ 119 (2002), S. 298 ff; Ulrich Huber, Savigny und das sachenrechtliche Abstraktionsprinzip, in: Festschift für Claus – Wilhelm Canaris zum 70. Geburtstag, 2007, S. 498 f.

② Ulrich Huber, Savigny und das sachenrechtliche Abstraktionsprinzip, in: Festschift für Claus – Wilhelm Canaris zum 70. Geburtstag, 2007, S. 501; Wolfgang Wiegand, Die Entwicklung des Sachenrechts im Verh? ltnis zum Schudrecht, AcP 190 (1990), 120.

③ Ulrich Huber, Savigny und das sachenrechtliche Abstraktionsprinzip, in: Festschift für Claus – Wilhelm Canaris zum 70. Geburtstag, 2007, S. 504.

④ Franz Beyerle, Der dingliche Vertrag, FS Boehmer, 1954, S. 164 ff.; Gerhard Dulckeit, Die Verdinglichung obligatorischer Rechte, 1951, S. 31 ff.; Philipp Heck, Das abstrakte dingliche Rechtsgesch? ft, 1937, S. 17 ff.; Heinrich Lange, Rechtsgrundabh? ngigkeit der Verfügung im Boden – und Fahrnisrecht, AcP 146 (1941), 28 ff.

⑤ Brox/Walker, Allgemeiner Teil des BGB, 34. Aufl., 2010, Rn. 121.

况且，买受人在支付价金后，无论要因抑或抽象，均失去金钱所有权。若是出卖人因为要因原则而依然拥有物权性质的返还请求权，反倒表明，在同一交易中，出卖人与买受人的法律待遇不同，买受人被置于不利地位。就此而言，抽象原则恰恰矫正了这一不平等格局。[1]

（2）如果一方总是出卖人，而陷入支付不能境地之人总是买受人，那么，因抽象原则而被置于债权人地位的出卖人，他所能得到的法律保护，确实不如要因原则。然而，理想状态中，私法规则的设置，以充分的市场自由为前提。在此前提下，当事人所扮演的市场角色频繁更易。任何人充任出卖人或买受人的概率均等，任何人因经营失败而陷入支付不能境地的概率亦均等。这意味着，虽然在个案中，出卖人看似被置于不利境地，但在概率上，任何人均有同等的机会处于这一境地。如果没有人能够事先知悉自己将扮演何种市场角色，更没有人的市场角色被预定，那么概率上的均等，即意味着法律保护上的平等。[2] 唯有在计划经济占主导地位的制度背景下，垄断社会资源的国有经济才更有机会成为出卖人，相应地，较容易陷入破产的，则是作为国有经济对立面的市场主体。此时，希望强化出卖人地位之主张，实际上是在强调国有经济的优越地位，与市场逻辑背道而驰。

2. 功能替代。抽象原则之创立，虽然不是基于保护交易安全的考虑，但在客观上具有此项功能。另外一项直接以交易安全为旨的制度是善意取得。在两项制度并行的情况下，彼此之间似乎难免出现功能重叠。于是，抽象原则的否定论者认为，善意取得制度令取得人能够从非权利人处取得权利，即便要因原则使得所有权移转随原因行为而无效，善意第三人亦可得到保护，因而抽象原则实属冗赘。[3] 管见以为，二者功能虽然存在部分重叠，但仍不足以相互取代。

（1）善意取得制度解决的是从无处分权人处获得权利的正当性问题，或者说，善意取得制度补正的是处分行为自身的无效性问题，它必然涉及原权利人、无权处分人与取得人三方利害关系人。抽象原则解决的则是处分行为与外部原因的效力关联、而非行为人欠缺处分权的效力问题，它着眼于行为之间的效力关

---

① Ulrich Huber, Savigny und das sachenrechtliche Abstraktionsprinzip, in: Festschift für Claus - Wilhelm Canaris zum 70. Geburtstag, S. 505 f.; Heinz Hübner, Allgemeiner Teil des Bürgerlichen Gesetzbuches, 2. Aufl., 1995, Rn. 654.

② 这恰好符合罗尔斯（John Rawls）无知之幕（the Veil of ignorance）下平等自由、机会均等诸正义原理。详参［美］约翰·罗尔斯：《正义论》，何怀宏、何包钢、廖申白译，中国社会科学出版社 1988 年版。

③ Brox/Walker, Allgemeiner Teil des BGB, 34. Aufl., 2010, Rn. 121; Heinz Hübner, Allgemeiner Teil des Bürgerlichen Gesetzbuches, 2. Aufl., 1995, Rn. 655.

联，一般只涉及两方利害关系人。

（2）在涉及第三人时，善意取得的适用领域将受制于抽象原则。具体情形约分四端：其一，若处分标的为物权之外的其他权利，无权处分时，无善意取得之余地，所谓功能替代，无从谈起；[①] 其二，若债权行为无效而物权行为有效，相对人再让与所有权时，属有权处分，第三人无所谓善意恶意，不必考虑善意取得；其三，若债权行为有效而物权行为无效，相对人再让与所有权，属无权处分，原权利人拒绝追认处分行为时，第三人不能取得所有权，但如果第三人善意且符合其他要件，可善意取得；其四，若之前并无所有权移转行为，相对人之取得占有，只是基于其他非以物权处分为目的的债权行为（如保管契约），相对人让与所有权时，属于无权处分，第三人之法律地位，如前例。

另需说明者，在上述情形二，无论第三人是否知悉债权行为无效，依抽象原则，均可取得所有权，但要因原则将以知情第三人非属善意为由，排除善意取得制度之适用，第三人因而不能取得所有权。两相比较，抽象原则可能鼓励不当得利之相对人将标的物移转于恶意第三人。对此，苏永钦教授认为，如果恶意达到故意加害程度，不妨考虑借助侵权法保护原权利人，以弥补抽象原则的缺陷。[②] 而第三人之取得若为无偿，则无论恶意与否，在抽象原则下，原权利人均可直接请求第三人返还利得（《德国民法典》第822条、“民国民法典”第183条），因而在不当得利法的规范领域之内。

四、结论

也许是因为新政权之后，法律体系兼采众家之故，物权行为理论自浮出水面之日起，即遭纷纭聚讼。学者依各自知识背景，或采日本的否定说，或从德国的肯定论，或各种程度的折衷，不一而足。

物权行为理论既非先验正确，亦非先验错误。应否以及在何种程度上接纳物权行为理论，取决于技术上的概念体系以及理念上的价值取向。技术上，私法规范只要是在债物二分的概念框架内展开，债权行为与物权行为之分离，即是题中之义；若进而令物权变动之公示具有公信效力，则抽象原则亦为逻辑结论。同时，分离与抽象原则实际上均是意思表示解释的结果，从构成要件与法律效果两方面为私法自治的实证化提供了最为精准的技术手段。

---

① Brox/Walker, Allgemeiner Teil des BGB, 34. Aufl., 2010, Rn. 121; Rüthers/Stadler, Allgemeiner Teil des BGB, 16. Aufl., 2009, § 16 Rn. 21；苏永钦：《物权行为的独立性与无因性》，载氏著：《私法自治中的经济理性》，中国人民大学出版社2004年版，第137页。

② 苏永钦：《物权行为的独立性与无因性》，载氏著：《私法自治中的经济理性》，中国人民大学出版社2004年版，第137页。

《物权法》之后，我国债物二分的立法格局基本确立。无论立法者是否意识到它与物权行为理论的关联，均不影响实证规范的逻辑展开。在此格局之下，债权行为与物权行为之分离，已无关乎立法者的意志选择，而是逻辑之必然。另一方面，《物权法》有关物权公示效力之规定较为复杂，因而难以就是否认可抽象原则问题做一般性回答，但可以肯定的是，在公示公信领域，抽象原则有其制度基础。

"跳单"行为的认定及处理

——以"指导案例1号"为中心

戴孟勇*

一、引言

2010年11月26日，最高人民法院颁布了《关于案例指导工作的规定》（法发［2010］51号），开始推行指导性案例制度。据其规定，所谓指导性案例，是指裁判已经发生法律效力，并符合以下条件的案例：（1）社会广泛关注的；（2）法律规定比较原则的；（3）具有典型性的；（4）疑难复杂或者新类型的；（5）其他具有指导作用的案例（第2条）。最高人民法院发布的指导性案例，各级人民法院审判类似案件时应当参照（第7条）。我国目前并无类似于德、日等大陆法系国家和地区的判例制度，更没有类似于英美法系的判例制度。最高人民法院推行的案例指导制度，有望在一定程度上起到类似于判例制度的作用。①

从2011年12月20日到2012年9月18日，最高人民法院先后发布了三批共十二个指导性案例。每个指导性案例均由关键词、裁判要点、相关法条、基本案情、裁判结果和裁判理由六部分组成。其中，"指导性案例所确定的裁判要点，对人民法院审理类似案件、作出裁判具有指导作用，即在根据法律、有关司法解释作出裁判的同时，各级人民法院在审判类似案件时应当参照，并可以作为裁判

---

* 中国政法大学民商经济法学院副教授、法学博士。

① 我国目前实行案例指导制度的机关包括法院、检察院和公安机关，有关人士均强调该制度不同于其他国家的判例制度。参见蒋安杰：《最高人民法院研究室主任胡云腾——人民法院案例指导制度的构建》，载《法制日报》2011年1月5日第11版；蒋安杰：《最高人民检察院研究室主任陈国庆——检察机关案例指导制度的构建》，载《法制日报》2011年1月5日第11版。

文书的说理依据加以引用。”①

在首批发布的四个指导性案例中，“指导案例1号”为上海中原物业顾问有限公司诉陶德华居间合同纠纷案。其裁判要点涉及两个问题：一是房屋买卖居间合同中约定的禁止“跳单”条款是否有效；二是委托人跳过居间人，通过其他居间人促成合同成立的，是否构成“跳单”违约。这两个问题在实务中均存在较大争议。本文即以“指导案例1号”为中心，结合相关裁判见解、民事立法及理论学说，分析、检讨房地产居间合同中“跳单”行为的认定及处理问题，并附带评论“指导案例1号”的得失。

二、“跳单”的界定及类型

在房地产居间实务中，所谓“跳单”，也称跳中介，是指委托人（主要是购房人和租房人，少数情况下是售房人或出租人）通过居间人（房地产中介机构）获得房源信息等媒介服务后的一定期限内，为逃避向居间人支付报酬（佣金）而跳过居间人，并利用其提供的房源信息等条件，由委托人或与其有关联关系的人直接或通过其他居间人与相对人订立房屋买卖合同或租赁合同的现象。② 因实务中以购房人“跳单”的情形居多，故本文的分析也主要围绕此类情况展开。如无特别说明，下文所称委托人就是指购房人，相对人是指售房人。

实务中出现的“跳单”行为，根据认定的难易程度的不同，大致可以划分为以下三类：

1. 委托人跳过居间人，径直以自己的名义与相对人订约。这是最容易认定、也最为典型的“跳单”行为，委托人无需向任何居间人支付报酬，故从“跳单”行为中获益最多。

2. 委托人跳过居间人，通过其他居间人的媒介，以自己的名义与相对人订约。这也是比较典型的“跳单”行为。之所以出现此类情况，往往是因为多个居间人都拥有同一房源信息，均可提供同一内容的媒介服务，使得委托人有机会在不同的居间人中进行选择。在个别情况下，也可能是居间人的工作人员带委托人看房后，转而将委托人和相对人带到其他居间人处，通过其他居间人签订合

---

① 张先明：《用好用活指导性案例 努力实现司法公正——最高人民法院研究室负责人就案例指导制度答记者问》，载《人民法院报》2011年12月21日第3版。

② 司法实务界对“跳单”的界定，可参见最高人民法院案例指导工作办公室：《指导案例1号〈上海中原物业顾问有限公司诉陶德华居间合同纠纷案〉的理解与参照》，载《人民司法·应用》2012年第7期，第30页，刘净执笔；邵文龙：《房地产买卖中“跳单”行为的司法认定及责任承担》，载《人民司法·案例》2012年第2期，第21页；吴宁、王小珂：《反跳单条款的效力及跳单行为的责任》，载《人民法院报》2011年9月21日第7版。

同。这种情况又被称为“飞单”。[①] 在此一类型的“跳单”中，委托人虽需向其他居间人支付报酬，但该报酬数额通常明显低于原居间合同中约定的报酬数额。

3. 委托人跳过居间人，但自己并不出面，而是由其配偶、亲属、朋友、受托人以及所在单位等与委托人有关联关系的人，直接或通过其他居间人与相对人订约。这种情况与前两类“跳单”行为并无本质区别，惟居间人证明委托人“跳单”的难度较大而已。

在房地产居间实务中，居间人通过客户回访、查询房屋交易的网签信息、过户公示信息以及与同行信息共享等途径，很容易发现委托人是否跳开居间人与相对人订约。[②] 只不过，双方往往会对禁止“跳单”条款的效力以及委托人是否构成“跳单”违约等问题产生争议。

三、“跳单”的构成要件

居间合同是一种特殊的委托合同，委托人得依《合同法》第410条的规定，随时解除居间合同。[③] 居间人的报酬请求权以其促成合同成立为条件（《合同法》第426条第1款）。在居间人促成合同成立前，因委托人既可随时解除居间合同，又可径自跳过居间人与相对人订约，以逃避向居间人支付报酬，致使实务中经常发生委托人“跳单”的现象。据媒体报道，在有的城市，房地产中介机构遭遇的“跳单”量占其业务量的10~20%；[④] 在更严重的地方，中介机构遭遇的“跳单”量甚至占到其业务量的30~40%。[⑤]

“指导案例1号”既然“旨在解决二手房买卖活动中买方与中介公司因‘跳单’引发的纠纷”，[⑥] 自无从回避“跳单”的认定标准问题。据其裁判理由，衡量委托人是否构成“跳单”的关键，是委托人是否利用了居间人提供的房源信息、机会等条件。至于委托人有无“利用”行为，则需通过相关事实来证明。

---

① 程屹：《跳单，谨防“跳”出官司》，载《法律与生活》2009年第6期（下），第28页；冯国鸿：《关于仲裁审理房产中介居间合同纠纷案件中的若干法律问题的调研报告》（下），载广州仲裁委员会主办：《仲裁研究》第29辑，法律出版社2012年版，第74页。

② 可参见邹伟、刘蒙丹、王路遥：《“跳单”频发，房产中介大倒苦水》，载《南京日报》2010年8月11日第A3版。

③ 隋彭生：《居间合同委托人的任意解除权及“跳单”——以最高人民法院〈指导案例1号〉为例》，载《江淮论坛》2012年第4期，第112页。

④ 邹伟、刘蒙丹、王路遥：《“跳单”频发，房产中介大倒苦水》，载《南京日报》2010年8月11日第A3版。

⑤ 江晓春：《“跳单”惊心，榕房产中介商问计“实名制”》，载《海峡财经导报》2008年8月7日第11版。

⑥ 《最高人民法院关于发布第一批指导性案例的通知》（法〔2011〕354号）。

为此，“指导案例1号”在裁判要点中给出了认定委托人不构成“跳单”的三个具体条件：（1）卖方将同一房屋通过多个中介公司挂牌出售，即多个居间人均可合法地提供同一房源信息。（2）买方通过其他公众可以获知的正当途径获得相同房源信息，即委托人除从居间人处获得房源信息外，通过其他居间人也获知同一房源信息。（3）买方选择报价低、服务好的中介公司促成房屋买卖合同成立，即委托人通过其他居间人促成合同成立符合市场法则，具有正当理由。在符合上述三个条件时，即可认定委托人没有利用居间人提供的房源信息、机会等条件，其跳过居间人与相对人订约的行为不构成“跳单”。在司法实务中，有些法院就以上述理由认定委托人不构成“跳单”。①

“指导案例1号”虽然给出了认定委托人不构成“跳单”的三个条件，并且似乎认为，只要委托人利用了居间人提供的房源信息、机会等条件与相对人订约，就会构成“跳单”，但却未从正面具体描述“跳单”的构成要件，致其对诸多需认定委托人“跳单”的案件难以发挥指导作用。结合居间人报酬请求权的成立条件、“指导案例1号”给出的不构成“跳单”的条件以及相关的裁判、学说，窃以为“跳单”的构成要件应包括以下几个方面：

1. 居间人与委托人之间须存在有效的居间合同。这是委托人构成“跳单”的基本前提。虽然《合同法》未限定居间合同的形式，但在房地产居间实务中，有关部门规章却要求居间人与委托人签订书面居间合同。② 当事人签订的书面合同，其名称中未必标明“居间”字样，实务中往往称为房地产求购委托书、房

① 参见上海市宝山区人民法院（2010）宝民三（民）初字第588号民事判决书（CLI. C. 602488）；上海市虹口区人民法院（2010）虹民三（民）初字第536号民事判决书（CLI. C. 561398）；上海市宝山区人民法院（2010）宝民三（民）初字第751号民事判决书（CLI. C. 551493）；上海市宝山区人民法院（2010）宝民三（民）初字第657号民事判决书（CLI. C. 551305）；上海市宝山区人民法院（2009）宝民三（民）初字第1336号民事判决书（CLI. C. 584808）。这些判决书似乎是受到了“指导案例1号”中的二审判决书的影响，理由是：其一，前者均由上海市的有关基层人民法院作出，并且作出判决的时间都晚于后者；其二，前者认定禁止“跳单”条款有效以及委托人不构成“跳单”的理由，与后者十分相似；其三，前者的判决结果与后者大体相同；其四，后者的二审法官之一张宁曾在上海市中级人民法院研究室编的《案件交流》2009年第15期上发表《陶某与上海中原物业顾问有限公司居间合同纠纷案——房屋居间合同中规避“跳单”条款的效力和“跳单”行为的认定》一文（该文后来以《房屋买卖居间合同中规避“跳单”条款的效力和“跳单”行为认定》之名发表于《法律适用》2010年第8期），难免对上海市各区基层法院审理同类案件产生影响。“指导案例1号”所涉二审判决书的具体内容，见国家法官学院、中国人民大学法学院编：《中国审判案例要览（2010年民事审判案例卷）》，中国人民大学出版社2011年版，第231～234页。

② 参见《城市房地产中介服务管理规定》（建设部1996年1月8日发布、2001年8月15日修正）第15条、《房地产经纪管理办法》（住房和城乡建设部2011年1月20日发布、2011年4月1日起施行）第16条第1款。

地产求购确认书、房屋出售委托登记表、看房确认书、看房协议书、看房单、物业需求委托书，等等。不论其名称如何，只要其核心内容是由居间人向委托人提供二手房买卖或出租的信息和媒介服务，都应作为居间合同处理。①

有论者认为，居间合同中须存在有效的禁止“跳单”条款，② 实际上未必如此，因为在未约定禁止“跳单”条款或该条款无效时，仍可能发生委托人“跳单”的情况。亦有论者主张居间人的委托权限须是独家委托或独家代理，③ 其要求未免过严，因为在委托人与居间人之间不存在独家委托关系的情形，委托人仍可能构成“跳单”。例如，若委托人利用居间人提供的关键信息直接与相对人订约，而其又不能证明系通过其他合法途径获取房源信息，或者委托人虽通过其他居间人与相对人订约，但居间人能够证明其他居间人只是名义居间人，委托人实为逃避支付报酬义务的，仍应认定委托人构成“跳单”。④

在房地产居间实务中，有些房主通过网络等途径自行发布房屋交易信息后，众多居间人往往会积极联系房主，希望取得房主的独家委托或者房主能同意其带客户看房。房主为避免受到约束，一般不会与居间人订立居间合同，但同意居间人带客户看房。在这种情况下，居间人仅仅与其带看房的买房人或租房人之间具有居间合同关系，与房主之间则不存在有效的居间合同。因此，即便房主后来直接或通过其他居间人将房屋出售或出租，带客户看房的居间人也无权主张其构成“跳单”。

2. 委托人须与相对人订立有效合同。如果委托人虽与相对人磋商但未订立合同，或者其所订立的合同因违法而无效，则即便委托人的行为有违诚实信用原则，也不应认定为“跳单”。原因有二：其一，在委托人正常利用居间人的媒介

---

① 最高人民法院案例指导工作办公室：《指导案例 1 号〈上海中原物业顾问有限公司诉陶德华居间合同纠纷案〉的理解与参照》，载《人民司法·应用》2012 年第 7 期。

② 李金升：《最高人民法院发布的“跳单”指导性案例对房产中介公司的现实性影响分析》，载《中国房地产金融》2012 年第 2 期，第 19 页。

③ 张宁：《房屋买卖居间合同中规避“跳单”条款的效力和“跳单”行为认定》，载《法律适用》2010 年第 8 期，第 70 页；邵文龙：《房地产买卖中“跳单”行为的司法认定及责任承担》，载《人民司法·案例》2012 年第 2 期，第 22 页。

④ 张英周：《“独家委托条款”的效力与恶意“跳单”行为的认定》，载《人民法院报》2011 年 11 月 2 日第 7 版。

服务时，如其未能与相对人订立有效合同，居间人尚且不享有报酬请求权；[①] 在委托人跳过居间人但亦未与相对人订立有效合同时，委托人并未正常利用居间人的媒介服务，举重以明轻，居间人就更不应享有报酬请求权了。其二，委托人未能与相对人订立有效合同，意味着居间人拥有的房源信息、机会等条件并未因委托人的背信行为而失效，居间人仍可通过向其他人提供媒介服务而获得报酬，故不应允许其以委托人"跳单"为由而获得报酬请求权或违约金请求权。

3. 委托人与相对人订立的合同，须是委托人所委托居间人促成的合同，亦即二者之间具有同一性。[②] 这既是居间人在居间成功时享有报酬请求权的条件，也是认定委托人"跳单"的必要条件。若居间人依约应提供订立房屋买卖合同的媒介服务，但委托人却跳过居间人，直接或通过其他居间人与相对人订立了房屋租赁合同，则因其合同并非居间人所应促成的合同，二者之间欠缺同一性，故不发生委托人"跳单"的问题。

4. 委托人须利用了居间人提供的房源信息等媒介服务，[③] 或者说，委托人与相对人订立的合同与居间人提供的媒介服务之间须具有一定的因果关系。[④] 居间人提供的房源信息，通常应包括房屋的户型、面积、位置、价格等基本交易信息，且该房屋能够合法地用于交易。如果居间人与房主之间存在着独家委托合同，房主亦未通过其他途径发布房源信息，则在居间人带买方看房后，买方与房主又跳开居间人订立合同的，即可表明买方利用了居间人提供的房源信息。此时

---

① 我国台湾地区的学说认为，居间人的报酬请求权，须以委托人与相对人之间的合同有效成立或生效为要件。参见史尚宽：《债法各论》，中国政法大学出版社 2000 年版，第 474 页；黄立主编：《民法债编各论》（下），中国政法大学出版社 2003 年版，第 568 页，郭丽珍执笔；邱聪智：《新订债法各论》（中），姚志明校订，中国人民大学出版社 2006 年版，第 236 页。中国大陆学说亦持相同见解。参见周小明：《试论居间人的报酬及其报酬请求权》，载《政法论坛》1994 年 3 期，第 54 页；崔建远主编：《合同法》（第五版），法律出版社 2010 年版，第 528 页，王轶执笔；王卫国主编：《合同法》，北京师范大学出版社 2010 年版，第 401 页。

② 史尚宽：《债法各论》，中国政法大学出版社 2000 年版，第 475 页；周小明：《试论居间人的报酬及其报酬请求权》，载《政法论坛》1994 年 3 期，第 54 ~ 55 页；王卫国主编：《合同法》，北京师范大学出版社 2010 年版，第 401 页。

③ 张宁：《房屋买卖居间合同中规避"跳单"条款的效力和"跳单"行为认定》，载《法律适用》2010 年第 8 期，第 70 页。

④ 在正常情况下，居间人报酬请求权的发生，以合同的成立与居间人的媒介服务之间具有因果关系为要件。参见史尚宽：《债法各论》，中国政法大学出版社 2000 年版，第 475 页。在委托人跳过居间人与相对人订约时，也应要求两者之间须存在一定的因果关系，才可能认定委托人构成"跳单"。不过，这种"一定的因果关系"不会像居间人居间成功时所要求的那样严格。在正常居间的情形，居间人须召集委托人与相对人签订书面合同，才可认定合同的成立与居间人的媒介服务之间具有因果关系。但在委托人"跳单"时，已无法要求居间人召集双方签订书面合同，故只需委托人与相对人订约时利用了居间人提供的房源信息，即可认定其合同成立与居间人提供的媒介服务之间存在着一定的因果关系。

买卖双方都会构成"跳单"。当然，在实务中，由于房主常常通过亲戚朋友、网络平台或者多个居间人等渠道发布房源信息，委托人亦有可能通过上述一个或多个渠道获取该信息，故居间人往往难以证明委托人利用了其提供的房源信息等媒介服务。依德国法院的裁判，如果委托人主张其早已知悉居间人提供的房源信息，并以此为由拒绝向居间人支付报酬，则委托人负有先知的举证责任。① 这种做法可供参考。私见以为，委托人是否利用了居间人提供的房源信息等媒介服务，可结合委托人与相对人订约的情况，分别确定不同的证明规则：其一，在委托人直接与相对人订约时，可推定委托人利用了居间人提供的房源信息等媒介服务，除非委托人能够举出相反证据。其二，在委托人通过其他居间人与相对人订约时，可推定委托人未利用居间人提供的房源信息，② 除非居间人能够证明委托人将其提供的房源信息泄露给了其他居间人，或者委托人与相对人以及其他居间人之间存在着恶意串通阻止居间人获得报酬的情形。

5. 委托人与相对人订约的时间，须在居间合同约定的委托期限内或者禁止"跳单"条款规定的有效期内。在此期限外委托人与相对人订约的，不属于利用居间人提供的媒介服务，不构成"跳单"。③

6. 委托人须跳过居间人与相对人订约。这是委托人"跳单"与居间人居间成功之间的最大区别。至于委托人跳过居间人之后，究系直接与相对人订约还是通过其他居间人与相对人订约，仅在证明委托人是否构成"跳单"的难易程度上存在差别，不会从根本上影响对"跳单"的认定。也就是说，在委托人直接与相对人订约时，证明其构成"跳单"较为容易；在委托人通过其他居间人与相对人订约时，虽然证明其构成"跳单"较为困难，但仍有认定其"跳单"的可能。

---

① ［德］迪特尔·梅迪库斯：《德国债法分论》，杜景林、卢谌译，法律出版社 2007 年版，第 360 页；黄立主编：《民法债编各论》（下），中国政法大学出版社 2003 年版，第 571 页，郭丽珍执笔。

② 至于各居间人提供房源信息的时间先后，则非所问。参见最高人民法院案例指导工作办公室：《指导案例 1 号〈上海中原物业顾问有限公司诉陶德华居间合同纠纷案〉的理解与参照》，载《人民司法·应用》2012 年第 7 期，第 32 页，刘净执笔。

③ 北京市丰台区人民法院（2012）丰民初字第 03494 号民事判决书（CLI. C. 846584）。

7. 委托人主观上须具有逃避支付（不付或少付）报酬的恶意。[①]“跳单”行为的本质是委托人逃避支付报酬义务的行为。[②] 如何判断委托人有无恶意？有论者主张，只有在委托人没有少付报酬的情况下，方可视为其没有恶意；至于何为少付，则可根据正常情况下的报酬标准来衡量。[③]私见以为，虽然在居间人少付报酬的场合，其恶意逃避支付报酬的嫌疑较大，但不宜认为只要委托人少付报酬就是具有恶意，而应区分不同情形予以判定：其一，如果委托人直接与相对人订约，应推定其具有逃避支付报酬的恶意，除非委托人能够举出相反证据。原因在于，委托人直接与相对人订约时，其从中获益最多，恶意逃避支付报酬的嫌疑也最大。其二，在委托人通过其他居间人与相对人订约时，如果其他居间人提供的“报价低、服务好”[④]，则委托人选择其他居间人促成交易，符合市场法则，原则上不应认定其具有恶意。但是，如果居间人能够证明，委托人通过其他居间人与相对人订约时，为规避交易税费而故意低报房屋的成交价，或者为逃避向居间人支付报酬而向其他居间人支付少量报酬，[⑤] 或者无法提交向其他居间人支付报酬的有效证据，[⑥] 则仍应认定委托人具有逃避支付报酬的恶意。

在上述七个条件中，前五个条件实乃居间人的报酬请求权得以成立的基本条件，后两个条件才是构成“跳单”的关键条件。综合这些条件可知，如果委托

---

① 张宁：《房屋买卖居间合同中规避“跳单”条款的效力和“跳单”行为认定》，载《法律适用》2010年第8期，第70页。在一些认定禁止“跳单”条款有效的案件中，法院往往强调委托人并无逃避支付佣金的主观恶意，故其行为不构成违约。参见上海市宝山区人民法院（2010）宝民三（民）初字第588号民事判决书（CLI. C. 602488）；上海市宝山区人民法院（2010）宝民三（民）初字第751号民事判决书（CLI. C. 551493）；上海市宝山区人民法院（2010）宝民三（民）初字第657号民事判决书（CLI. C. 551305）；上海市虹口区人民法院（2010）虹民三（民）初字第536号民事判决书（CLI. C. 561398）；上海市宝山区人民法院（2009）宝民三（民）初字第1336号民事判决书（CLI. C. 584808）。在“指导案例1号”中，二审判决书也强调委托人没有恶意。

②③ 周峰、李兴：《房屋买卖居间合同纠纷中“跳中介”现象的法律问题研究——以居间合同的信息匹配属性与复合型构造为视角展开》，载《法律适用》2011年第10期，第95～96页。

④ 在“指导案例1号”中，所谓报价低，是指其他居间人提供的房屋售价低于被“跳单”的居间人的报价；所谓服务好，是指其他居间人既提供了看房服务，还积极联系卖方商谈价格问题。不过，在实践中，当多个居间人的报价相同时，委托人往往会选择收费低的居间人促成缔约。为充分发挥“指导案例1号”的指导作用，可将报价低解释为既包括居间人报告的房屋售价低，也包括居间人收取的佣金或其他服务费低的情形。

⑤ 司法实践中也要注意防止买方恶意跳单的情况，比如通过某一中介公司的中介服务，房屋买卖合同已经基本达成，买方仅仅因其他中介公司的居间报酬更低，就转而寻求其他中介公司与房主签约，则有违诚实信用原则。在这种情况下，可以认定买方利用了前一中介公司的信息和服务，构成违约。见最高人民法院案例指导工作办公室：《指导案例1号〈上海中原物业顾问有限公司诉陶德华居间合同纠纷案〉的理解与参照》，载《人民司法·应用》2012年第7期，第32页，刘净执笔。

⑥ 冯国鸿：《关于仲裁审理房产中介居间合同纠纷案件中的若干法律问题的调研报告》（上），载广州仲裁委员会主办：《仲裁研究》第28辑，法律出版社2012年版，第90页。

人跳过居间人直接与相对人订约，原则上可认定其构成“跳单”，除非委托人能证明其欠缺“跳单”的某一构成要件。如果居间人跳过委托人后，通过其他居间人与相对人订约，原则上可认定委托人不构成“跳单”，除非居间人能证明委托人将其房源信息泄露给了其他居间人，或者委托人与相对人以及其他居间人之间存在着恶意串通阻止居间人获得报酬的情形。

四、禁止“跳单”条款的法律效力

在委托人“跳单”的情形，从表面上看其与相对人订立的合同并非由居间人所促成，故委托人往往据此否认居间人的报酬请求权。居间人为维护自己的利益，避免因委托人“跳单”而一无所获，通常会在居间合同中以格式条款的形式约定禁止“跳单”条款，规定：在委托人签订看房确认书或者撤销委托后的一定期限内，[①] 委托人或其配偶、亲属等与委托人具有关联关系的人，不得利用居间人提供的房源信息或交易机会，直接或通过其他居间人与相对人订约，否则视为居间人居间成功或者视为委托人违约，委托人应依约向居间人支付报酬、违约金或赔偿金。[②]“指导案例1号”中涉及的《房地产求购确认书》第2条、第4条，即属于典型的禁止“跳单”条款。

在居间合同本身不存在无效、可撤销、效力待定等效力瑕疵时，禁止“跳单”条款的法律效力如何？理论上和实务中主要存在着无效说与有效说两种观点。[③]

（一）无效说评析

无效说认为禁止“跳单”条款无效，主要理由是：（1）该条款是由具有专业优势和处于强势地位的居间人提供的格式条款，如果居间人未尽到《合同法》

---

① 该期限一般为1年或6个月，少数居间合同规定为3个月。

② 因居间人并未直接促成合同成立，故此所谓报酬并非真正意义上的报酬，而是具有违约金的性质，应作为违约金对待。此所谓赔偿金，性质上亦相当于违约金。实务中约定的违约金或赔偿金的数额，通常是约定报酬的一到三倍。

③ 除了这两种观点之外，理论上还有一种可撤销说，认为禁止“跳单”条款如果显失公平，委托人可根据《合同法》第54条，请求裁判机构变更或撤销该条款。参见刘尊知：《居间合同纠纷案件若干实务问题探讨》，载《山东审判》2009年第6期，第80页；最高人民法院案例指导工作办公室：《指导案例1号〈上海中原物业顾问有限公司诉陶德华居间合同纠纷案〉的理解与参照》，载《人民司法·应用》2012年第7期，刘净执笔，第32页；税兵：《居间合同中的双边道德风险——以“跳单”现象为例》，载《法学》2011年第11期，第91页。不过，在笔者搜集到的裁判文书中，并未见到持可撤销说的判决。私见以为，即便禁止“跳单”条款对委托人显失公平，也是由于该条款中含有的免除居间人的责任、排除委托人的主要权利或者加重委托人的责任等内容造成的，应当依据《合同法》第40条认定其无效，而不应根据第54条将其作为可撤销条款对待。

第39条规定的合理提示和说明义务，且明显违反公平原则的，应当认定为无效。[①]（2）在居间人并非独家代理的情形，该条款排除了委托人自主选择优质居间人的权利，加重了委托人的责任，应依《合同法》第40条认定无效。[②]

在“指导案例1号”公布之前，司法实践中亦有不少判决认定禁止“跳单”条款无效，唯其具体理由和法律依据不尽相同。归纳起来，大致有如下三种做法：

1. 仅依据《合同法》第39条认定禁止“跳单”条款无效。例如，有法院认为，居间人未明确提示委托人注意该条款的法律后果，且该条款明显限制了委托人公平交易的权利，故依《合同法》第39条应当无效。[③]

2. 仅依据《合同法》第40条认定禁止“跳单”条款无效。按照具体理由的不同，又可分为以下几类：（1）该条款排除了委托人的权利，应当认定无效。[④]（2）该条款加重了委托人的责任，应当认定无效。[⑤]（3）该条款加重了委托人的责任，免除了居间人的责任，应当认定无效。[⑥]（4）该条款加重了委托人的责任，排除了在居间人不能促成委托人与相对人订约时委托人购买该房屋的权利，应当认定无效。[⑦]

3. 同时援引《合同法》第39条和第40条认定禁止“跳单”条款无效。按照具体理由的不同，又可分为以下几类：（1）该条款加重了委托人的责任，免除了居间人的责任，并且居间人未举证证明其已尽合理提示及说明义务，应当认定无效。[⑧]（2）该条款加重了委托人的责任，排除或限制了委托人的主要权利

---

① 张英周：《“独家委托条款”的效力与恶意“跳单”行为的认定》，载《人民法院报》2011年11月2日第7版。

② 参见冯国鸿：《关于仲裁审理房产中介居间合同纠纷案件中的若干法律问题的调研报告（上）》载广州仲裁委员会主办：《仲裁研究》第28辑，法律出版社2012年版，第89～90页；张英周：《“独家委托条款”的效力与恶意“跳单”行为的认定》，载《人民法院报》2011年11月2日第7版。

③ 上海市杨浦区人民法院（2008）杨民四（民）初字第2746号民事判决书（CLI. C. 531421）。

④ 重庆市江北区人民法院（2011）江法民初字第1029号民事裁判书（CLI. C. 849536）。

⑤ 上海市宝山区人民法院（2009）宝民三（民）初字第1263号民事判决书（CLI. C. 585703）；上海市宝山区人民法院（2009）宝民三（民）初字第918号民事判决书（CLI. C. 194686）；上海市宝山区人民法院（2009）宝民三（民）初字第919号民事判决书（CLI. C. 495729）；浙江省杭州市中级人民法院（2010）浙杭民再终字第20号民事判决书（CLI. C. 314500）。

⑥ 上海市浦东新区人民法院（2009）浦民一（民）初字第9144号民事判决书（CLI. C. 205445）。

⑦ 浙江省杭州市中级人民法院（2009）浙杭商终字第515号民事判决书（CLI. C. 288308）。

⑧ 北京市第二中级人民法院（2011）二中民终字第14265号民事判决书（CLI. C. 386936）；上海市杨浦区人民法院（2009）杨民四（民）初字第1755号民事判决书（CLI. C. 530885）。

（合同自由选择权、自由缔约权或选择服务的权利），应当认定无效。[①]（3）该条款免除了居间人的责任，加重了委托人的责任，排除了委托人的主要权利，并且居间人又未提供证据证明其已向委托人进行了合理提示或说明，应当认定无效。[②]

上述做法五花八门，难谓妥当。应当看到，《合同法》第39条第1款规定的提示及说明义务，仅仅是针对免责条款而言的，不包括加重对方责任、排除对方主要权利的条款。居间合同中即便含有后两类条款，居间人亦无提示及说明义务，自不发生违反第39条第1款的问题。从禁止“跳单”条款的内容看，仅仅是规定了委托人不得“跳单”的义务及“跳单”后的违约责任而已，并未免除或限制居间人所负的如实报告等义务及损害赔偿责任，故非属免责条款的范畴，[③] 亦不在第39条第1款的适用范围内。以该条规定为据认定禁止“跳单”条款无效，明显不妥。同理，依照《合同法》第40条关于免责条款无效的规定认定禁止“跳单”条款无效，也不妥当。另外，虽然《合同法》第39条第1款要求“提供格式条款的一方应当遵循公平原则确定当事人之间的权利和义务”，但根据《最高人民法院关于适用〈中华人民共和国合同法〉若干问题的解释（二）》（下称“法释［2009］5号”）第10条的规定可知，违反《合同法》第39条第1款的不公平格式条款并非当然无效，仅在其同时具有《合同法》第40条规定的情形之一时才无效。可见，单纯依据第39条第1款是无法认定禁止“跳单”条款无效的。

实际上，在《合同法》关于格式条款的规定中，与禁止“跳单”条款的效力相关者，唯有第40条提及的“加重对方责任、排除对方主要权利”两种情形。具体分析如下：

1. 实务中有些禁止“跳单”条款规定：如果委托人“跳单”，应按照报酬的

---

① 上海市长宁区人民法院（2010）长民三（民）初字第921号民事判决书（CLI. C. 583254）；上海市闵行区人民法院（2010）闵民三（民）初字第924号民事判决书（CLI. C. 602744）；上海市闵行区人民法院（2009）闵民三（民）初字第1344号民事判决书（CLI. C. 543571）；浙江省台州市中级人民法院（2009）浙台商终字第239号民事判决书（CLI. C. 286134）；杭州市拱墅区人民法院（2010）杭拱商初字第523号民事判决书（CLI. C. 334574）。

② 上海市松江区人民法院（2010）松民一（民）初字第5943号民事判决书（CLI. C. 610832）。

③ 在最高人民法院案例指导工作办公室（刘净执笔）所著《指导案例1号〈上海中原物业顾问有限公司诉陶德华居间合同纠纷案〉的理解与参照》一文中，亦认为禁止“跳单”条款并非免责条款。见《人民司法·应用》2012年第7期，第31页。

数倍向居间人支付违约金，[①] 或者向居间人同时支付报酬及违约金。[②] 这类条款因“跳单”而未享受完整媒介服务的委托人要向居间人支付远高于正常报酬的违约金，明显扩大了居间人的权利，对委托人十分不利，惩罚性色彩浓厚。国家工商行政管理总局2010年颁布实施的《合同违法行为监督处理办法》第10条规定：经营者与消费者采用格式条款订立合同的，经营者不得在格式条款中加重消费者下列责任：（1）违约金或者损害赔偿金超过法定数额或者合理数额……由此可知，居间人在格式条款中约定“违约金或者损害赔偿金超过法定数额或者合理数额”的，属于加重委托人责任的违法行为，应当依照《合同法》第40条关于“加重对方责任”的规定认定无效。唯需注意，如果禁止“跳单”条款中规定的违约金等于或低于正常的报酬数额，则不宜认定为加重委托人的责任，亦不应依《合同法》第40条认定其无效。

2. 禁止“跳单”条款通常要求委托人只能通过该居间人与相对人订约，禁止委托人自行或通过其他居间人与相对人订约，故亦被称为“独家委托条款”。[③] 该条款看似排除了委托人选择不同的居间人或者自行与相对人订约的自由，是否属于排除对方主要权利的情形呢？窃以为应作否定回答。以购房居间合同为例，禁止“跳单”条款所针对的交易对象，仅仅是居间人提供给委托人的特定房源而已，并不包括除此之外的其他房源。据此条款可知，就居间人所提供的特定房源，委托人只能通过该居间人与相对人订约；就居间人未曾提供过的其他房源，委托人仍有权直接或通过其他居间人与其他相对人订约。可见，禁止“跳单”条款仅针对居间人提供的特定房源并在一定期限内，排除了委托人直接或通过其他居间人与特定相对人订约的自由，而未概括地限制或剥夺委托人直接或通过其他居间人与其他相对人订约的自由，故不应作为“排除对方主要权利”的情形而依《合同法》第40条认定无效。

（二）有效说评析

有效说认为禁止“跳单”条款合法有效，主要理由是：该条款旨在防止委托人逃避支付报酬的不诚信行为，是借助意思自治对居间人合法利益的正当保

---

① 可参见下列判决书中涉及的居间合同：重庆市江北区人民法院（2011）江法民初字第1029号民事裁判书（CLI. C. 849536）；上海市宝山区人民法院（2010）宝民三（民）初字第657号民事判决书（CLI. C. 551305）。

② 可参见重庆市南岸区人民法院（2011）南法民初字第523号民事判决书（CLI. C. 417957）中涉及的居间合同。

③ 参见张英周：《“独家委托条款”的效力与恶意“跳单”行为的认定》，载《人民法院报》2011年11月2日第7版；隋彭生：《居间合同委托人的任意解除权及“跳单”——以最高人民法院〈指导案例1号〉为例》，载《江淮论坛》2012年第4期。

护，有利于促进居间人的正常经营发展和鼓励诚信交易，不属于《合同法》第52条、第53条以及第40条规定的无效情形。① 在“指导案例1号”发布之前，司法实践中亦有一些判决认为，禁止“跳单”条款不存在《合同法》第40条规定的格式条款无效的三种情形，应当认定为有效。②

如前文所述，从内容上看，禁止“跳单”条款并非《合同法》第40条所称的免除其责任、排除对方主要权利的条款。至于其是否属于加重对方责任的条款，应视约定的违约金是否高于正常的报酬数额而定：如果高于正常的报酬数额，应认定为加重对方责任条款；反之则否。实际上，禁止“跳单”条款性质上类似于劳动合同中的竞业禁止条款，乃是居间人用以保护其房源信息的合理措施。因此，为“保护中介公司合法权益，促进中介服务市场健康发展，维护市场交易诚信”，③ 遏制委托人为逃避支付报酬而恶意“跳单”的行为，对那些未加重委托人责任的禁止“跳单”条款，应当认定有效。在有些省市发布的房地产居间合同示范文本中，就明确列有禁止“跳单”条款。④

从比较法来看，在德国，居间人可以取得排除其他居间人的单独委托，甚至排除委托人不通过居间人的媒介而订约的可能性，以免去其所面临的徒劳无获的

---

① 张宁：《房屋买卖居间合同中规避“跳单”条款的效力和“跳单”行为认定》，载《法律适用》2010年第8期，第70页；最高人民法院案例指导工作办公室：《指导案例1号〈上海中原物业顾问有限公司诉陶德华居间合同纠纷案〉的理解与参照》，载《人民司法·应用》2012年第7期，第31页，刘净执笔；税兵：《居间合同中的双边道德风险——以“跳单”现象为例》，载《法学》2011年第11期，第91页。

② 参见上海市宝山区人民法院（2010）宝民三（民）初字第588号民事判决书（CLI. C. 602488）；上海市虹口区人民法院（2010）虹民三（民）初字第536号民事判决书（CLI. C. 561398）；上海市宝山区人民法院（2010）宝民三（民）初字第380号民事判决书（CLI. C. 557774）；上海市宝山区人民法院（2009）宝民三（民）初字第1336号民事判决书（CLI. C. 584808）；上海市杨浦区人民法院（2009）杨民四（民）初字第61号民事判决书（CLI. C. 531408）。上述案件中禁止“跳单”条款约定的违约金或赔偿金为房屋成交价的1%。另可参见上海市宝山区人民法院（2010）宝民三（民）初字第751号民事判决书（CLI. C. 551493）；上海市宝山区人民法院（2010）宝民三（民）初字第657号民事判决书（CLI. C. 551305）。这两个案件中禁止“跳单”条款约定的违约金为房屋成交价的2%，相当于双倍佣金。在重庆市南岸区人民法院（2011）南法民初字第523号民事判决书（CLI. C. 417957）中，法院认定居间合同中关于委托人与房主私自成交的，居间人有权取得佣金的约定无效，但关于委托人与房主进行私自交易，居间人有权要求委托人按照3倍于底价成交佣金的标准支付违约金的约定则有效。

③ 《最高人民法院关于发布第一批指导性案例的通知》（法［2011］354号）。

④ 例如，《北京市房屋出租居间合同》第4条第6款规定：甲方（即委托人）不得在委托期限内及期限届满后××日内与乙方介绍的承租人进行私下交易；第10条第2款规定：甲方与乙方介绍的承租人进行私下交易的，乙方有权要求甲方按照 的标准支付违约金，甲方与承租人私下成交的，乙方还有权取得约定的佣金。《北京市房屋承租居间合同》第4条第4款、第10条第2款亦有类似规定。具体文本见北京市工商行政管理局、北京市国土资源和房屋管理局《关于推行〈北京市房屋出租居间合同〉及〈北京市房屋承租居间合同〉的通知》（京工商发［2001］220号）。

风险。于此情形，为平衡利益起见，德国联邦最高民事裁判规定居间人具有从事活动的义务，即居间人应当为委托人的利益认真投入，否则在委托人通过其他途径完成订约的情形，居间人将丧失报酬请求权或损害赔偿请求权。[①] 这种做法在承认居间人可通过禁止“跳单”条款保护其报酬请求权的同时，又赋予居间人从事居间活动的义务，以维持双方当事人的利益平衡，值得借鉴。另外，依德国和我国台湾地区的学说，居间合同的当事人得约定报酬之担保，“即由于委托人方面所存之原因，居间人原应无报酬而保证其受报酬或补偿，例如，约定委托人自己或依第三人之媒介订约或撤回委托时，应支付报酬或一定数额。”[②] 根据这种观点，禁止“跳单”条款原则上亦属有效。

“指导案例1号”在裁判理由中指出：诉争禁止“跳单”条款的“本意是为防止买方利用中介公司提供的房源信息却‘跳’过中介公司购买房屋，从而使中介公司无法得到应得的佣金，该约定并不存在免除一方责任、加重对方责任、排除对方主要权利的情形，应认定有效。”单就该案而言，其见解值得赞同。因为在该案中，禁止“跳单”条款约定的违约金为实际成交价的1%，并未高于正常的报酬数额，不属于加重委托人责任的情形。不过，“指导案例1号”在裁判要点中略去此一因素，笼统地称“房屋买卖居间合同中关于禁止买方利用中介公司提供的房源信息却绕开该中介公司与卖方签订房屋买卖合同的约定合法有效”，导致明显加重委托人责任的条款也会被认定有效，难谓妥当。在实际操作中，可考虑依目的性限缩方法，将该裁判要点解释为仅指约定的违约金不高于正常报酬的情形。

五、委托人“跳单”的处理之道

无论居间合同中是否存在有效的禁止“跳单”条款，如果委托人跳过居间人与相对人订约的行为符合“指导案例1号”给出的条件，不构成“跳单”，居间人自然无从主张报酬请求权或违约金请求权，而只能依《合同法》第427条但书的规定，对委托人行使费用偿还请求权。[③] 在司法实务中，有的法院就是如此处理的，[④] 值得赞同。不过，在有些案件中，法院一方面认定禁止“跳单”条款

① ［德］迪特尔·梅迪库斯：《德国债法分论》，杜景林、卢谌译，法律出版社2007年版，第356~357页。

② 史尚宽：《债法各论》，中国政法大学出版社2000年版，第475页。

③ 大陆法系的民事立法一般不承认居间人的费用偿还请求权，除非当事人在居间合同中另有约定。与通行做法不同，《合同法》第427条明定居间人享有费用偿还请求权，即居间人未促成合同成立的，不得要求支付报酬，但可以要求委托人支付从事居间活动支出的必要费用。

④ 上海市虹口区人民法院（2010）虹民三（民）初字第536号民事判决书（CLI. C. 561398）。

有效，另一方面又以委托人的行为不构成“跳单”为由，判决驳回居间人的全部诉讼请求。[①]“指导案例1号”也是如此处理的。这种做法忽略了居间人的费用偿还请求权问题，不够理想。若事后居间人另案向委托人诉请费用偿还请求权，难免导致诉累。

因“指导案例1号”仅涉及委托人不构成“跳单”的情形，故对委托人构成“跳单”的案件难以发挥指导作用。私见以为，在委托人构成“跳单”的场合，应根据居间合同中是否存在有效的禁止“跳单”条款分别加以处理。

（一）存在有效的禁止“跳单”条款时的处理方式

在居间合同中存在有效的禁止“跳单”条款时，如果委托人构成“跳单”，应当如何处理呢？在理论上，有学者认为，此时委托人的“跳单”行为固然造成对居间人的违约，但居间人并无报酬请求权，因为合同毕竟是由其他居间人搭桥促成的，故违约金就不能根据佣金来计算，居间人只能依据《合同法》第427条享有必要费用返还请求权。[②] 此一观点值得商榷。如果依此观点处理，则不但没有必要再讨论禁止“跳单”条款的效力，就连认定委托人是否构成“跳单”也失去了意义，因为无论禁止“跳单”条款有效与否，也不管委托人是否构成“跳单”，反正其结果都是一样的，居间人均可以并且也只能享有费用偿还请求权。

从司法实务来看，各地法院对此问题的处理方法并不一致。有些法院认为，当事人约定的违约金数额明显过高，故依照《合同法》第114条，结合居间人提供服务的实际情况，将违约金予以酌减。[③] 有的法院判决委托人按约定的数额向居间人支付违约金。[④] 在福州市中级人民法院审理的一起案件中，法院判决委托

---

① 参见上海市宝山区人民法院（2010）宝民三（民）初字第588号民事判决书（CLI. C. 602488）；上海市宝山区人民法院（2010）宝民三（民）初字第751号民事判决书（CLI. C. 551493）；上海市宝山区人民法院（2010）宝民三（民）初字第657号民事判决书（CLI. C. 551305）；上海市宝山区人民法院（2009）宝民三（民）初字第1336号民事判决书（CLI. C. 584808）。

② 税兵：《居间合同中的双边道德风险——以“跳单”现象为例》，载《法学》2011年第11期，第91页。

③ 参见重庆市南岸区人民法院（2011）南法民初字第523号民事判决书（CLI. C. 417957）（约定的违约金为报酬的3倍，报酬则为实际成交价的3%）；上海市宝山区人民法院（2010）宝民三（民）初字第380号民事判决书（CLI. C. 557774）（约定的违约金为实际成交价的1%）。在这两个案件中，法院都判决委托人向居间人支付2000元违约金。

④ 高万泉、李鸿光：《买卖房屋跳开“中介”为何被判违约》，载《人民法院报》2005年4月11日。在该文介绍的案件中，卖方和买方先后与居间人签订居间合同，两份合同中禁止“跳单”条款约定的违约金分别是委托出售价和实际购买价的1%，法院判决买卖双方分别向居间人支付相应的违约金。

人向居间人双倍支付中介费。[①] 在北京市第二中级人民法院审理的另一起案件中，居间人要求委托人依约支付居间报酬2倍的赔偿金，法院以居间人未能证明其实际损失高于合同中约定的居间报酬为由，判决委托人按约定的居间报酬支付赔偿金。[②] 还有法院以居间人仅提供看房服务、并未实际促成交易为由，根据委托人的自愿，判其向居间人支付部分中介费。[③]

私见以为，若禁止"跳单"条款有效并且委托人构成"跳单"，则委托人即应依约向居间人承担支付违约金[④]的责任。不过，由于居间人实际提供的媒介服务必定少于其居间成功时所应提供的服务量，[⑤] 故导致约定的违约金可能过分高于因委托人"跳单"给居间人造成的损失。于此情形，委托人有权依照《合同法》第114条第2款和"法释［2009］5号"第29条的规定，请求法院酌情减少违约金的数额，以实现双方当事人的利益平衡。[⑥] 反之，若约定的违约金并未过分高于因委托人"跳单"给居间人造成的损失，例如约定的违约金等于或低于约定报酬，而委托人在居间人即将促成合同成立时"跳单"，则委托人应依约定数额向居间人支付违约金。

（二）不存在有效的禁止"跳单"条款时的处理方式

在司法实务中，当法院认定禁止"跳单"条款无效时，往往不再审查委托人是否构成"跳单"，而径以居间人未促成合同成立为由，依照《合同法》第427条，判决委托人向居间人支付从事居间活动的必要费用。鉴于居间人很难证明其实际支出的必要费用，法院通常会采用以下两种方式认定必要费用：一是在

---

① 郭斌、陈杰：《房产中介公司诉客户"跳单"案在福州终审判决》，载《新华每日电讯》2001年9月28日第8版。

② 吴京：《二手房买卖中"霸王条款"与"跳单"行为的认定》，载《人民法院报》2011年9月15日第7版。据该文介绍，2010年，北京二中院受理居间合同纠纷案件162件，本案即为其中一起典型案例。在大多数房屋居间合同纠纷案件中，都是以买房人败诉为结果，委托人最后没有买或者买到房子，却不得不向房屋中介公司支付高额居间费用。

③ 上海市杨浦区人民法院（2009）杨民四（民）初字第61号民事判决书（CLI. C. 531408）。本案中法院判决委托人向居间人支付中介服务费2000元。

④ 此所谓违约金包括以佣金、报酬、中介费、赔偿金等名义出现的违约金。

⑤ 根据《房地产经纪管理办法》的规定，房地产经纪机构可以接受委托，提供房地产信息、实地看房、代拟合同等房地产经纪服务（第16条）。

⑥ 在审判和仲裁实务中，均有人持此见解。参见吴宁、王小珂：《反跳单条款的效力及跳单行为的责任》，载《人民法院报》2011年9月21日第7版；冯国鸿：《关于仲裁审理房产中介居间合同纠纷案件中的若干法律问题的调研报告（上）》，载广州仲裁委员会主办：《仲裁研究》第28辑，法律出版社2012年版，第90页。

委托人自愿给付居间人一定费用时，判决其按照承诺的金额支付给居间人；[①] 二是在委托人未表示或不同意向居间人支付费用时，法院根据具体情况酌定居间费用，判令委托人支付给居间人。[②] 此外，也有法院以禁止“跳单”条款无效、居间人未促成合同成立为由，判决驳回居间人的全部诉讼请求。[③]

上述做法过于偏袒委托人，不仅无助于阻止委托人的背信行为，反而会鼓励委托人“跳单”，不利于保护居间人的合法权益。从法理上说，禁止“跳单”条款被认定无效，仅说明居间人无从依据该条款主张违约责任而已，并不意味着委托人不构成“跳单”，亦非表明居间人丧失了报酬请求权。从效果上看，禁止“跳单”条款无效与合同中未约定禁止“跳单”条款的情形是一样的，可将二者合称为居间合同中不存在有效的禁止“跳单”条款。于此情形，若委托人构成“跳单”，居间人可否以及如何向委托人主张权利呢？

从比较法来看，在德国，梅迪库斯认为，即使居间人促成满足各方当事人订约的可能性，委托人仍然拥有拒绝订约的绝对自由；但在订约时委托人阻止居间人的报酬请求权生成的情形，可适用《德国民法典》第162条。[④] 依据此说，在委托人为逃避支付报酬而恶意“跳单”时，可依《德国民法典》第162条第1款关于拟制条件成就的规定，认定委托人违背诚实信用原则阻止报酬请求权的条件成就，应视为其条件已成就，居间人享有报酬请求权。

在我国台湾地区，史尚宽先生主张：“委托人为避免报酬之支付，一度拒绝准备完成之契约订立，而自己嗣后尽力于新约之成立者，仍应支付报酬，盖此时

---

① 上海市长宁区人民法院（2010）长民三（民）初字第921号民事判决书（CLI. C. 583254）；上海市闵行区人民法院（2009）闵民三（民）初字第1344号民事判决书（CLI. C. 543571）；上海市杨浦区人民法院（2009）杨民四（民）初字第1755号民事判决书（CLI. C. 530885）；上海市浦东新区人民法院（2009）浦民一（民）初字第9144号民事判决书（CLI. C. 205445）；上海市杨浦区人民法院（2008）杨民四（民）初字第2746号民事判决书（CLI. C. 531421）。上述判决中确定的费用从400元到1000元不等。

② 北京市第二中级人民法院（2011）二中民终字第14265号民事判决书（CLI. C. 386936）；浙江省杭州市中级人民法院（2010）浙杭民再终字第20号民事判决书（CLI. C. 314500）；上海市松江区人民法院（2010）松民一（民）初字第5943号民事判决书（CLI. C. 610832）；上海市闵行区人民法院（2010）闵民三（民）初字第924号民事判决书（CLI. C. 602744）；杭州市拱墅区人民法院（2010）杭拱商初字第523号民事判决书（CLI. C. 334574）；上海市宝山区人民法院（2009）宝民三（民）初字第1263号民事判决书（CLI. C. 585703）；上海市宝山区人民法院（2009）宝民三（民）初字第918号民事判决书（CLI. C. 194686）；上海市宝山区人民法院（2009）宝民三（民）初字第919号民事判决书（CLI. C. 495729）；浙江省杭州市中级人民法院（2009）浙杭商终字第515号民事判决书（CLI. C. 288308）。上述判决中酌定的费用从300元到2500元不等。

③ 重庆市江北区人民法院（2011）江法民初字第1029号民事裁判书（CLI. C. 849536）。

④ ［德］迪特尔·梅迪库斯：《德国债法分论》，杜景林、卢谌译，法律出版社2007年版，第358页。

违背诚信原则，即不能谓其契约之订立与居间人活动无因果关系，亦不能谓所成立之契约与其所期求之经济目的有不同也。”[①] 此说径以诚实信用原则为据，认为委托人“跳单”时居间人仍有报酬请求权。史尚宽先生还指出：虽然委托人得随时终止居间契约，“然契约之终止，不应以使居间人丧失报酬请求权之目的而为之，否则依“民法”第101条第1项规定之精神，仍应支付报酬”。[②]据此见解，仅在委托人以使居间人丧失报酬请求权为目的而终止居间契约时，委托人才应依台湾地区“民法”第101条第1项关于拟制条件成就的规定，向居间人支付报酬。这与梅迪库斯的观点相似，唯其针对的具体情形有所不同。

台湾地区“最高法院”1969年台上字第2929号判例称：“委托人为避免报酬之支付，故意拒绝订立该媒介就绪之契约，而再由自己与相对人订立同一内容之契约者，依诚实信用原则，仍应支付报酬。又委托人虽得随时终止居间契约，然契约之终止，究不应以使居间人丧失报酬请求权为目的而为之，否则仍应支付报酬。”该见解虽与史尚宽先生的前述两项主张相似，但仅依诚实信用原则为据，丝毫未提及台湾地区“民法”第101条第1项的规定。邱聪智先生赞同该判例的见解。[③] 林诚二先生则持不同意见，认为“诚实信用原则为民法之帝王条款，绝不能滥用，必须于所有法律救济途径已穷，依其结果仍有不公平之情形者，始得以诚实信用原则为其判决理由。”依上述判例之事实，应类推适用“民法”第101条第1项之规定，视为居间契约仍存在，该契约系因居间而成立，故居间人仍得请求报酬。[④] 私见以为此说较妥，原因在于：自法学方法论而言，当法律对某一案型已有具体规定，或者虽无规定但得依类推适用等漏洞补充方法予以补充，且其所得结果与适用诚实信用原则相同时，为避免“向一般条款的逃避”或者“法律的软化”，应直接适用法律的具体规定或优先适用类推适用等漏洞补充方法，而不得适用诚实信用原则。[⑤] 再者，通过类推适用台湾地区“民法”第101条第1项为居间人的报酬请求权提供法律依据，符合关于居间人报酬请求权的成立要件、附停止条件法律行为的理论及立法，明显优越于径以诚实信用原则为据。

在我国大陆，有仲裁人员认为，如果委托人恶意“跳单”，则根据《合同法》第45条第2款的规定，委托人为了不交或少交报酬而不正当阻止报酬支付

①② 史尚宽：《债法各论》，中国政法大学出版社2000年版，第473页、第479页。

③ 邱聪智：《新订债法各论（中）》，姚志明校订，中国人民大学出版社2006年版，第236页。

④ 林诚二：《民法债编各论（中）》，中国人民大学出版社2007年版，第220页。据其介绍，郑玉波教授亦采此见解。

⑤ 梁慧星：《民法解释学》，中国政法大学出版社1995年版，第312～314页。

条件成就的，应视为条件已成就，居间人有权要求其支付报酬。[①] 亦有法官认为，委托人不正当地阻止其与相对人之间的合同成立的，可以参照《合同法》第45条第2款规定的精神，认定居间人已全部履行居间义务（促使合同成立），居间人仍有向委托人请求报酬直至追究违约责任的权利。[②] 还有学者主张，居间人向委托人提供了有关缔约机会的信息，但尚未提供具体的媒介服务时，委托人避开居间人直接与相对人接触、磋商并订约的，委托人系为自己的利益不正当地阻止了居间人收取报酬的条件成就，应准用《合同法》第45条第2款的规定，视为居间人收取报酬的条件已经成就。[③] 反对的观点则认为，居间合同的委托人并无与相对人缔约的义务。所谓恶意阻止条件成就，只能是指委托人本可与相对人签订合同却偏不签订，从而导致居间人的报酬请求权不成就。问题在于，委托人自始至终均有缔约权，享有完全的合同自由，不因居间人的信息媒介行为而改变。因此，委托人恶意不签订合同的表述在法理上根本不能成立，《合同法》第45条第2款关于条件拟制的规定在居间合同范畴内没有适用余地。[④] 亦有学者主张，居间人报酬请求权的成立条件属于法定条件，不符合附条件法律行为对所附条件须为意定条件的要求，委托人的支付报酬义务并非附停止条件的义务，故委托人恶意“跳单”不能适用《合同法》第45条第2款。[⑤]

私见以为，在居间合同中不存在有效的禁止“跳单”条款时，如果委托人构成“跳单”，应当参照附停止条件法律行为的理论及立法解决居间人的报酬请求权问题。详述如下：根据《合同法》第426条第1款第1句的规定可知，居间人的报酬请求权系以居间人促成合同成立为要件。该条件虽属法定条件，但其合同是否成立却取决于委托人与相对人双方的意思，该事实在附条件法律行为理论中恰属于所谓的“混合条件”。[⑥] 从其效果能否发生的角度看，居间人的报酬请求权能否成立，与附停止条件的法律行为能否生效相似，都要取决于将来不确定

---

① 冯国鸿：《关于仲裁审理房产中介居间合同纠纷案件中的若干法律问题的调研报告（上）》，载广州仲裁委员会主办：《仲裁研究》第28辑，法律出版社2012年版，第90页。

② 参见钟涛对“居间人满堂红（中国）置业有限公司以委托人陈传实不履行房地产买卖合同为由要求给付违约金被驳回案”所作的评析，载最高人民法院编：《人民法院案例选》2006年第3辑（总第57辑），人民法院出版社2007年版，第128页。

③ 周晓晨：《论房地产居间的法律规制——以〈城市房地产管理法〉修订为契机》，载《中州学刊》2010年第3期，第102页。

④ 税兵：《居间合同中的双边道德风险——以“跳单”现象为例》，载《法学》2011年第11期，第92页。

⑤ 隋彭生：《居间合同委托人的任意解除权及“跳单”——以最高人民法院〈指导案例1号〉为例》，载《江淮论坛》2012年第4期，第114页。

⑥ 郑玉波：《民法总则》，中国政法大学出版社2003年版，第379页。

的事实。或许正因如此，有学者径称居间人的报酬请求权“附停止条件”或者委托人的给付义务“附停止条件”。[①] 当委托人为逃避支付报酬而恶意“跳单”时，不仅导致居间人无从促成合同成立，也使其无法通过自己的媒介服务获得报酬请求权。此时委托人的“跳单”行为显系为自己的利益不正当地阻止报酬请求权的成立条件成就，既违背诚实信用原则，也损害了居间人的利益。为制裁委托人的不正当行为，保护居间人的合法权益，自应类推适用《合同法》第45条第2款关于拟制条件成就的规定，视为委托人与相对人订立的合同系由居间人所促成，故报酬请求权的成立条件已经成就，委托人应当支付报酬。之所以称类推适用而非直接适用《合同法》第45条第2款，本身就表明居间人的报酬请求权与附停止条件法律行为之间存在区别，并非完全照搬后者来解释前者。因此，以委托人的支付报酬义务并非附有停止条件或者委托人并未恶意阻止条件成就为由，反对运用附停止条件法律行为的理论及立法来解决委托人“跳单”时居间人的报酬请求权问题，并不妥当。当然，在这种情况下，因居间人实际上并未提供全部媒介服务，若许其依照居间合同约定的数额如数获取报酬，难免导致其所获报酬与所任劳务相差悬殊。为求公平，可考虑类推适用《合同法》第114条第2款关于违约金酌减的规定，允许委托人请求法院酌减报酬数额。

在实践中，有些城市颁布的房地产中介服务管理法规、规章明确规定：房地产中介服务合同未能履行或者未能完全履行的，房地产中介服务机构不能收取或者不能全额收取中介服务费，但因委托人过错造成的除外。[②] 对此类规定进行反面推论可知，因委托人恶意“跳单”导致房地产居间合同未能履行或者未能完全履行的，居间人应当有权收取部分或者全部中介服务费。《本溪市房地产中介服务管理办法》第25条甚至规定：“已签订中介服务合同的委托人交易双方为逃避中介服务费私下签订购房协议的，一经发现必须向提供该信息的房地产中介服务机构交纳中介服务费用。”[③] 这些规定背后所蕴含的法理，与运用附停止条件法律行为中的拟制条件成就理论来解释居间人的报酬请求权时所奉行的逻辑，十分相似。

在“指导案例1号”所涉案件的二审判决书中，法院明确指出：根据《合

---

① 黄立主编：《民法债编各论》（下），中国政法大学出版社2003年版，第567页、第562页，郭丽珍执笔。

② 参见《贵阳市房地产中介服务管理规定》第13条、《四平市房地产中介服务管理暂行规定》第18条、《吉安市房地产中介服务管理规定》第28条第1款、《宁波市房地产中介服务条例》第13条第1款、《吉林市房地产中介服务管理规定》第30条。

③ 当然，该规定不仅完全排除了当事人意思自治的余地，并且明显偏向居间人而不利于委托人，从法理上说难谓妥当。

同法》的规定和双方约定，如果委托人为了不交或少交佣金而不正当地阻止佣金支付条件成就，如买卖双方私下成交或另行委托他人成交的，视为条件已成就，委托人应向居间人支付佣金。在该案的判决依据中亦列出了《合同法》第45条第2款。[①] 可见，二审法院实际上运用了附停止条件法律行为的理论及立法，主张在委托人恶意“跳单”时，应视为其报酬支付条件成就，委托人应向居间人支付报酬。此一见解虽与该案的最终处理结果无关，但在理论构成上值得赞同，可惜“指导案例1号”未能吸纳该重要创见。

六、“指导案例1号”涉及的“相关法条”

有论者认为，最高人民法院发布的指导性案例，从性质上看是解释宪法性法律以外的国家法律的一种形式，实际上起到了解释、明确、细化相关法律的作用。[②] 因“指导案例1号”中列举的相关法条只有《合同法》第424条，故该指导案例似乎就是对《合同法》第424条所作的解释和细化，第424条就是本案的关键性法条。然而，如果全面分析该案的二审判决书，就会发现事实并非如此。

从“指导案例1号”的二审判决书来看，二审法院据以作出终审判决的实体法依据，共有《合同法》第424条、第426条第1款、第427条、第45条第2款四个法条。其中，第45条第2款是关于附条件合同中拟制条件成就与不成就的规定，与本案判决结果并无直接联系，故不可能是本案的关键性法条。那么，在与居间合同有关的其余三个法条中，哪个或者哪些法条才是法院据以作出判决的关键性法条呢？这需要逐一分析。

1.《合同法》第424条是对居间合同概念的规定。[③] 二审法院在判决书中援引该条，旨在对诉争《房地产求购确认书》进行定性，当无疑问。从作用上来看，该条显然是法院审理一切居间合同纠纷的前提性规定，因为在居间合同纠纷中，法院需要先判断诉争合同是否属于居间合同，然后才能结合其他有关居间合同的法条作出判决。从内容上来看，由于该条仅仅简要地提及居间合同双方当事人的义务，并未规定委托人支付报酬或者不支付报酬的具体条件，故无法成为法院判决委托人支付报酬或不支付报酬的直接依据。就本案而言，仅仅依据《合同法》第424条，显然不足以支持法院驳回居间人的诉讼请求。可见，第424条虽与本案有关，但不会是二审法院据以作出判决的关键性法条。

---

① 参见国家法官学院、中国人民大学法学院编：《中国审判案例要览（2010年民事审判案例卷）》，中国人民大学出版社2011年版，第234页。

② 参见蒋安杰：《最高人民法院研究室主任胡云腾——人民法院案例指导制度的构建》，载《法制日报》2011年1月5日第11版。

③ 胡康生主编：《中华人民共和国合同法释义》，法律出版社1999年版，第594页。

2.《合同法》第426条第1款从正面规定了居间人的报酬请求权，分别涉及委托人支付报酬的条件（第1句）、确定报酬的标准（第2句）和居间报酬的分担（第3句）三个问题。其中，第2句和第3句显然与本案判决结果无关。实际上，与本案判决结果相关的只能是第1句，即居间人促成合同成立的，委托人应当按照约定支付报酬，因为该句的反面推论是居间人未促成合同成立的，委托人不必按照约定支付报酬。该反面推论无疑可作为法院判决委托人不必向居间人支付报酬的法律依据。从这个角度说，二审法院将《合同法》第426条第1款列为判决依据之一，并无不妥。

3.《合同法》第427条主文关于“居间人未促成合同成立的，不得要求支付报酬”的规定，显然与第426条第1款第1句的反面推论具有相同的效果，唯其系从居间人的角度立论而已。对于同一法律问题（居间人未促成合同成立时有无报酬请求权），在既可直接适用某一法条（第427条主文）加以处理，又可通过对另一法条（第426条第1款第1句）的反面推论予以解决时，显然应依照前一法条处理。理由有二：一是避免前一法条被后一法条所架空；二是可省去对后一法条进行反面推论的麻烦。由此可知，在居间人未促成合同成立的情形，法院若否定居间人的报酬请求权、驳回居间人的诉讼请求，应当直接适用《合同法》第427条主文，而不应援引第426条第1款第1句并对其进行反面推论。在“指导案例1号”中，二审法院认定涉案买卖合同的订立并非由中原公司促成，显然符合《合同法》第427条主文中规定的构成要件，而与第426条第1款第1句的文义相距较远。在此基础上，二审法院判决不予支持居间人的诉讼请求，也契合《合同法》第427条主文中规定的法律效果。可见，《合同法》第427条主文才是二审法院作出判决的关键性法条。

此外，根据《合同法》第427条的但书可知，居间人未促成合同成立时，虽不得要求委托人支付报酬，但可要求其支付从事居间活动支出的必要费用。由此，在居间人诉请委托人支付报酬的案件中，若法院认为居间人因未促成合同成立而无报酬请求权，即应告知居间人可以变更诉讼请求，要求委托人支付居间费用。[①] 在居间人变更诉讼请求后，法院即可适用第427条但书的规定，判决委托人向居间人支付必要的居间费用。可见，就“指导案例1号”而言，如果一并运用《合同法》第427条的主文及但书来解决居间人的诉讼请求，无疑是最为理想和最为全面的，可惜二审判决仅关注居间人有无报酬请求权，而完全忽视了居间

---

① 《最高人民法院关于民事诉讼证据的若干规定》（法释［2001］33号）第35条第1款规定：诉讼过程中，当事人主张的法律关系的性质或者民事行为的效力与人民法院根据案件事实作出的认定不一致的，不受本规定第34条规定的限制，人民法院应当告知当事人可以变更诉讼请求。

人的费用偿还请求权问题。

综上可知，在“指导案例1号”中，二审法院据以作出判决的关键性法条，乃是《合同法》第427条，而非第426条第1款，更不是第424条。“指导案例1号”列明本案的相关法条为《合同法》第424条，既显得过于宽泛，也不符合二审的判决结果，难谓妥当。

七、结论

综合前述内容，可将本文的观点简要总结如下：

1. 针对房地产居间实务中常见的“跳单”纠纷，“指导案例1号”确立了禁止“跳单”条款有效的规则，给出了委托人不构成“跳单”的判断标准，有利于统一相关裁判见解，值得肯定。

2. 禁止“跳单”条款不存在免除居间人的责任、排除委托人的主要权利的情形，不能以此为由认定其无效。但其约定的违约金如高于正常报酬，即属于加重委托人的责任，应依《合同法》第40条关于加重对方责任的规定认定无效。“指导案例1号”未注意此点，笼统地认定禁止“跳单”条款有效，难免在委托人构成“跳单”的案件中引发争议。

3. 委托人跳过居间人与相对人订约的行为如不构成“跳单”，居间人即不得享有报酬请求权或违约金请求权，而只能要求委托人返还必要的居间费用。“指导案例1号”忽略了居间人的费用偿还请求权，可能引发新的诉讼，不够理想。

4. 在委托人构成“跳单”的情形，如居间合同中存在有效的禁止“跳单”条款，委托人应依约向居间人支付违约金；如不存在有效的禁止“跳单”条款，应类推适用《合同法》第45条第2款，认定居间人报酬请求权的成立条件已经成就，委托人应当支付报酬。于此情形，若约定的违约金或报酬过分高于因委托人“跳单”给居间人造成的损失，委托人可以适用或类推适用《合同法》第114条第2款，请求法院酌减违约金数额。

5. “指导案例1号”列明本案的相关法条为《合同法》第424条，并不符合本案的实际情况。真正对本案判决结果具有决定性作用的相关法条，应当是《合同法》第427条。

僧人遗产继承法律问题研究

陈　汉*

一、问题的提出：灵照寺方丈释永修继承争议案

随着寺庙收入的显著增长和僧人待遇的大大提高，僧人圆寂或者因其他原因去世之后的“个人财产”的认定与继承，也不是一个罕见的问题，此类争议由来已久，最近云南灵照寺方丈继承争议案极为典型。

2010 年 1 月 26 日夜间，两名歹徒来到云南省玉溪市红塔区菜园街大悲普度寺的灵照寺，在方丈释永修住处投宿时将其杀害，并抢走其 5000 元钱等财物。释永修被害后，在红塔区民宗局的主持下，其亲属和玉溪市红塔区灵照寺佛教管理委员会整理释永修遗物，发现释永修以个人名义在当地各个银行存了 400 余万元，同时有 20 余万元债权单据。清点完毕，其存款和债权单据被红塔区民宗局保管。此后，释永修的女儿张译云多次到红塔区民宗局和玉溪市红塔区灵照寺佛教管理委员会协商，要求继承父亲遗产，但被拒绝。2012 年 1 月 16 日，她一纸诉状把玉溪市红塔区灵照寺佛教管理委员会告上法庭。

2012 年 6 月 26 日，玉溪市中级人民法院开庭审理了该案。9 月 20 日，玉溪市中院宣判：该案中，原告主张涉案存款及债权属释永修个人所有，被告抗辩认为属寺院所有。经审查，释永修于 1988 年起即在寺院生活，其名下虽有相应存款，但原告并不能够提供证据证实款项的来源。相反，被告提供的证据能够证实款项来源于信徒布施、捐赠、寺院卖香火和素斋的收入。

故玉溪市中院依法认定释永修出家后，在寺院生活期间，其或寺院接受的布施、捐赠以及通过宗教活动取得的财产均属寺院所有。原告主张释永修（辛应恒）名下的存款及债权属释永修个人所有的理由不成立，对其请求不予支持。合

---

* 中国政法大学民商经济法学院讲师、法学博士。

议庭驳回原告张译云的诉讼请求。①

其实，该案并不是近年来发生的僧人继承的第一案，此前在“鞍山香严寺方丈本愿法师去世遗产纠纷案”② 中，鞍山市千山区人民法院认为：

《民法通则》第77条规定：“社会团体包括宗教团体的合法财产受法律保护。”本案原告、被告的父亲杨万洲于1951年2月起即出家为僧，得法名本愿，1984年任千山香岩寺监院，1996年升座为方丈，直至2007年10月8日因病死亡。本愿出家数十年，特别是升座为千山香岩寺方丈以后，负责该寺僧人日常生活、寺院建设和资金管理，期间作为寺院办公及生活需要所购买的车辆虽然登记在本愿名下，但却系香岩寺出资购买，且自购车起至今一直由香岩寺使用。另外，原告、被告及第三人诉争的28万元存款来源系居士及信众为支持寺院建设的捐赠，并以本愿名义存入银行。因此，千山香岩寺出资购买的汽车及来源于居士及信众的捐赠并以本愿名义存入银行的28万元的存款均应认定为第三人鞍山市千山香岩寺的财产，而并非本愿的个人财产，即不能作为本愿的遗产由原告、被告继承。

两个案件的判决主要结论基本一致，即认为“出家人四大皆空”，不应该有自己的个人财产，只能是代管寺院财产，由于没有个人财产，也无所谓继承问题。

但是这样的判决，只是解决了个案的争议，并未严格意义上回答僧人继承的问题：两个案件中原告请求被否，究竟是僧人不能作为被继承的主体呢？还是僧人并不存在个人财产，其名下的财产只是代持而已？其实这是两个层面的问题。

二、规范层面的分析

根据民国时期的法律规定，出家即为离开俗事，为“继承发生之理由”③。因此，僧人一旦出家，其留下的财产，作为遗产。

但是在1949年后，此项规定并未被接受。1994年10月13日，最高人民法院对国务院宗教事务局一司关于僧人遗产处理意见的复函中说：

---

① 案件详情参见：载法律图书馆网，网址：http://www.law-lib.com/fzdt/newshtml/gzaj/20120925090238.htm，于2012年9月25日访问。

② 判决书号为：（2008）鞍千千初字第846号，判决书全文见链接：http://blog.sina.com.cn/s/blog_59b60b910100ad7r.html，于2012年9月25日访问。

③ 大理院七年上字第1112号判例：“按现行律，于僧道娶妻，虽无明文禁止，而于为僧道后可否为之立后一层，并无何项规定，又按承继之开始本不限于死亡，如被继承人之行迹长久不明或于法律上得认为脱离家族关系时，除有特别法令外，均应认为开始继承之事由，所有被继承人之权义关系，当然开始继承，而出家为僧，即为法律上脱离家族关系之一原因，其俗家之得为继，自系条理上当然之结果。”转引自：史尚宽：《继承法论》，中国政法大学出版社2002年版，第34页。

国务院宗教事务局一司：

你司《关于对僧人遗产的处理意见》的函收悉。经研究，我们认为：我国现行法律对僧人个人遗产的继承问题并无例外规定，因而，对作为公民的僧人，在其死后，其有继承权的亲属继承其遗产的权利尚不能否定。僧人个人遗产如何继承的问题，是《继承法》和《民法通则》公布施行后遇到的新问题，亦是立法尚未解决的问题。因此，我院不宜作出司法解释。建议你们向立法机关反映，通过立法予以解决。

此前《最高人民法院民事审判庭关于钱伯春能否继承和尚钱定安遗产的电话答复》中，也是认为“我国现行法律对和尚个人遗产的继承问题并无例外的规定，因而，对作为公民的和尚，在其死后，其有继承权的亲属继承其遗产的权利尚不能否定。”

最高人民法院的观点和国务院宗教事务局的观点是一致的，即法律无特别规定的，就不能做适用的例外，即允许其按照世俗方式适用继承。

而中国佛教协会的态度显然与最高人民法院的观点不一样。中国佛教协会对四川省佛教协会关于僧人遗产处理问题的复函（会函字［1998］第197号）中认为：

佛教自从东汉时期传入我国以来，在同中国文化相互融合的过程中，形成了一整套处理僧人遗产的传统规制和习惯。“一切亡比丘物，尽属四方僧”。僧人出家时经父母同意，政府批准，自愿加入寺院共同共有的生活集体，实际上就形成了以脱离家庭为标志的，以承认、加入并自愿恪守佛教内部一切传统戒律和规制（包括佛教处理僧人遗产的戒律和规制）为条件的新的权利义务关系，僧人出家即与其俗家亲属脱离了经济上的权利义务关系，形成与寺院以共同信仰为纽带的，以经济共有为基础的，以佛教的信仰、礼仪和习惯为保障的供养、赡养、抚养关系体系。僧人日常个人所使用的财产，也是寺院共有财产的一部分。僧人圆寂（去世）后，其遗产概由所在寺院按照佛教的丛林规制和传统习惯进行处理，其俗家亲属不能继承。这一规制和习惯，经近两千年不断完善，延续至今，曾被我国历代王朝的法律和民间习惯所承认。解放以后，对有关佛教处理僧人遗产的传统规制和习惯，从来没有被人民政府明令废除或者禁止过，而是作为佛教的信仰内容之一、寺院合法宗教活动和传统习惯的重要组成部分被保留下来，受到人民政府和人民群众的认可与尊重，也受到法律、法规和政策的保护。因此，僧人遗产的处理问题，仍然按照佛教的丛林规制和传统习惯处理，其在家亲属（包括直系血亲、旁系血亲和拟制血亲）不能继承。

此后的2002年，中国佛教协会在对粤佛［2002］24号文，即《关于僧人去世遗产处理问题的请示》的复函中，大致重复了上述第197号会函的内容，只是在结尾部分认为“你会所属广州光孝寺僧人释有锦去世后在银行的存款，应当由广州光孝寺集体继承。希望你们根据上述原则，在广东省宗教事务局的协助下，可由广州光孝寺向所在银行办理逝世僧人的存款（遗产）继承接受事宜。其在家亲属如果生活确有困难，遵照佛教无缘大慈、同体大悲的精神，可由寺院给予适当生活补助，但是不得进行遗产继承”。

2006年2月25日，中国佛教协会第七届常务理事会第三次会议通过的《全国汉传佛教寺院共住规约通则》的修正案的第14条明确规定：遵照佛制，僧众住寺，常住供养；僧人年衰，常住扶养；僧人疾病，常住医治；僧人圆寂，常住荼毗；僧人遗产，归常住所有。

从规范分析的角度来看，最高人民法院的解读从逻辑上看并无瑕疵：《继承法》确实没有对僧人（出家人）做出例外的规定。但是不得不承认的一点是：僧人确实不是普通世俗社会的自然人，僧人的生活是非常特殊的。考虑到这种特殊性，中国佛教协会的规定更具有合理性，即不能简单地适用《继承法》的规定由其俗家亲属继承。僧人的个人遗产应当由其常住寺院继承，主要理由如下：

1. 这一做法符合佛教传统，佛教的很多经典佛典对此都作了规定。[①] 并且《全国汉传佛教寺院共住规约通则》也已明确了这一点。

2. 从实践上看，僧人生前与常住寺院形成了生活扶养关系，而与其俗家亲属之间通常没有联系。特别是僧人年老后，行动不便，疾病增多，在处理僧侣遗产继承事务之时，不可忽视僧侣生、养、病、葬问题。宗教信徒出家受戒成为职业僧侣后，其学习、生活、养老、疾病治疗以及圆寂后的丧葬均脱离俗家，由常住寺院负责，如规定僧侣圆寂后的遗产由俗家继承，不仅与“权利义务相统一”的立法原则不一致，同时也可能造成常住寺院与俗家互相推脱义务。

3. 从法理上看，出家即为加入寺院僧侣共同体的意思表示，也就应当遵照自治团体即佛教协会、佛教教义等的约束，包括在圆寂之后个人财产的处理方式。这属于私人意思自治的范畴，并不涉及基本人权的放弃问题，法律不应该做强制性的规定，而应当尊重佛教传统。

4.《继承法》是以婚姻家庭财产关系为其对象的，而佛教僧人的财产关系只是僧人与所在寺院的权利与义务关系，已经超出了或者脱离婚姻家庭法律关系的范围，所以僧人的遗产不能依照婚姻家庭关系中关于遗产继承的法律规定处理。

---

① 参见王丽心：《略述僧团亡僧遗物处理原则》，网址：http://www.yufotemple.org/HLNews/UploadFile/attachment/20101015091846693.pdf，于2012年9月25日访问。

三、继承关系与人身关系

继承权是身份权的体现之一，或者说身份权是继承权的基础。分析僧人的继承权的问题，无疑需要考虑其人身关系。

僧人出家加入寺院僧侣共同体，是否意味着与世俗社会中其原先的近亲属断绝了法律上的身份关系？现行立法中，只有被收养才能在法律上解除与其因为血缘关系而产生的身份关系，别无第二种情形。但是地方性规定如《福建省佛教协会〈汉传佛教教职人员资格认定办法〉实施细则（试行草案）》第3条第6项规定："出家前有婚史者，申请受戒时必须附上离婚证复印件，丧偶的必须出具丧偶证明。"虽然此处仅涉及婚姻关系，但是要求出家人断绝身份关系的意图还是可以推定的。并且，"出家人"这个表述本身已经表明其离开了此前的"家"，人身关系应当被拟制解除。

当然，人身关系是权利与义务的综合体，从法理上，看不是单方出家这样的行为就能拟制解除的。1993年10月起施行的《全国汉传佛教寺院管理办法》规定：出家须"本人自愿，父母许可，家庭同意。"父母许可、家庭同意，是否意味着推定了对家人义务的豁免？权利可以放弃，但是义务不能单方放弃不承担。身份权是保护权利与义务的一个综合体，可以具体细化成若干权利与义务，权利如继承，义务如赡养/扶养，后者并不能通过出家人的单独行为来放弃。因此在成为佛教教职人员之时所要求的"父母许可，家庭同意"，即使此项规定之本意并不一定在于完成解除义务的手续，但是客观上有助于程序性合法地解除身份关系方面的权利义务。

如果按照最宽松的法理解释认可出家人在出家前所履行的一系列程序能够解除其与其他家庭成员的身份关系，那么还有一个问题需要解决，即其与未成年子女的关系如何处理？

即使可以通过双方行为解除成年人之间的亲属身份关系，由于未成年人没有行为能力，显然不能通过双方行为来解除有关未成年人的亲属身份关系；并且解除身份关系这样的身份性行为，通说也认为其不能代理。特别是存在着一个未成年人利益保护的问题。因此，从对未成年人利益特别保护的角度出发，应当认定人身关系未解除，即使其直系尊亲属（父或者母）已经事实上剃度出家。因此，在出家期间，对于其未成年的子女，仍然有扶养的义务。在其去世之时，未成年子女仍然应当获得继承权。根据《继承法意见》第61条规定：继承人中有缺乏劳动能力又没有生活来源的人，即使遗产不足清偿债务，也应为其保留适当遗产。可见，如果未成年人缺乏劳动能力又没有生活来源，其继承利益优先于债权人，推定其利益优于寺庙常住的受遗赠权，并不存在法理或者伦理上的障碍。

四、共住共同体受遗赠权的取得

根据《全国汉传佛教寺院共住规约通则》的规定，在僧人死亡之后，常住取得僧人私人财产的继承权。此项继承权的取得，是否有法理上的依据呢？

按照《继承法》的规定，继承权只限于法定继承人范围，法定继承人之外的主体，只能是受遗赠。继承权属于个人的基本权利，因此由《全国汉传佛教寺院共住规约通则》来排他性地取得继承权，同时"废除"了其他人的继承权，显然从立法的位阶角度看，是不合适的。因此，从法理上看，并不能以《全国汉传佛教寺院共住规约通则》来"废除"其他近亲属的继承权，更不能以此为依据取得继承权。

但并非不存在变通的方式。在不破坏现有的《继承法》所确定的基本原则与规则的前提下，可以变通认定寺庙共住共同体取得受遗赠权，并且推定僧人在剃度加入共住共同体的时候，确定了此项遗赠，遗赠于其死亡之时开始生效。

按照《全国汉传佛教寺院共住规约通则》"遵照佛制，僧众住寺，常住供养；僧人年衰，常住扶养；僧人疾病，常住医治；僧人圆寂，常住荼毗；僧人遗产，归常住所有"这样的规定，寺院中的共住共同体承担了原有的家庭和社会对僧人的"扶养"义务，从这一点看，确实是符合《继承法》所规定的"权利、义务一致"的原则。因此，认定此项受遗赠权的取得，并不违背《继承法》。

从另一方面看，僧人脱离了此前的家庭和世俗社会，在其年老、患病期间，仍然要求其配偶、成年子女来照料和进行经济上的扶持显然是不符合实际的，特别是在异地出家的情况下。因此，交由共住共同体来照料，也更符合社会实践。共同体承担了原有的家庭功能，因此取得"继承权"从伦理上是可行的，只是不符合现行《继承法》的规定，变通的方式是认定其取得受遗赠权。

五、案件评析

事实上，无论是玉溪案，还是鞍千案，都回避了谁是继承人的问题，而是将解决问题的层面放到了财产权的归属之上，即认定案件中所争议的财产并非僧人的个人财产，而是所代持的寺庙财产，进而回避了一个核心问题——既然被继承人无个人财产，当然也就无需回答谁是"继承人"的法律问题。

两个案件有着异曲同工之妙：原本的继承争议，很容易地转化为财产权属争议，并且都否认了僧人拥有任何个人财产。

对于僧人的收入，佛教协会似乎并无统一的规定。概括而言，僧人的收入大致可以分为三部分：一部分是"单资"（也叫"衬钱"，做衣衫的钱，日用之意），一部分是信众的供养，另外一部分是做佛事的收入。"单资"收入几乎是全部的寺庙都通用的[①]（个别除外）。对于信众的供养，则是各地习俗不一样。有些寺院，僧人个人会接受信众的现金、物质供养。但多数寺院，僧人个人是不接受的，如果信众一定要供养，就会请他们交给寺院客堂。到时候每个月，寺院会把这些指明了“要给师父们的供养”平均地发给每个常住僧人。当然，如果信众说明供养的钱是要用来印经书的，用来建设道场的，以及我们投到功德箱里的钱等等，寺院绝不会把这一部分的钱发给僧人们。对于做佛事的收入，则可以看作是一种职务行为，所得的收入原则上应当归于所属的寺庙。但无论如何，无论是现行法律，还是宗教规则，都没有禁止僧人拥有个人财产。所以，本文所引用的两个案件中都将僧人生前所持有的财产认定为寺庙财产而否认其个人财产，这本身就不属于宗教规范和现行立法。

因此，正确的做法是：

1. 区分其个人财产与代持的寺庙财产；

2. 对于个人财产，如果存在未成年子女，则由其未成年子女继承；如果不存在未成年子女，则由寺庙的共住共同体受遗赠获得。

僧人的继承纠纷的法律分析，并不能局限于《继承法》层面，而是涉及到其他问题，包括僧人出家的身份关系的拟制解除，对未成年人的特别保护，佛教规范的法律效力及与《继承法》的衔接问题。

事实上，由寺庙常住（共住共同体）来“继承”僧人遗产，并无严格意义上的法律障碍，但是需要从法律规范的效力等级出发，并且要考虑到未成年人的特殊利益的保护和寺庙常住（共住共同体）事实上形成准“家庭”的现实，参照《继承法》的遗赠来处理。

---

① 徐玉成：《就当前落实宗教政策中的有关问题答读者问》，网址：http：//www. chinabuddhism. com. cn/a/fayin/dharma/2k0107/g2k0107f10. htm，于2012年9月25日访问。

第二部分 商法

对控制股东信义义务原则的质疑

范世乾*

当前中国学者基本上认为，中国应该引入控制股东信义义务原则；尤其认为，这是解决中国上市公司中控制股东滥用控制权侵害上市公司和少数股东的良方，甚至有学者对中国《证券法》修订中没有明确规定控制股东应该承担信义义务而感到遗憾。① 但笔者认为，这一观点值得商榷。笔者从美国法律的视角，论证了控制股东信义义务原则在美国的适用是存在问题的。首先，控制股东信义义务原则并没有反映经济现实；其次，控制股东信义义务原则在美国并不是既定的规则；再次，控制因素的存在并不是信义义务原则适用的充分必要条件，存在控制只能说明控制掌握了比少数股东更大的经济权力，因此应该对其予以约束和规制，但并不一定要对其施加信义义务；最后，控制股东信义义务原则与美国现存的基本法律原则相冲突。因此，笔者认为控制股东信义义务原则是一项问题重重的规则，不能成为中国未来立法移植的目标。

一、控制股东信义义务没有反映经济现实

有学者主张，封闭式公司的特征使得对控制股东施加信义义务是符合经济现实的。② 封闭式公司的股东，据称与经典的股东模型不同。在该模型中股东是分散的、财富最大化的消极投资者，③ 因此通常适用于公司的治理规则对封闭式公司来说是不适当的。④ 公开公司和私人公司最为明显的区别是，封闭式公司缺乏

* 中国政法大学民商经济法学院副教授。

① 习龙生：《控制股东的义务和责任研究》，法律出版社2006年版，第4~5页。

② See generally Frank H. Easterbrook & Daniel R. Fischel, Close Corporations and Agency Costs, 38 Stan. L. Rev. 271, 273-77 (1986).

③ See Paul N. Cox, Reflections on Ex Ante Compensation and Diversification of Risk as Fairness Justifications for Limiting Fiduciary Obligations of Corporate Officers, Directors, and Controlling Shareholders, 60 Temple L. Q. 47, 63-78 (1987).

④ See Donahue v. Rodd Electrotype Co., 328 N. E. 2d 505, 515 (Mass. 1975).

有组织的股份市场。据称缺乏“退出”机制导致了多数股东有机会剥削少数股东，[①] 而评论者争论认为，商业判断规则不能适用于封闭式公司。因为对管理者的行为缺乏市场限制。[②]

（一）封闭式公司少数股东更容易监督多数股东的行为

封闭式公司中股份缺乏市场意味着封闭式公司中的股东缺乏公司控制权市场提供的保护。在公开公司，不当管理导致股票价格的降低，这产生了收购激励，而控制权变动的威胁因此约束着管理者。[③] 很多评论者质疑了活跃的公司控制权市场有利于投资者的主张。[④] 当控制股东只是单纯地不当管理企业时，如果更好的管理者提供了控制权溢价，她应该接受。控制股东只会在其从不当管理中获得的利益超过对公司的损害时才会拒绝该要约——即她在从事掠夺行为。但公司控制权市场不能阻止掠夺，因为它依赖于某人购买控制权并因此有机会继续掠夺公司。事实上，公司控制权市场保护投资者观点的一个反对意见是它还奖励掠夺。[⑤]

即使公司控制权市场对管理者在公开公司比封闭式公司施加更多的约束是真实的，也可能有其他因素对封闭式公司的股东提供保护。第一，封闭式公司股东的监督成本更低。他们通常与管理层具有更紧密的关系，并且更容易获得信息和经营的知识。第二，封闭式公司股东间并不存在公开公司中的阻碍监督的集体行动问题。封闭式公司中的少数投资者通常不是投资分散化的，他们有持续的动力监督管理层，而不需要公司控制权市场来保护自己免受不当管理的侵害。

（二）封闭式公司的少数股东并不比公开公司的少数股东更脆弱

据称封闭式公司投资者与公开公司投资者的利益有重大的区别。他们投资是希望获得工作和管理控制，而且该投资趋向于构成他们财富的大部分。他们的投资不是分散化的，因此对风险和投资损失的承受能力更弱。一种解决此种脆弱性的方法是对多数股东施加信义义务。[⑥] 该分析忽略了即使在公开公司中，法院也

---

① See Frank H. Easterbrook & Daniel R. Fischel, Close Corporations and Agency Costs, 38 Stan. L. Rev. 271, 275 (1986).

② See Douglas K. Moll, Shareholder Oppression in Close Corporations: The Unanswered Question of Perspective, 53 Vand. L. Rev. 749, 823 - 25 (2000).

③ See Frank H. Easterbrook & Daniel R. Fischel, Corporate Control Transactions, 91 Yale L. J. 698, 698 (1982).

④ See, e. g., Victor Brudney, Corporate Governance, Agency Costs, and the Rhetoric of Contract, 85 Colum. L. Rev. 1403, 1420 - 27 (1985).

⑤ See Victor Brudney, Corporate Governance, Agency Costs, and the Rhetoric of Contract, 85 Colum. L. Rev. 1403, 1425 - 26 (1985).

⑥ See Douglas K. Moll, Reasonable Expectations v. Implied - in - Fact Contracts: Is the Shareholder Oppression Doctrine Needed? 42 B. C. L. Rev. 989, 1071 - 73 (2001).

对控制股东施加信义义务的事实。它还忽略了控制股东同样是非分散化投资，而且由于投资更多，也许更为脆弱的事实。[①] 而且，公开公司中也具有非分散化的投资者：以人力资本出资的雇员，通过股票期权计划获得大量股份的管理者，退休基金投资于公司支配计划的雇员，以及一些机构投资者等。[②] 然而，对这些投资者而言，却没有什么人对其负担义务。相反，这些投资者被指望通过合同来保护自己。

对那些主张少数股东面临的特殊环境使得对多数股东施加义务是正当化观点而言，其最困难的问题是在公司法提供的特殊背景下人们通常期待允许通过合同改变可适用的法律规则。少数股东可以完全保护自己，如果他们在投资之前与控制股东达成协议[③]或者选择适用封闭式公司法定规则的话。[④] 支持股东信义义务的评论者主张少数股东实质上无法保护自己的利益，因此法律必须对其提供保护。少数股东据称缺乏必要的老练进行谈判以得到他们需要的保护。[⑤] 有限理性也会导致合同失败。[⑥] 而且，因为少数股东与他们认识的人一同投资，他们依赖信任，而不是合同来确保他们的期待。[⑦] 另外，少数股东通常通过赠与或者继承获得股份，因此很少通过合同来保护自己。[⑧]

即使所有上述观点都是正确的，[⑨] 他们没有解释为什么解决方法是对所有的控制股东施加信义义务。信义义务仅在股东自身希望的前提下才是对合同失败的适当救济。然而事实并非如此：熟练的投资者谈判要求很多保护，但他们决不会

---

① See Shannon Wells Stevenson, The Venture Capital Solution to the Problem of Close Corporation Shareholder Fiduciary Duties, 51 Duke L. J. 1139, 1144 (2002).

② See Shelly Branch et al., Sweet Deal: Hershey Foods Is Considering A Plan to Put Itself Up for Sale, Wall St. J. July 25, 2002, at A1.

③ See Shannon Wells Stevenson, The Venture Capital Solution to the Problem of Close Corporation Shareholder Fiduciary Duties, 51 Duke L. J. 1139, 1154 - 64 (2002).

④ See Nixon v. Blackwell, 626 A. 2d 1366, 1380 - 81 (Del. 1993).

⑤ See Sandra K. Miller, What Buy - Out Rights, Fiduciary Duties, and Dissolution Remedies Should Apply in the Case of the Minority Owner of a Limited Liability Company, 38 Harv. J. on Legis. 413, 437 - 39 (2001).

⑥ See Victor Brudney, Corporate Governance, Agency Costs, and the Rhetoric of Contract, 85 Colum. L. Rev.. 1403, 1418 n. 35 (1985).

⑦ See Shannon Wells Stevenson, The Venture Capital Solution to the Problem of Close Corporation Shareholder Fiduciary Duties, 51 Duke L. J. 1139, 1143, 1144 - 46, 1149 (2002).

⑧ See Sandra K. Miller, What Buy - Out Rights, Fiduciary Duties, and Dissolution Remedies Should Apply in the Case of the Minority Owner of a Limited Liability Company?, 38 Harv. J. on Legis. 413, 437 - 39 (2001). Miller 还主张少数股东通常缺乏谈判能力来对控制股东施加限制。

⑨ 这一主张可因多种理由被质疑。See Frank H. Easterbrook & Daniel R. Fischel, Close Corporations and Agency Costs, 38 Stan. L. Rev. 271, 284 - 286 (1986).

要求信义义务。[①] 对非熟练投资者未能制定合同问题的解决方案有多种：法律可以被设计为警示这些投资者注意他们面临的风险和合同选择的有效性；[②] 法律可以包括与熟练的投资者选择相似的备用规则（default rules）。[③]

而且，控制股东在公司中的投资比少数股东要多。控制股东对其优势地位支付了对价。股东信义义务的创立，似乎干涉了控制股东以其认为符合公司最大利益的方式（例如，解雇少数股东－雇员）行为的能力，[④] 这会剥夺多数股东的投资利益。[⑤] 为什么控制股东的投资不和少数股东的一样值得保护？[⑥] 因此，对控制股东施加信义义务是不符合实际经济情况的。

二、控制股东信义义务并不是既定的规则

有学者进一步主张控制股东信义义务是一项“既定的法律规则”，[⑦] 并将其归结为 Sterling v. Mayflower Hotel Corp 案。[⑧] 审理 Sterling 案的法院，引用了 Keenan v. Eshleman 案[⑨]和 Gottlieb v. Heyden Chemical Corp 案[⑩]来支持其理由。[⑪] 然而，这两个案件都涉及董事的义务而根本不是控制股东的义务。[⑫] 相似地，法律通常引用 Weinberger v. UOP Inc. 案[⑬]来建议控制股东对少数股东负有信义义务。虽然 Weinberger 案确实涉及控制股东，但法院所有的讨论都是关于子公司董

---

① See Shannon Wells Stevenson, The Venture Capital Solution to the Problem of Close Corporation Shareholder Fiduciary Duties, 51 Duke L. J. 1139, 1154－64 (2002).

② 例如，在美国股东少于25人的公司可能被要求在发行股票前完全向投资者披露信息。当然，要求披露是保护公开公司中投资者的方法。

③ 例如，评论者鼓励授权少数股东一项“退出权”，即要求公司或多数股东回购其股份的权利。这是熟练的投资者谈判要求的退出权的天然版本。

④ See In re Topper, 433 N. Y. S. 2d 359, 366 (N. Y. Sup. Ct. 1980).

⑤ 控制股东还会要求资本的稳定性，因此提供少数股东以退出权（有效地将股权转换为要求的债券）可能对控制股东的投资期待造成损害。See Frank H. Easterbrook & Daniel R. Fischel, Close Corporations and Agency Costs, 38 Stan. L. Rev. 271, 288－290 (1986).

⑥ Paula J. Dalley, The Misguided Doctrine of Stockholder Fiduciary Duties, 33 Hofstra L. Rev. 175, fall 2004, pp195－201.

⑦ See Sterling v. Mayflower Hotel Corp., 93 A. 2d 107, 109－10 (Del. 1952).

⑧ 93 A. 2d at 109－10.

⑨ 2 A. 2d 904 (Del. 1938).

⑩ 90 A. 2d 660 (Del. 1952).

⑪ Sterling v. Mayflower Hotel Corp., 93 A. 2d 107, 109－10 (Del. 1952).

⑫ 比较 Ronald J. Gilson & Jeffrey N. Gordon, Doctrines & Markets: Controlling Controlling Shareholders, 152 U. Penn. L. Rev. 785 (2003), at 826－27.

⑬ 457 A. 2d 701 (Del. 1983).

事的义务。[①] 因此，在特拉华州案例中没有全面的关于该“既定的法律规则”的来源或目的的讨论。[②]

特拉华州法院暗含地通过在很多案件中出现的“当某人处于交易的两端时，他有义务确保交易的完全公平”的语言划定了董事义务案例和股东义务案例的界限。[③] 然而，该表述过于宽泛。第一，特拉华州法院在一些案件中反复指出完全公平标准不适用于多数股东和公司或者少数股东之间的交易。[④] 第二，处于交易双方的当事人仅在他同时对交易的其他当事人具有信义义务的时候有义务证明交易的完全公平。例如，同时处于交易两端的少数股东不需要证明完全公平。[⑤] 第三，多数股东不总是处于被质疑的交易的两端。例如，当多数股东从少数股东手中购买股份的时候，无论是直接还是通过收购要约，交易的当事人明显是处在正当的条件下。事实上，即使在多数股东通过现金合并挤出少数股东这一极端利益冲突情形下，多数股东仅因为法院将公司的行为（总是通过董事会行为）等同于多数股东的行为才被视为处于被质疑的交易的两端。因此，正是确认公司董事会等同于多数股东确立了提高的检查监督的需要。不幸的是，该项分析步骤在讨论中总是被省略。该“既定的法律规则”因此主要基于草率的分析。[⑥]

三、控制并不必然导致信义义务

法院和评论者还主张股东承担信义义务是因为他们控制公司，而一个对他人财产行使控制权的人负有信义义务。[⑦] 这一理由相对的不会招人反对，虽然它也夸大了事实。实际上，信义义务源自依赖关系，而不是控制。通常，依赖关系包括受信人对受益人事务的控制成分，正如当委托人雇佣代理人在委托人不在的情况下担任总经理职务，或者担任受托人的情形。然而，并不是所有的信义关系采用这一形式。例如，律师通常没有充分的权力来构成对客户事务的“控制”；相反，是律师对法律知识更熟悉以及客户的相对脆弱地位创造了依赖。

而且，并不是所有控制他人财产的情形都构成信义关系。例如，保管人和承

---

① See id. at 710 – 11.

② 有趣的是，该既定的规则通常通过引用 Pepper v. Litton，308 U. S. 295，306（1939）案来支持。而 Pepper 案则引用了 Southern Pac. Co. v. Bogert，250 U. S. 483（1919）。但该案仅指出控制者必定是受信人，而对股东却什么也没说。

③ Weinberger，457 A. 2d at 710（citing Sterling v. Mayflower Hotels，93 A. 2d 107，110（Del. 1952））.

④ See Sinclair Oil Corp. v. Levien，280 A. 2d 717，720（Del. 1971）.

⑤ See Orman v. Cullman，794 A. 2d 5，20 n. 36（Del. Ch. 2002）.

⑥ Paula J. Dalley，The Misguided Doctrine of Stockholder Fiduciary Duties，33 Hofstra L. Rev. 175，fall 2004，pp201 – 202.

⑦ See Zahn v. Transamerica Corp.，162 F. 2d 36，42（3d Cir. 1947）.

租人都不承担信义义务。这些当事人被期望通过合同和法律规定来保护自身的利益。[①] 因此，单纯对他人财产的控制并不会招致信义义务。[②]

四、控制股东信义义务与美国基本法律原则相冲突

（一）控制股东信义义务原则与合同法原则相冲突

法院在任何情形下都不能根据自己的理解来重写当事人的协议。[③] 对股东施加信义义务违反了这一原则。股东协议中没有需要法院补充的漏洞。评论者一般假设少数股东本应该要求控制股东同意负有信义义务。[④] 但多数股东是否会同意放弃追求公司的利益，转而追求少数股东的利益？他们是否会如此做而没有要求少数股东支付更多的对价？[⑤]

事先的协议更为优先的理由之一是在协议签订的时候，当事人并不知道他们会处于什么地位，因此，他们更有可能进行讨价还价。当事人可以自己决定其他方当事人不良行为的损失风险，并决定他们愿意支付的降低该风险的价格。认为封闭式公司股东总是会谈判要求信义义务，而不改变投资价格最多是一种过分简单的假设。投资者是否会要求一种股东优先考虑其他股东个人利益而不是公司的利益的制度是特别值得质疑的。相反，当事人可能合理地同意优先保护特定个人，如果这样做会对所有当事人带来更多的收益。[⑥] 例如，在 Donahue 案中法院认为违反信义义务的股份回购实际上可能是对公司（而最终对股东）有重大益处的，如果允许该有序的管理变更。[⑦]

股东信义义务案件一般源自股东发现事情并不是所期待的情形之时，而他/她作出了一项不好的谈判。法院是否会救济该当事人谈判的结果？在美国法律系统中一般的答案是否，除非抱怨的当事人可以证明存在欺诈、强迫或者不正

---

① 在美国，房东/承租人和寄存都受丰富的普通法和成文法体系的规制，但这些体系不包括信义义务。

② 而且，正如下文所述，控制股东通常既不控制公司的经营，也不控制其财产。

③ See Nixon v. Blackwell, 626 A. 2d 1366, 1380 (Del. 1993).

④ See Douglas K. Moll, Shareholder Oppression in Close Corporations: The Unanswered Question of Perspective, 53 Vand. L. Rev. 749, 784 (2000).

⑤ See Melvin Aron Eisenberg, The Bargain Principle and Its Limits, 95 Harv. L. Rev. 741, 746 (1982).

⑥ See Frank H. Easterbrook & Daniel R. Fischel, Corporate Control Transactions, 91 Yale L. J. 698, 703-704 (1982).

⑦ See Frank H. Easterbrook & Daniel R. Fischel, Close Corporations and Agency Costs, 38 Stan. L. Rev. 271, 295 (1986).

直。[①] 法律假设当事人最知道他们自己的利益，他们理性地在价格和其他合同条款间作出权衡。[②]

（二）控制股东信义义务原则与公司法原则相冲突

股东信义义务还违反了公司法的基本前提，即股东作为财产所有者有权保护自己的利益。股东被允许为自己最大利益行事，即使如此做损害了公司或其他股东。[③] 控制股东可以拒绝同意出售公司，即使这一行为非常有利于股东，[④] 而且还可以以任何理由来清算公司。[⑤] 相似地，控制股东被允许接受控制权溢价。[⑥]

股东可以为自身最大利益行事的权利在表决的情形下特别明显。[⑦] 特拉华州法院从未认为股东以股东身份行为（即投票或出售）违反了对公司的义务或对其他股东的义务。另外，股东信义义务违反了基本的公司法假设，即股东不负责管理公司。股东控制公司事务的权力开始并终结于选择董事和就公司基本变动表决。任何进一步的控制权行使的尝试是无效的，因为这构成侵害董事的权力，并干涉了董事会遵守信义义务而行为的能力。[⑧] 即使在封闭式公司中，股东尝试行使控制权也只有在所有股东同意，并且债权人得到保护的情况下才能进行，或者公司章程明确地规定股东管理权。[⑨]

（三）控制股东信义义务原则与信义法原则相冲突

股东信义义务还与基本信义义务原则不相一致。信义义务适用于诸如代理人或受托人等有权行使委托人或受益人权力的情形。[⑩] 该种情形在正常公司股东之间并非一般性的存在。股东的权力是股份所有权赋予的，而非由任何人赋予

---

① See generally Melvin Aron Eisenberg，The Bargain Principle and Its Limits，95 Harv. L. Rev. 741，742（1982）.

② See Melvin Aron Eisenberg，The Limits of Cognition and the Limits of Contract，47 Stan. L. Rev. 211，213 - 25，211 - 212（1995）.

③ See Jedwab v. MGM Grand Hotels，Inc.，509 A. 2d 584，598（Del. Ch. 1986）.

④ See Bershad v. Curtiss - Wright Corp.，535 A. 2d 840，845（Del. 1987）.

⑤ See Mary Siegel，The Erosion of the Law of Controlling Shareholders，24 Del. J. Corp. L. 27，76 n. 248（1999）.

⑥ See In re Sea - Land Corp. Sholders Litig.，642 A. 2d 792，802（Del. Ch. 1993）.

⑦ See Tanzer v. Intl Gen. Indus.，Inc.，379 A. 2d 1121，1123（Del. 1977）.

⑧ See Charlestown Boot & Shoe Co. v. Dunsmore，60 N. H. 85，86 - 87（N. H. 1880）.

⑨ See Galler v. Galler，203 N. E. 2d 577，585（Ill. 1964）.

⑩ See Lawrence E. Mitchell，The Death of Fiduciary Duty in Close Corporations，138 U. Pa. L. Rev. 1675，1684 - 85（1990）.

的，[1] 因此不受信义义务的约束。[2]

法院和评论者有时拒绝董事，而不是股东管理公司的观点，特别是在封闭式公司。[3] 在很多情况下，控制股东、董事和公司总裁可能是同一个人，而当事人自身很少区别以股东身份行为和以董事身份行为。因为法律对同一个人的行为不同对待似乎是形式主义的，并违反一般理念。对此有两个回应。首先，法律一直作出此种区分并要求当事人作出此种区分，无论是否荒谬。税法、刑法[4]和其他公司法领域[5]非常重视这种股东和董事间的形式主义的区分。其次，该区分在描述上和标准化上都具有实践价值。例如，在公开公司，董事的角色和控制股东的角色保持分离，因为少数股东股份市场会要求董事的正式行为。[6] 只有在所有股东都参与管理的案件中，就像 Wilkes 案一样，此种股东行为和管理者行为的区分才是困难的。

导致信义义务出现的是滥用权力的危险，这些权力源自替代和权力委任的结合。此种危险并不存在于控制股东情形，因为没有替代和委任。据称少数股东的脆弱性源自不平等的财富、不平等的谈判能力或缺乏熟练性。法律通过严格的有限方式来表述这些脆弱性，例如不真诚、欺诈或强迫等。[7] 然而，通常法律不处理这些脆弱性，特别是在商业背景下，因为对更为优越的技能或投资的奖励是有效市场的必要特点。另一方面，信义义务用来处理潜在的权力滥用，[8] 而熟练性、财富或谈判能力都无法消除此种潜在的滥用。[9] 这一特点在股东间的关系中也不存在。少数股东完全有能力通过合同保护自己的权利（雇佣、担任董事、定期分配或其他投资回报等）。

封闭式公司股东可以选择直接管理公司，但如果他们这样做的话，他们应该

① See Jay H. Knight, Merger Agreements Post – Omnicare, Inc. v. NCS Healthcare, Inc.: How the Delaware Supreme Court Pulled the Plug on "Mathematical Lock – Ups," 31 N. Ky. L. Rev. 29, 45 (2004).

② See Mary Siegel, The Erosion of the Law of Controlling Shareholders, 24 Del. J. Corp. L. 27, 36 (1999).

③ 虽然股东通过选举董事间接控制公司政策，像其他股东投票一样，法律将选择董事视为股票所有权的行使行为。在投票的时候，股东是代表自身行为的，因此他们不受信义义务的约束。即使那些处于信义关系的人，在他们互相对立行为时（例如在谈判薪酬之时），也被认为受不同的标准约束。See Restatement (Second) of Agency §390, 392 (1958).

④ See Cedric Kushner Promotions, Ltd., v. King, 553 U.S. 158, 163 – 64 (2001).

⑤ See James D. Cox et al., Corporations § §7.4 – 7.5 (1997).

⑥ See Victor Brudney, Contract and Fiduciary Duty in Corporate Law, 38 B.C. L. Rev. 595, 618 (1997).

⑦ See generally, Jordan v. Duff, Inc., 815 F.2d 429 (7th Cir. 1987).

⑧ See Tamar Frankel, Fiduciary Law, 71 Cal. L. Rev. 795, 810 (1983).

⑨ See Eileen A. Scallen, Promises Broken vs. Promises Betrayed: Metaphor, Analogy, and the New Fiduciary Principle, 1993 U. Ill. L. Rev. 897, 922 (1993).

受与董事相同的义务的规制。[①] 在其他案件中，法律明确的禁止股东，即使是控制股东，以股东身份直接管理公司。[②] 因此让股东承担信义义务不仅是无条理的，而且是不公正的。[③]

五、结论

信义义务是一种受信人（fiduciary）为了委托人的最大利益行事的义务，因此应该是一种利他性的义务。当受信人和受益人对财产分享所有权，并且这是二者关系展开的核心时，基本的完全利他性的假设变得不真实。当然，利益冲突在个人间经常存在，没有理由怀疑这会因为单纯地关系被命名为信义关系而有所改变。传统信义分析的解决方法是取消受信人从此种关系中获取任何收益的资格。这避免了受信人不得不平衡自身利益和受益人利益的难题，并简化了法院的分析。[④] 这种解决方法反映了要求受信人否定自我利益是有利于社会的观点。然而，执行此种标准的代价是某种程度的效率损失，这一结果可以解释公司法中对董事、高级管理人员从严格的信义标准向更为宽容的规则转变的大趋势。[⑤] 所以，信义义务从过去的完全避免自我利益发展到在一定程度上承认自我利益，这也是合伙中合伙人信义义务的特征。

但这种允许自利并不能使股东信义义务正当化，因为，受信人另一个特征是代替他人行为，也就是从事的是他人的行为，而非自己的。这是支配性信义关系的特点。本来信义关系都是支配性的，但合伙的出现使得信义关系拓展到非支配的平等关系。但从某种意义上来说，合伙人由于对合伙企业的债务承担无限责任，因此实际上在处理他人的全部财产，这符合信义关系的特征，因此法律规定其负担苛重的信义义务。但公司股东对公司的债务只承担有限责任，他的其他财产并不处于风险之下。因此，将信义义务扩展到这种非支配关系之中是不适当的。

---

① See Del. Gen. Corp. Law § 351 (2001).

② Arthur R. Pinto, Corporate Governance: Monitoring the Board of Directors in American Corporation, 46 Am. J. Comp. L. Supp. 317, 327 (1998).

③ Paula J. Dalley, The Misguided Doctrine of Stockholder Fiduciary Duties, 33 Hofstra L. Rev. 175, fall 2004, pp208 - 212.

④ See DeMott, Beyond Metaphor: An Analysis of Fiduciary Obligation, 1988 DUKE L. J. 879, at 882.

⑤ See Bulbulia & Pinto, Statutory Responses to Interested Directors' Transactions: A Watering Down of Fiduciary Standards?, 53 NOTRE DAME LAW. 201, 203 - 04 (1977).

实际出资人股东资格认定标准的比较法研究

梅慎实[*] 张 涛[**]

实际出资人是指虽然实际出资认缴或认购了公司的资本，但在股东名册、公司章程和工商登记文件中却记载为他人为名义股东的投资者。在近些年的公司法类案件中，实际出资人股东资格认定的纠纷较多且逐年递增，已经成为公司类案件中的重大疑难问题之一。但是，我国现行《公司法》没有对实际出资人股东资格认定问题作出明确规定。尽管有学者主张："在中国，隐名出资人法律地位这一命题并不是解决隐名出资问题的先验的前提，而应当是在相关法律关系都得到明确界定后反推的结论。"①"在某种意义上讲，隐名出资的法律问题更多的是法律适用方面的问题而非理论重构的问题。"②但我们认为，确定实际出资人的法律地位仍然是解决有关纠纷的基础和核心，而且在理论上探讨和确定其股东资格和法律地位仍是必要的。如实际出资人要求确认其股东资格没有法律依据，就会使其面临很多法律风险。因此，2010年12月，最高人民法院通过的《关于适用中华人民共和国公司法若干问题的规定（三）》（以下简称《解释三》）对实际出资人的权益问题做出了初步规定，有一定的指导作用，但是并没有对实际出资人取得股东资格作出明确规定，本文试图为实际出资人股东资格问题的立法完善提出一些有益的思路。

一、股东资格认定标准的传统观念与突破

传统上，投资者出资，则取得公司股东资格，因而在股东与公司之间的关系上，股东可依据股东名册主张股东资格，公司亦可依据股东名册的记载识别股东身份，并认可记载于股东名册的人有权出席股东（大）会、行使表决权、利润

* 中国政法大学民商经济法学院商法研究所教授、法学博士。

** 中国政法大学2010级民商法研究生。

①② 刘邵华：《有限责任公司隐名出资法律问题研究》，中国人民公安大学出版社2012年版，第53页，第39页。

分配权等股东权。出资是取得股东资格的方式，但是否只要出资就必然能够取得股东资格或者享有股东权利呢?

《公司法》关于股东的出资规定，主要包括出资数额、出资方式以及缴纳期限等方面。而分期缴纳出资的规定，虽简化了公司设立难度，但也易于导致不能完全履行出资义务的现象产生。于是，公司法的规定是以实际出资享有权利，以认缴出资承担义务为原则。由此看来，即使未完全缴纳出资也并不否定股东资格的取得。但问题的关键是，股东资格是股东与公司之间的关系，而这种关系的成立又不是一步完成的，证明这种关系存在的证据也并不是仅仅出资这么简单。双方之间是否有出资的“合意”、出资证明书、股东名册、工商登记又如何作出记载，如此等等环节如果不是环环相扣，就难免出现问题和纠纷了。

学界一般将虽出资但并未记载于有关文件的出资人称为隐名出资人，而《解释三》以实际出资人概括之。其原因主要在于：二者的外延存在差别。隐名出资人主要是指向公司出资但在股东名册或工商登记未被记载的投资者，而且其身份并不为公司及其他股东知情。实际出资人不但包含了隐名的情形，还包括向公司出资，虽未被记载但公司或其他股东对此知情的投资者。这也主要是为了涵盖实践中出现的新情况：有的实际出资人向公司出资后，参与公司经营，甚至在公司行使股东权利、履行股东义务，只是单纯未被股东名册或工商登记记载而已。即，实际出资人的外延大于隐名股东的外延。

股东资格认定依据包括实质依据和形式依据。① 实质性依据主要包括实际出资、签署公司章程、出资证明书及实际享有和行使股东权利。形式依据包括工商行政管理部门对公司股东的登记、公司章程和股东名册的记载。② 既然完整的股东资格存在实质和形式这两个组成部分，那么就难免出现二者不一致时的矛盾现象，如此究竟以何者为准呢？关于实际出资人到底是否为公司股东这一问题，学术上主要有三种学说。第一是实质说，即谁实际投资谁是股东；第二是形式说，即被登记者为股东，否则会导致公司登记注册、管理的合法性和公示公信力受到

---

① 有学者主张从主观和客观两方面来认定公司股东身份。主观方面是指具有设立公司的主观意思表示和成为公司成员的意思表示；客观方面即履行出资义务。只有同时具备主客观两方面，才能认定具有股东资格。

② 虽然学者将认定股东资格的依据分为实质性依据和形式性依据，但是对于二者各自的范围或内容则又有不同的观点。有学者认为“公司章程记载、工商注册登记、公司向股东签发的出资证明书、股东名册记录等属于形式证据。实际出资、享有实际权利、股权取得协议等则为实质证据”。王岩：《论隐名股东的实质性要件》，载《行政与法》2009年第10期，第94页。

挑战。在此又存在究竟以股东名册登记、工商登记还是公司章程记载[①]为准的分歧；第三种是内外区别说，即，区分法律行为是对内还是对外，股东身份的认定是否涉及第三人，进而决定是确认还是否定实际出资人的股东资格。

二、学界关于实际出资人股东资格认定标准的主张与评述

（一）实质说

实质说，又称肯定说，它是以出资与否作为认定股东资格的标准。这也正如有的学者所指出的："公司股东是指公司的出资人在向有限责任公司或股份有限公司履行了出资义务后，对公司享有权利、承担义务者……公司股东资格的取得以对公司出资为最基本条件。"[②]"在世界范围内，自从公司制度出现以来，以出资作为取得股东资格的方式，从来就是最主要的、最为核心的法律方式。"[③]即出资者享有股权。

在法律未禁止隐名投资的情况下，从鼓励投资和私法自治角度，实质说主张肯定了实际出资人的股东法律地位。这的确在追求当事人之间的真实意思表示、私法自治原则方面具有重大意义。但是，如果实际出资人突然显名则会导致原有法律关系的破坏和混乱，而且有限公司股东之间的信任性特征以及商事外观主义原则同样需要得到尊重和保护，而这又是实质说所不能兼顾的一方面，因而其局限性显而易见。

（二）形式说

形式说，又称否定说，它是以是否被记载于股东名册、公司章程及公司登记文件等形式作为认定股东资格的标准。这也正如有的学者所指出的："依外观主义，在交易过程中，凡是能够识别为典型的权利或意思的一种表现形式。即使其真实权利或意思的状况不相符合，法律仍通过以权利或意思的表现形式推定权利或意思的基础。"[④]"《公司法》第33条第2款[⑤]隐含的推论就是，未记载于股东名册的隐名出资人不能向公司要求行使股东权利，隐名投资人不能行使股东权利

---

① 在工商部门登记的经股东签署的公司章程在公司内部是确定股东身份及其权利义务的主要依据，具有对抗股东之间其他约定的效力，对外具有公示的效力，是相对人据以判断公司股东的依据，并认为签署公司章程对股东资格的认定具有决定性的意义。蒋大兴主编：《公司法律报告》，中信出版社2003年版，第364页。

② 王保树主编：《商法原理与实务》，北京大学出版社2002年版，第93～94页。

③ 虞政平：《股东资格的法律确认》，载《法律适用》2003年第8期，第70页。

④ 丁南：《论民商法上的外观主义》，载《法商研究》1997年第6期，转引自刘阅春：《有限责任股东身份认定的法理分析》，载《人民司法》2003年第12期。

⑤ 《公司法》第33条第2款规定：记载于股东名册的股东，可以依股东名册主张行使股东权利。

的原因在于股东是一种和公司的关系，股东名册上记载的股东是公司承认的股东；非经登记的股东如果没有行使股东权利，公司可以免责。”①

不过，本文认为，形式说维护了商事外观主义和公示公信原则，但却对于实际出资人的保护又是不利的，对于实际出资人的保护存在不足之处。前述学者针对第二款的推论是不严谨的，记载于股东名册的股东，可以依据股东名册主张股东权利，并不能得出未记载于股东名册的股东就不能向公司主张行使股东权利。如果要做推论，至多只能推论出：未记载于股东名册的股东不能依据股东名册主张股东权利，至于能否依据其他证据材料主张行使股东权利的证据则另当别论，而不是不能主张股东权利。

（三）内外区别说

内外区别说，又称折衷说，它认为，不能简单地依据出资或者被记载于股东名册、公司章程及公司登记文件等形式作为认定股东资格的标准，而应该具体情况具体分析，坚持“双重标准，内外有别”的原则。这也正如有的学者所指出的：“以实际出资人股东身份的认定是否涉及公司及公司股东以外的第三人的利益为标准，意思自治原则是处理公司内部关系纠纷的主要依据，商事公示主义和外观主义是处理公司外部纠纷的主要依据。”②“在目前理论没法达成一致的情况下，司法实践部门可以采纳这样一种观点，即区别不同情况分别适用，如涉及第三人债权纠纷的争议，以工商登记材料为准进行处理；涉及股东与公司之间的争议，以股东名册为准；涉及发起人股东之间的争议适用公司章程处理。”③“形式证据的功能是对外的，是为使相对人易于判断和辨识。它在与公司以外的第三人的争议中对于股东资格的认定比实质证据更有意义……实质证据的功能主要是对内的，用于确定股东之间的权利义务。在解决股东之间的争议时其意义优于形式证据。”④ 依据《公司法》第33条第2款和第3款的规定，处理公司内部股东资格确认纠纷时，以公司股东名册作为确认股权的依据，股东名册变更是股权变动的生效要件；当与公司之外的第三人发生纠纷涉及股东资格确认时，以工商登记作为确认股权的依据，工商登记变更是股权变动的对抗要件。⑤

---

① 徐艳萍：《有限责任公司隐名股东资格确认问题研究》，载王延川主编：《公司法上的合约》，法律出版社2011年版，第175页。

② 赵万一、吴晓锋：《商事思维下的公司法实务研究》，中国法制出版社2009年版，第35～38页。

③ 上海市高级人民法院编：《公司法疑难问题解析》，法律出版社2004年版，第69页。转引自董景山：《有限公司隐名股东与显名股东法律地位刍议》，载《理论界》2009年第3期，第95页。

④ 范健：《公司法》，法律出版社2006年版，转引自王岩：《论隐名股东的实质性要件》，载《行政与法》2009年第10期，第92页。

⑤ 赵旭东主编：《公司法学配套教学案例分析》，高等教育出版社2009年版，第168页。

本文认为，工商登记是对抗要件甚为合理，且已为我国《公司法》所确认，当不存异议。“工商登记记载的股东姓名或名称并无创设股东资格的效力。就股东资格而言，工商登记并非设权性登记程序，而是宣示性登记，只具有对善意第三人的证权功能。”① 确认股权的依据只能有一个，搞双重标准②必然会出现再次导致矛盾的情况。而且既然是对抗要件，就不是确认股东资格的依据而是对抗第三人的依据。确认与对抗是两个完全不同的概念，适用于不同的情形，二者不相同也并不矛盾。“公司法以股东名册、工商登记确认股东资格解决的只是股权形式认定问题，是法律从形式上对股东资格做出的推定，这与股权的实质认定并不矛盾。隐名股东完全可以根据协议等证据证明自己的股东身份，从而要求法院对自己的股东身份做出实质认定，推翻法律形式上的认定，变更股东名册，行使股东权利。”③

内外区别说虽然其具有“一分为二”来看待实际出资人问题的理论优越性，但依然存在理论前提不充分等缺点，其理论前提是个人法与团体法这种划分的内涵与外延在逻辑上清晰可辨，可实际情况却并非如此。④ 双重标准使得一个隐名投资行为所导致的“股东”地位处于不确定状态，而且同一个出资行为催生了两个截然不同的“股东”。

通常来说，股东应该是一个完整的概念范畴，应当同时兼具对内和对外的法律效力。并不能为了明确实际出资人的股东地位而人为地将其割裂为两个不同的概念。就实务而言，内外区别说在遇到一些同时涉及内部法律关系与外部法律关系的行为时，就无法适当地解决其具体关系。在公司外部法律关系中，实际出资人不能被视为公司股东，实际出资人不具备公司股东资格。那么，其所拥有的股权自然也就无权转让，即使已经转让完成，也不能对抗第三人。但是，如果按照内部法律关系而言，实际出资人则具备公司股东资格，被视为合法的公司股东。

---

① 赵晖，赵艳洁：《挂名股东与隐名股东的股权之争》，载《江苏经济报》2003 年 5 月 21 日（C04）. 转引自：王岩：《论隐名股东的实质性要件》，载《行政与法》2009 年第 10 期，第 92 页。

② 同样持类似双重标准的观点，参见董景山：《有限公司隐名股东与显名股东法律地位刍议》，载《理论界》2009 年第 3 期，第 95 页。笔者认为：我国《公司法》第 33 条第 3 款规定：“公司应当将股东的姓名或者名称及其出资额向公司登记机关登记；登记事项发生变更的，应当办理变更登记。未经登记或者变更登记的，不得对抗第三人。”该款虽没有隐名股东的字眼，但分析其含义，我们可以得出以下结论：其一，公司法认可隐名股东的情形存在。该款指出未经登记或者变更登记的法律后果是不能对抗第三人，而并非不具有股东资格。其实际隐含地认可隐名股东在一定条件下具有公司股东的法律地位。其二，对第三人而言，未经登记或者变更登记的隐名股东不能对第三人产生对抗效力。通俗地说，在第三人眼中隐名股东不是公司股东。

③ 赵旭东主编：《公司法学》（第二版），高等教育出版社 2006 年版，第 314 页。

④ 周荃：《我国隐名出资人的股东资格认定问题——从隐名代理制度寻找突破》，载《经济导刊》2009 年第 12 期，第 78 页。

如果公司其他股东知悉并同意其转让股权的行为，那么，该实际出资人的转让行为应该是合法有效的，但外部关系中又不承认其股东地位，第三人则无法取得该股权。同样，如果名义股东擅自处分其名下的股权，按照内外区别说，该处分行为属于外部关系，从而导致该擅自处分行为能够有效完成，就违反了民法及商法的一般原理。由此可见，内外区别说在实际操作中并非完美的解决方案。因此，本文认为，这种为了解决问题，人为割裂具体概念的观点并不十分妥当。况且，此时双重标准保护善意第三人的初衷，实施的结果也未必令人满意。因为一个根据公示信息作出与公司进行交易决定的第三人，如果知道公司的隐名投资情况，尤其是实际出资人能够对公司产生重大影响的时候，完全可能会作出相反的决定，此时该如何呢？双重标准似乎也不能有效保护善意第三人。

三、国外关于实际出资人股东资格认定标准的观点及立法例

（一）英美法系国家

2006年《英国公司法》第112条规定：公司备忘录①的认购人视为同意成为公司成员，并且基于公司登记而成为公司成员，必须据此被记载于其成员登记册。同意成为公司成员并且其名称被记载于成员登记册的每个其他人是公司成员。② 同时该法第126条规定："明示、默示或者拟制的任何信托的通知，不得记载于在英格兰和威尔士或北爱尔兰登记的公司的成员登记册，或者登记官不可接收。"③据此，我们可以理解《英国公司法》对于认定股东资格的要件包括同意成为成员与在成员登记册上进行登记。

在KAREN SHAW and FORREST FOSTER诉AGRI－MARK，INC这一涉及实际出资人是否享有公司账簿和记录查阅权案件中，特拉华州最高法院法官明确指出："作为股东的公司成员只有是在公司股东账簿上登记的股东。否则，必然导致公司混乱。""原告基于他们作为公司的真正所有人与从事实际经营的公司管理人员之间的信义关系可以主张一定的权利，但是这些权利的属性不会扩展到或者包括具有登记股东的属性。我们的公司法一向将股东权利限于登记股东。"④从中我们可以看出，法官坚持了以股东名册判定股东身份的原则。

---

① 《英国公司法》第8条规定：备忘录是载明认购人以下事项的备忘录（a）希望本法组建公司，以及（b）同意成为公司成员，并且对于具有股本的公司，每个认购人至少认购一股；备忘录必须以规定格式做成并经每个认购人确认。

②③ 葛伟军译：《英国2006年公司法》（2012年修订译本），法律出版社2012年版，第68页、第76页。

④ 周建伟：《美国公司法判例一则——非登记股东无公司账簿和记录的查阅权》，载中国民商法律网，网址：http：//www.civillaw.com.cn/article/default.asp？id＝30670，于2013年3月25日访问。

美国国家州法律统一委员会修订的《美国商业公司法》（修正版示范文本）中明确规定：股东是指在公司记录中股票以其名义注册的人或者股票的受益所有人，后者的权利以公司存档的指定人证书所赋范围为限。[①] 可见，美国公司立法将股东分为两类：一是以自己名义持有股份并记载于股东名册者，强调公司登记簿在认定股东资格方面的重大作用。二是股份受益权人，其受益权是在公司存档的股份代管人证书上赋予的。由于英美法不受一物一权、物债二分原则的约束，其将普通法和衡平法上的双重所有权观念应用到公司法领域。在前述股东定义中，以自己名义记载于股东名册的股东享有普通法上的所有权；而在公司股东登记簿明确记载以他人名义代持股份的股份受益权人，一般是实际出资人，享有衡平法上的所有权。同时，美国信托制度作为衡平法上重要的制度之一，就是按照受托人作为普通法所有权人，受益人为衡平法上所有权人的基本思路构建的。因此，在美国，隐名投资现象中各主体之间的关系依靠其发达的信托制度得到了很好的解决。

同时，《美国统一有限责任公司法案》中，第111条认为，能够成为有限责任公司股东的人是认可operating agreement的，即认可经营协议（包括出资协议与公司章程两者的含义）。[②] 可见，美国法与英国法都将认可股东之间的合意作为出资人成为股东的核心认定标准，并强调登记对于确认股东资格的作用。所以，在英美国家，实际出资人股东资格是否能够得到承认，并未依据单一的统一标准。虽坚持股东名册优先的原则，但实际出资人的股东资格并非绝对不能得到承认。

（二）大陆法系国家

英美法系国家的双重所有权无法在大陆法系的民法基本原理层面找到合理性基础。德国学者认为，现有的框架体系已足以实现信托制度的功能，信托法律关系完全可以用民法理论予以解释和重构，所以在德国法中，信托机理适用范围是很有限的。德国学者认为，“通过参与公司设立或者认购增资时的一份原始出资，就产生了身份的原始取得。派生取得可以是基于继承或者生前法律行为。”[③] 德国公司法对于外观主义的坚持，使得公司的设立程序要求极为严格。德国有限责任公司的成立，需要公司章程的缔结，而公司章程的缔结又需要公证形式。为了清楚验证人的身份，签署公司章程又必须经官方认证。《德国有限责任公司法》

---

① 沈四宝编译：《最新美国标准公司法》，法律出版社2006年版，第19页。

② 周荃：《有限责任公司股东资格法律制度研究》，武汉大学2010年博士学位论文。

③ ［德］格茨·怀克、克里斯蒂娜·温德比西勒：《德国公司法》，殷盛译，法律出版社2010年版，第340页。

第2条规定："章程须用公证形式"，第8条第1项规定：申请时必须附具"由申请人签名的股东名单，其中记明股东的姓名、职业、现住所以及各股东认购的出资额。"显而易见，在有限公司的设立阶段，公司的股东身份需要以公证的形式进行确认。通过公证的确认机制和商事登记的公示机制的双重作用，对股东身份予以明确界定。

德国股份公司的规定更是清楚无疑，《德国股份公司法》第67条第2款规定：在与公司的关系中，只有在股票登记簿上登记的人，才能成为公司的股东。显然德国法上将登记这样的形式要件当作最为核心的认定标准。"对于股份的获得，股东名册的变更不是生效性的。但在与股份有限公司的关系上，只有被登记的人才具有作为股东的合法性。"[①] 当然，德国法坚持以股东名册作为认定股东资格的依据并非不强调出资的重要性。其对出资这一要件亦做出了包括法律责任在内的一系列完善规定。

从文本来看，德国法对隐名投资现象中的实际出资人的股东地位是持否定态度的，即使实际出资人与名义股东之间有关于股权归属的明确安排，也仅仅具有合同法层面的效力，不产生公司法上的效果。

日本公司法没有直接规定实际出资人股东资格确认问题，但根据《日本公司法》第130条第1款[②]、第908条[③]的规定，明确了章程及股东名册的效力，给股东资格的认定奠定了法律基础，对于不符合客观实际的登记，采取的是保护善意第三人利益的原则。对此，"学界通说认为，应区分内外关系。对内关系上，由于股份认购合同属于一般私法上的法律行为，应准用民法上隐名代理规则，由实际认购人享受利益承担责任。对外关系上，出于维护股东名册'效力划一化'考虑，只能由名义股东向公司主张权利。"[④] 判例亦持相同主张。[⑤]

总体来看，不论是英美法系国家还是大陆法系国家都没有确立股东资格的唯一确认标准，并且又都既重视出资或合意这样的实质条件，又强调记载于股东名册等形式条件。以此，既保障当事人之间的合意，又实现交易的安全与效率。

---

① ［德］格茨·怀克、克里斯蒂娜·温德比西勒：《德国公司法》，殷盛译，法律出版社2010年版，第561页。

② 非将其股份取得人的姓名或名称及住所记载或记录于股东名册，股份转让不得对抗股份有限公司及其他第三人。

③ 依本法规定应登记的事项，非在登记后，不得以此对抗善意第三人。即使在登记后，第三人因正当事由不知道该登记的，亦同。因故意或过失登记不实事项的人，不得以该事项不实，对抗善意第三人。

④⑤ 陈国奇：《日本学者关于股东身份认定标准的若干见解》，载中国民商法律网，网址：http://www.civillaw.com.cn/article/default.asp?id=22995，于2012年7月20日访问。

四、我国关于实际出资人股东资格认定标准的方向：《解释三》的路径及其完善

不可否认，实质说、形式说以及业已成为通说的内外区别说各有其合理之处。但是恰如前文所述，也各有其不能解决的问题。虽然内外区别说较好地吸收了实质说和形式说各自的优点并避免了其不足，但双重标准也带来了其自身不能克服的问题。本文认为，有条件地承认实际出资人的股东资格不失为目前恰当的解决问题的方式，《解释三》也正是采用了该种观点。《解释三》也回应了《公司法》第33条，即不能一概认为名义股东是公司股东，从而对《公司法》所规定的登记的效力做了进一步解释，不可仅仅依靠登记确定股东身份。① 但是否赋予实际出资人股东资格，承认其股东地位，《解释三》还应明确以下几点：

（一）实际出资问题

出资是实际出资还是认缴出资？“在讨论实际出资人股东资格确认的实质要件时笼统地使用“出资”概念而不对其进行剖析，将可能难以准确论述有关问题。”② 《公司法》没有对“出资”概念进行这样区分，而《解释三》和上海、江苏等地高级人民法院的解答中明确使用了“实际投资”或“实际出资”等字眼，但这些规定并不完全一致。③ 在司法实践中，也有法院在隐名出资人由于公司设立登记申报人的故意而没有在公司章程、股东名册和工商登记中记载其姓名且没有实际出资的情况下承认其股东资格的判决。④ 本文认为“出资”应理解为是法律行为为妥，不仅需要有认缴出资的事实，还应当包含实际出资人作为股东投资于目标公司的意思表示。毫无疑问的是，出资必须是其核心要件，《公司法》关于有限责任公司设立的规定中，在公司成立之前，就直接规定“股东”

① 有学者主张《解释三》第25条明确了实际出资人与名义出资人之间的权利义务关系，采纳了股东身份判断的实质标准，以实际出资为基础确认隐名股东的存在和地位。参见王天玉：《隐名股东投资合同解析——以《公司法解释（三）第25条为基础》，载《东北师大学报（哲学社会科学版）》2011年第5期，第205页。

② 罗芳：《我国隐名股东资格确认的实质要件探析——以公司内部关系为背景》，载《经济师》2011年第1期，第86页。

③ 《北京高院意见》的规定很概括，未明确将实际出资作为确认隐名股东资格的实质要件；《上海高院解答》和《山东高院意见》并没有规定在隐名投资不由隐名股东和显名股东约定产生的情况下是否将“实际出资”作为认定隐名股东资格的条件；而《江苏高院意见》没有区分隐名投资是产生于约定，还是由于办理注册登记的人的过错致使错误登记或者漏登的不同情况下。

④ 罗芳：《我国隐名股东资格确认的实质要件探析——以公司内部关系为背景》，载《经济师》2011年第1期，第86页。详情参见（2009）浙温商终字第755号民事判决书，“苍南县龙港城北环卫保洁有限公司与杨秋英股权确认纠纷上诉案。”

如何，此时之所以认为是股东，是因为其具有成为股东的意思表示，并积极履行成为股东所应尽的义务。由此观之，成为股东的真实意思表示也不可或缺。

那么，是否应该将“实际出资”作为认定实际出资人股东资格的条件呢？本文认为应分成两段来看。首先，在《公司法》已经承认认缴出资即可成为股东的情况下，对于隐名投资而言，在法律规定的缴纳期限届满之前，并没有必要设立更为严格的标准。其次，对于期限届满之后，发生的纠纷，应当按照实际缴纳出资义务来要求，这也符合权利义务相一致原则。否则，如果承认其股东地位，再要求其补足差额则存在一定的风险，同时也会产生，是否需要对其他股东承担违约责任的问题。

鉴于非一人有限责任公司同时具有资合性和信任性两个特征。因此，在讨论实际出资人股东资格确认的实质要件时应结合这两个特征来研究。在讨论确认实际出资人股东资格的实质要件时只提及“出资”这一实质要件，实际上只考虑到了有限责任公司资合性的特点，有一定片面性。

资合性实质要件是指与有限责任公司的该特征相应的确认实际出资人股东资格的实质要件，涉及隐名股东的“出资”。① 信任性实质要件的具体内容：首先，应考虑需获其认可的其他股东（实际出资人和名义股东除外的股东）的人数。对此又因股权是因原始取得还是继受取得而不同，原始取得需要一致同意，而继受取得类似股权对外转让，应其他股东过半数同意即可。其次，其他股东认可的时间点。纠纷发生前不知情的，以庭审时为准。知情的，以知情时为准。避免出尔反尔。②本文认为，究竟其他股东需要多少人的同意并不能像《解释三》所采用的单一标准，即过半数同意。在实践中很多情况是实际出资人、名义股东都是公司的现实股东，只是实际出资人部分出资在名义股东名下，在此情况下，承认实际出资人对部分出资享有股权与股权内部转让无异，应采取股权转让自由原则。

（二）实际行使股东权利问题

“实际行使股东权利是否是取得股东资格的必要条件，对于这一问题虽不能肯定但也绝不能否定。有学者主张“从行为的法律效力来看，行权式实际出资人不具有享有股东资格的合法性。行权式实际出资人一方面自己亲自行使股东权利，另一方面却要隐匿自己的真实身份，以非自己的名义记载于公司文件，明显地表明其意思表示不真实，不符合民事法律行为要件之要求。”③ 实际上，此举

---

①② 罗芳：《我国隐名股东资格确认的实质要件探析——以公司内部关系为背景》，载《经济师》2011 年第 1 期，第 86 页、第 87 页。

③ 沈贵明：《股东资格研究》，北京大学出版社 2011 年版，第 211 页。

并不合适，因为在实务上，即使是正常投资情况下的股东也有股东权被剥夺或限制的情况，因此，不能单以未实际行使股东权否定股东资格。① 在《最高人民法院对江苏省高级人民法院关于中国电子进出口公司江苏公司与江苏省信息产业厅等股权纠纷一案请示的答复》中，最高人民法院对于实际出资人在争议前实际行使股东权的态度时认为：在实际出资人和名义股东之间对于隐名投资没有明确约定一方形式投资、另一方实际投资，“似可认定”实际出资人的股东权利。据此推定，最高人民法院并没有将实际出资人在争议前实际行使股东权作为确认其股东资格的必要条件。《解释三》也并未把实际行使股东权利作为认定股东资格的依据，这值得肯定。毕竟股东权利的取得和行使的基础在于股东资格的取得，不能因行使股东权利而倒推股东资格，此举属于因果倒置的不合理推论。因此宜理解为，实际出资人已实际行使股东权对确认股东资格具有辅助意义。这主要表现在其他股东没有书面认可的时候有助于法院判断其他股东是否已认可实际出资人的股东资格。如果在纠纷发生前实际出资人已实际行使了“股东权”，而其他股东知晓该事实并未明确反对承认其股东资格的，那么可视为其他股东已默认了实际出资人的股东资格。②

此外，应区分其他股东“明知”实际出资人在纠纷发生前行使股东权和其他股东“认可”实际出资人的股东资格。因为是否实际行使股东权利对确认股东资格影响几何，单独来看，似乎影响不大。但是如果将行使股东权利与其他股东是否对隐名投资情况知情结合起来考虑，问题便显得复杂了。实际出资人行使股东权利与其他股东对于实际出资人与名义股东之间的投资关系是否知情并不完全相同。《上海市高级人民法院关于审理公司纠纷案件若干问题的解答》（简称《上海高院解答》）第1条把半数以上其他股东“明知”实际出资人出资作为确认隐名股东资格的条件之一。而《江苏省高院关于审理适用公司法案件若干问题的意见》（简称《江苏高院意见》）第27条规定的是，其他股东对实际出资人的股东资格予以“认可”。在司法实践中，不同法院对于其他股东“明知”和“认可”的效力的认定也是不同的。③ 因此，在以实际出资人已实际行使股东权来判

---

① 目前理论界也有人持相同观点，参见王俊华：《试析隐名股东投资者的股东资格认定》，载《财经论坛》2007年第10期。何渡：《公司纠纷案件审理的动向及思考》，载《判解研究》2009年第5期。

② 司法实践中也有法院以此断定其他股东已默认隐名投资人的股东资格并作出了确认判决。详情请参见：谢兴达与北京上地科技投资有限公司股东权纠纷上诉案。北京市第一中级人民法院，（2009）一中民终字第19145号民事判决书。

③ 详情参见：（2000）沪二中经终字第350号民事判决书。来源于“北大法宝”中国司法案例数据库，网址：http：//vip. chinalawinfo. com/case/displaycontent. asp？Gid = 117442991&Keyword =，于2012年8月29日访问。

断其他股东是否认可其股东资格时，应综合考虑各种因素，不能单以实际出资人已实际行使股东权就认定其他股东“认可”了其股东资格。

（三）其他股东的同意权问题

多数学者认为，承认实际出资人为股东，则类似于股权的对外转让。既然股权转让存在内外之分，那么何以见得就一定是对外转让呢？实际出资人的身份在不确定的情况下，一概认为是对外转让并不合适。毕竟实际出资人也有可能本身就是公司的股东。因此，对于其他股东的同意权既要区分“明示同意”与“默示同意”，也要区分股权是“对外转让”还是“对内转让”。

同样，不能以公司认可实际出资人的股东资格代替其他股东的认可。《上海高院解答》第1条的规定似将公司认可实际出资人的股东资格作为确认股东资格的信任性实质要件。在司法实践中，也有法院以公司认可实际出资人的股东资格来代替其他股东的认可。以公司认可实际出资人的股东资格代替其他股东的认可并不妥当。[①] 因为公司和其他股东是不同的主体，有各自独立的人格。公司意志和股东意志是不同的，《公司法》规定的股权转让规则是，除章程另有规定外，股东同意权实行人头多数决，这可能与公司意志的形成并不一致。公司知晓隐名投资和认可实际出资人的股东资格并不代表所有的或过半数的其他股东一定知晓并认可。

《解释三》第23条[②]规定确认享有股权只需证明实际出资即可，但是25条[③]却又规定变更股东名册还需其他股东过半数同意，既然享有股权为什么变更股东名册还需要其他股东过半数同意呢？同时，《解释三》单纯规定同意权，却未规

---

① 详情参见：（2008）崇民二（商）初字第381号民事判决书，来源于“北大法宝”中国司法案例数据库，网址：http：//vip. chinalawinfo. com/case/displaycontent. asp？Gid = 117606830&Keyword = ）。罗芳：《我国隐名股东资格确认的实质要件探析——以公司内部关系为背景》，载《经济师》2011年第1期，第87页。

② 第23条：当事人之间对股权归属发生争议，一方请求人民法院确认其享有股权的，应当证明以下事实之一：

（1）已经依法向公司出资或者认缴出资，且不违反法律法规强制性规定；

（2）已经受让或者以其他形式继受公司股权，且不违反法律法规强制性规定。

③ 第25条：有限责任公司的实际出资人与名义出资人订立合同，约定由实际出资人出资并享有投资权益，以名义出资人为名义股东，实际出资人与名义股东对该合同效力发生争议的，如无《合同法》第52条规定的情形，人民法院应当认定该合同有效。

前款规定的实际出资人与名义股东因投资权益的归属发生争议，实际出资人以其实际履行了出资义务为由向名义股东主张权利的，人民法院应予支持。名义股东以公司股东名册记载、公司登记机关登记为由否认实际出资人权利的，人民法院不予支持。

实际出资人未经公司其他股东半数以上同意，请求公司变更股东、签发出资证明书、记载于股东名册、记载于公司章程并办理公司登记机关登记的，人民法院不予支持。

定优先购买权，是否合适仍然值得讨论。或许直接规定参照《公司法》第72条的规定，也不失为一种完善立法的路径。

五、结　论

一般说来，实际出资人与记载于股东名册的名义股东之间有关“名实出资”的约定，根据合同相对性原理，仅在定约人之间产生效力，一般不得对抗公司。因此，实际出资人与名义股东以外的公司其他股东之间构成何种关系应按不同情况来确定：如果其他股东对作为公司实际出资人的情况并不清楚，其他股东只与名义股东构成股东间的法律关系，不与实际出资人构成直接的股东间关系；如果实际出资人以某种方式让其他股东知道其实际出资人的身份，其他股东对其实际出资行为也予以认可的情况下，则其他股东与实际出资人之间的关系可以按股东间的关系来处理。可见，实际出资人股东资格的确定，对于解决由于隐名投资产生的纠纷具有重要意义，实质说和形式说持有不同的基本理念，其最终落脚点则表现为立法上对表示主义与真意主义两种立法理念的不同取舍。[①] 内外区别说兼顾二者，却也因此导致进一步的自我束缚。因此，采取限制承认的态度是当下解决有关纠纷的良好方式，对此《解释三》也迈出了坚实的一步。与此同时，既采限制承认态度，其标准又当如何设计才能兼顾立法和实践，又非《解释三》所能完全解决，仍需要进一步的探讨。实际出资、其他股东的同意权、优先购买权以及实际行使股东权对“承认标准”的影响是需要进一步明确的。

① 赵万一、吴晓锋：《商事思维下的公司法实务研究》，中国法制出版社2009年版，第35~38页。

中国 VIE 融资模式的合法性分析及法律风险探讨*

马更新**

作为打破中国特定行业外资准入限制的匠心独运的设计，并被新浪首开先河以来，VIE 融资模式为中国互联网行业带来了巨大的资金流。功绩盖世，却悄无声息。如果没有支付宝雅虎纠纷①，也许这种融资模式会继续低调下去。马云的一句"遵守国家规定"，让过去鲜为人知的"VIE 模式"展现在公众的视野，并引发了合法与非法的讨论。

一、VIE 模式的融资优势

VIE（Variable Interest Entities），中文译为"可变利益实体"，也即通常所说的"协议控制"，是指企业所拥有的实际或潜在的经济来源，但是企业本身对此利益实体（该利益实体系指合法经营的公司、企业或投资）并无完全的控制权。②

VIE 本质上是一种间接的融资方式。进入 21 世纪后，中国很多行业的发展迫切需要海外融资，但是国内的法律、政策还未完全放开。比如互联网业务，外资是禁止进入的。③ 融资需要与严格的行业监管之间存在矛盾。聪明的律师为了化解这种矛盾，构思出了 VIE 模式。为中国企业赢得海外投资打通了绿色通道。

---

* 本文为中国政法大学青年教师学术创新团队资助项目成果。

** 中国政法大学民商经济法学院副教授、民商法学博士、硕士生导师。

① 支付宝是阿里巴巴集团旗下的公司，通过 VIE（协议控制）模式实现的境外上市。雅虎美国、日本软银、马云及其管理层分别是阿里巴巴集团的控股股东。2011 年 5 月，阿里巴巴集团将支付宝的所有权转让给该集团 CEO 马云控股的另一家新公司。马云称此举是为了应对央行 2010 年发布的《非金融支付机构管理办法》，变更支付宝的股权是为了能吻合国家法律，吻合企业发展，为了能获得第三方支付牌照。但是雅虎美国不以为然。双方自此发生纠纷。

② 引自和讯网《支付宝事件引发中国互联网企业 VIE 合法性担忧》专题报道，网址：http://tech.hexun.com/2011/vie/，于 2012 年 7 月 9 日访问。

③ 方建伟：《支付宝事件的法律分析》，载《第一财经日报》2011 年 6 月 21 日。

海外上市是中国企业融资的重要方式。因为中国目前的政策环境下直接上市难度较大，于是很多企业选择了境外间接上市，即通过“买壳”或者“造壳”实现境外上市。但是如果境外公司的境内并购对象属于中国法律禁止或限制外资进入的产业，境内资产“注入”境外壳公司的这一关键环节就会遇到法律障碍。[①] VIE 模式在海外间接上市中的应用，解决了这一难题，让众多的企业绝处逢生。在 VIE 模式下，海外上市的路径如下[②]：（1）企业的创始股东在境外（比如英属维尔京群岛或是开曼群岛）设立离岸公司 A；（2）A 公司与外资 VC（Venture Capital，风险资金）/PE（Private Equity Fund，私募股权基金）及其他的股东，共同在境外比如开曼成立一个公司，将其作为上市的主体；（3）上市公司的主体再在英属维尔京群岛或者是香港全资设立离岸公司 B；（4）离岸公司 B 再以外商投资的身份，在国内全资设立一个外商独资企业（WFOE）；（5）WFOE 与国内运营业务的实体签订一系列协议，以达到完全控制国内实体企业之目的。这一系列的协议主要包括[③]：（1）贷款协议：即 WFOE 贷款给内资经营实体的股东，股东将资金注入企业发展业务；（2）股权质押协议：内资企业的股东将其持有的实体企业的股权完全质押给 WFOE；（3）独家顾问服务协议：通过该协议实现利润转移，协议规定由 WFOE 向经营实体企业提供排他性的知识产权及技术顾问服务，而实体公司向 WFOE 支付的费用额为全年的净利润；（4）资产运营控制协议：通过该协议，由 WFOE 实质控制经营实体的资产和运营；（5）认股权协议：即当法律政策允许外资进入实体公司所在的领域时，WFOE 可提出收购实体公司的股权，成为法定的控股股东；（6）投票权协议：通过该协议，WFOE 可实际控制经营实体董事会的决策或直接向董事会派送成员。通过这一系列的控制协议，内资经营实体实质上已经等同于 WFOE 的全资子公司了，从而实现了内资公司在海外的间接上市。[④]其模式架构如下图所示：

① 伏军：《境外间接上市法律制度研究》，北京大学出版社 2010 年版，第 106 页。

②③④ 苏龙飞：《支付宝 VIE 生死局：马云几乎被雅虎塑造成窃贼形象》，载《经理人》2012 年第 8 期。

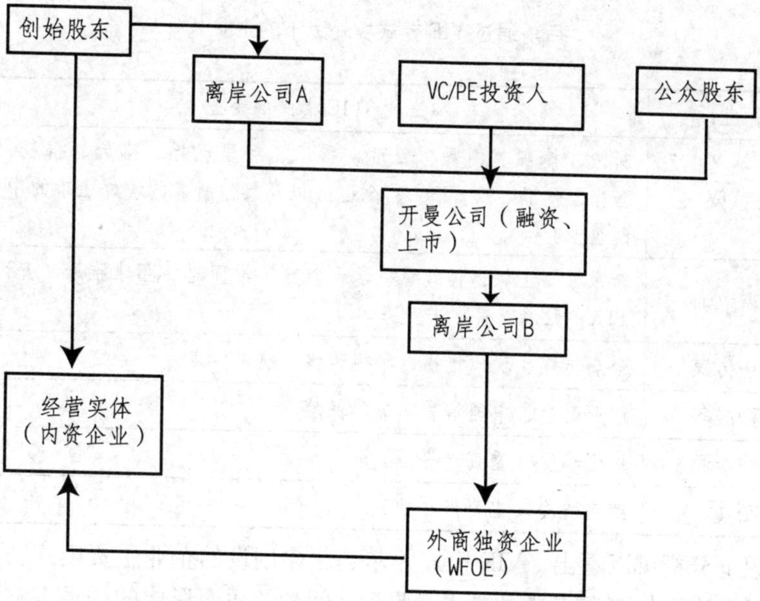

这种模式最早应用于境内 IT 巨头新浪网境外红筹上市。一开始是准备通过普通的红筹模式①上市，但是当时中国的互联网政策还处于不清晰的状态，信息产业部对境内互联网公司海外上市，更是属于政策空白。② 之后，新浪便自发创立了 VIE 模式，成功实现了海外上市。

在此后的十余年时间里，中国几乎所有互联网企业，其境外融资、上市都是采取的 VIE 模式。③目前为止，VIE 模式已经深入到如教育培训、传媒出版、金融服务等诸多外资禁入行业的民营企业。④目前以 VIE 模式实现境外上市的企业如下图所示：

---

① 即实际控制人在境外设立离岸公司，然后实际控制人通过离岸公司，反向收购境内的经营实体公司，从而将境内权益转移至境外，之后再由境外离岸公司申请在境外某证券交易所上市。

②③④ 苏龙飞：《〈协议控制〉暗战》，载《经理人》2011 年第 8 期。

目前通过 VIE 模式境外上市的企业[①]

行业	VIE 模式的企业
互联网	新浪、搜狐、网易、百度、腾讯、阿里巴巴、盛大、携程、巨人、当当、优酷、奇虎 360、金山（以及其他所有的境外上市的中国互联网企业）
教育培训	新东方、正保远程教育、学大教育、学而思、环球雅思、安博教育、ATA、弘成教育、诺亚舟
出版传媒	分众传媒、现代传播、华视传媒、航美传媒
金融服务	诺亚财富、中国信贷、泛华保险
传统能源	中国秦发（重资产企业）
疏浚	翔宇疏浚（重资产企业）

由以上分析可以看出，VIE 模式并非是法律创设的企业融资模式，而是行业内部为了解决海外融资与严格的法律监管之间的矛盾而形成的构思。它的优势在于避开了严格的法律监管，综合运用各种手段引领企业间接海外上市，为企业的发展注入资金。

二、VIE 模式的合法性分析

VIE 模式创立之初是为了规避相关的法律规定，其是否合法存在疑问：[②] 一方面，根据法无禁止即自由的精神，国内经营实体企业作为民事主体，可以根据协议安排将其权益及经营控制权转移给第三方公司，再转移至离岸公司。[③]由于中国尚无法律明文限制 VIE 模式，而且至今未有政府部门出面正式对 VIE 模式是否合法、如何纳入监管做出回应，因此 VIE 模式一直被互联网等行业广泛使用。[④]

但支付宝事件浮出水面之后，VIE 的合法性问题引起了很多专家、学者的质疑。有观点认为，[⑤] 就整个 VIE 而言，这一模式从问世之初就违反了中国法规，对中国主权构成了现实的侵犯，并有重大和潜在的隐患，其所适用的境外上市目的，也日益不符合相关企业自身和境外资本市场投资者利益，理当终结。[⑥]而至

---

① 图表来源：苏龙飞：《VIE 的〈潘多拉魔盒〉》，载《经理人》2011 年第 8 期。

②③④ 方建伟：《支付宝事件的法律分析》，载《第一财经日报》2011 年 6 月 21 日。

⑤⑥ 梅新育：《VIE 模式模式理当终结》，载《经理人》2011 年第 8 期。

于能否通过修改法律的方式赋予 VIE 合法地位，商务部研究员梅新育坦言[①]："为了这样一种投资模式而对法律做出如此颠覆性的更改（须知这是《民法通则》），认可在本国经营活动的企业、居民和机构可以不遵守本国法律，任何一个正常的政府都不可能做出这种实质上等于自杀的决定。"[②]就否认 VIE 的地位而言，大致有以下几点理由[③]：第一，VIE 模式至少违反了《民法通则》第 4 条[④]、第 6 条[⑤]和第 58 条的（4）、（5）、（7）项[⑥]，属于无效的民事行为，从行为开始便没有法律约束力。[⑦] 第二，VIE 模式旨在规避《外商投资产业指导目录》的约束，实际上直接侵犯了商务部门外资主管机构的权力和权威，甚至有可能动摇这一机构存在的必要性。[⑧] 第三，境外上市已经不是企业融资发展的首选途径，境内资本市场完全可以满足企业上市需求，且境外上市的副作用正日益凸显。[⑨]在这种情况下，即使为了促进产业发展，政府也没有必要迁就境外上市的需求，而付出损害本国法律尊严、剥夺本国资本市场发展的巨大代价。[⑩]第四，运用 VIE 模式者，只占境外上市企业的一部分，而且是有强烈倾向游走于违法违规边缘的企业，他们在国民经济中所占地位也谈不上举足轻重。[⑪]

笔者认为，承不承认 VIE 的合法性地位，可以从 VIE 的存在价值来考量。可以毫不夸张地说，在过去的十几年内，中国很多企业成功实现海外上市，VIE 功不可没。有赖于 VIE 模式，大量海外资金注入中国创新产业，互联网、清洁技术、生物医药、教育培训等创新产业里几乎所有的海外上市公司，包括中国移动、中国石油、中国银行等国有巨头，都是 VIE 模式的受益者。[⑫] 可以说，VIE 融资模式成就了中国互联网及各种创新产业，在过去的十几年以及当前的经济背景下，VIE 的存在有其合理性，它使得境内外资金之间取得了微妙的平衡。

另外，尽管 VIE 模式的合法地位未被承认，但是这种融资模式在十几年的发展过程中并没有给我们国家的市场经济带来什么负面影响。大部分采用 VIE 模式的公司遵纪守法，没有做违反国家政策、危害国家安全的事情，也没有"出卖"

---

①②③ 梅新育：《VIE 模式模式理当终结》，载《经理人》2011 年第 8 期。

④ 《民法通则》第 4 条规定：民事活动应当遵循自愿、公平、等价有偿、诚实信用的原则。

⑤ 《民法通则》第 6 条规定：民事活动必须遵守法律，法律没有规定的，应当遵守国家政策。

⑥ 《民法通则》第 58 条规定：下列民事行为无效：……（4）恶意串通，损害国家、集体或者第三人利益的；（5）违反法律或者社会公共利益的；……（7）以合法形式掩盖非法目的的。无效的民事行为，从行为开始起就没有法律约束力。

⑦ 梅新育：《VIE 模式模式理当终结》，载《经理人》2011 年第 8 期。

⑧⑨⑩ 苏龙飞：《〈协议控制〉暗战》，载《经理人》2011 年第 8 期。

⑪ 梅新育：《VIE 模式模式理当终结》，载《经理人》2011 年第 8 期。

⑫ 创业家杂志社：《〈创业家〉关于 VIE 的看法》，网址：http：//www. chuangyejia. com/index. php? m = content&c = index&a = show&catid = 56&id = 1845，于 2012 年 7 月 9 日访问。

国家利益。[1] 企业只是在紧缩的经济条件下无奈的去选择 VIE 模式进行融资，以使得企业发展壮大。企业的快速成长对国家而言有利无害，增加了国家的税收、带动了就业、推动了国民经济的发展。通过 VIE 模式，外来资金成为中国资本市场的有益补充，在本土培养起了蓬勃繁荣的创新产业群，为中国的产业升级和创新做出了贡献。[2]VIE 对我们国家经济的贡献是任何融资方式无可比拟的，它的重大价值不容否认，不容质疑。

对于学者提出的“直接侵犯了商务部门外资主管机构的权力和权威，甚至有可能动摇这一机构存在的必要性”[3]，笔者认为这样的说法未免夸大。首先，它否定了 VIE 在过去若干年内对中国经济发展起到的巨大推动作用。假定不是借助 VIE 打开了一个境外融资的法律天窗，在国内令人窒息的融资环境下，我们可能根本无法看到今天的百度、腾讯等互联网之星。[4] 如果不是后来风投加以援手，马化腾可能只有选择 100 万卖掉 QQ。[5] 诚然商务部作为国家公权力的代表，其权威性需要捍卫；但是机关的面子与百姓的饭碗有冲突时，我们更需要什么呢？其次，行政行为的做出光靠权威是不行的，必须拿出充分的理由让人信服。否定 VIE 的理由在哪里？如果让 VIE 消失，政府又能拿出什么样的方案来解决企业的融资难题？企业要发展，经济要壮大，如果没有比 VIE 更恰当的方案出台，任何否定 VIE 的理由都是苍白的。VIE 模式的受益者不仅仅是中国互联网行业和海外投资者，所有创新型行业都从中受益。[6] 中国提出要建设创新型国家，希望在电子信息、清洁能源、装备制造等行业达到世界水平，这些经济目标的实现需要大量海外资金的注入。[7]在相关的政策未松动之前，VIE 模式仍可以发挥重要作用。

从实际效果上来看，VIE 模式尽管涉及“外资进入”，但是公司的实际控制人还是“内资”主体，外资对境内企业的股权并无实质的控制权。当然，对于国家严格控制外资进入的军事、通讯、航天等敏感产业，应严格防止境外资本或机构利用合同模式影响和渗透。对此，则需国家尽早出台关于国家经济安全方面的保护措施，明确具体监管机构，对利用合同模式可能威胁国家经济安全的境外间接上市安排进行必要的干预。

---

①② 创业家杂志社：《〈创业家〉关于 VIE 的看法》，载创业家网，网址：http：//www. chuangyejia. com/index. php？m = content&c = index&a = show&catid = 56&id = 1845，于 2012 年 7 月 9 日访问。

③④ 苏龙飞：《〈协议控制〉暗战》，载《经理人》2011 年第 8 期。

⑤ 李寿双：《VIE，不得已的长征路!》，载《经理人》2011 年第 8 期。

⑥⑦ 创业家杂志社：《〈创业家〉关于 VIE 的看法》，载创业家网，网址：http：//www. chuangyejia. com/index. php？m = content&c = index&a = show&catid = 56&id = 1845，于 2012 年 7 月 9 日访问。

三、VIE 模式的法律风险分析

VIE 模式本身确实存在着固有的法律风险，由于它非为法律创设，且一直游离在法律的边缘，一旦国家政策发生改变，VIE 很可能就被当局否认，进而退出市场，这是 VIE 模式最大的法律风险。但是鉴于国家目前对 VIE 的态度还处于模棱两可状态，关于其法律地位被否认的风险本文暂且不讨论。而主要讨论如果 VIE 按照现在的状态发展下去，将面临哪些法律风险。

（一）外汇管制与涉税风险

采用 VIE 模式的海外上市公司，在经营过程中将会涉及大量的关联交易，同时监管机构就税收问题也将对 VIE 模式下的公司实行严格监管。利润在从目标公司向境外转移时可能面临外汇管制，而在股息分配上也有可能存在税收上的风险。① 2012 年 5 月 10 日，世纪佳缘就在招股书中披露，其在中国境内开展业务的两大子公司之一北京觅缘信息科技有限公司未能如期取得国家外汇管理局审批的外汇登记证，世纪佳缘因此未能完成对北京觅缘的首次出资。②根据中国法律，商务部签发的外商投资企业批准证书也将失效，而北京觅缘的营业执照将被北京当地的工商局吊销，它将不再是一个合法存在的法人实体。③

（二）合同风险

VIE 模式下，各方当事人是平等的民事主体，权利义务指向财产，因此 VIE 本质上是一种合同，受《中华人民共和国合同法》的调整。合同规范的是交易，有交易即有风险。VIE 模式下的合同风险主要是合同被宣告无效和当事人违约的风险。

1. 合同被宣告无效的风险。根据《民法通则》及《合同法》，规避法律的民事行为主要指以合法形式掩盖非法目的的民事行为，它是指行为人一方或双方以表面合法的民事行为掩盖其他非法行为，借以逃避法律制裁。④ 由于规避法律的民事行为严重损害国家法律的严肃性和权威性，该民事行为的合法性并不受国家法律认可。⑤VIE 模式产生了规避境内法律与监管的客观效果，不排除中国监管机构或司法机关基于“合同规避国家产业政策与法律”而被认定无效的可能。在合同模式中，技术咨询合同和许可合同中的许可费等定价较为随意，与市场实际状况相差较大，易被监管机构或司法机构认定为利用合同形式非法转移利润。⑥

---

①②③ 王君卫：《协议控制：赴美上市新暗礁》，载《董事会》2011 年第 7 期。

④⑤ 方建伟：《支付宝事件的法律分析：协议控制是否合法》，载《第一财经日报》2011 年 6 月 21 日。

⑥ 伏军：《境外间接上市法律制度研究》，北京大学出版社 2010 年版，第 114 页。

正是因为VIE模式的合法性存在潜在问题，所有VIE模式的公司在海外上市时均做了详尽的风险披露。① 但是协议的合法与否针对的是合同的效力问题，一般情况下也只是在协议的各方主体之间因合同履行问题发生争议诉诸公权力时，国家才会对合同的效力进行认定，进而确定各方的责任。换言之，如果协议的主体在履行合同时未发生纠纷，除非对国家的利益造成了重大损害，国家一般不会主动否认合同的效力。

但是，一旦VIE协议被法院宣布无效，后果将不堪设想。中国外资受限的行业大多采取了VIE模式进行融资，一旦法院判决VIE协议无效，境外的机构投资者和广大公众投资者投资的境外上市公司，就将仅仅是一个空壳，完全不具备投资价值，投资者将遭受极大的损害，这必将引起国际资本市场的大地震，甚至引起国际法律纠纷。②

2. 当事人的违约风险。相比于合同效力，当事人的违约对VIE的存续则更显得举足轻重。违约风险主要表现在两个方面：（1）目标公司转移利润。该种风险源于VIE模式的固有缺陷。VIE的本质是合同，在这种架构之下，海外上市公司对目标公司的控制权仅仅是协议控制，当事人基于协议仅享有债权，相对于股权控制来讲，先天性的欠缺稳固性。如果目标公司在协议存续过程中将利润转移到善意的第三方公司，那么海外上市公司将无法主张原物返还，只能追究目标公司的违约责任。这体现了VIE模式下海外上市公司对目标公司的控制权风险。(2) 实际控制人单方解除合同，使目标公司的性质发生变更。支付宝公司之所以更改为内资企业，从法律的角度来讲，主要还是VIE控股企业的合法性问题面临挑战，央行发布了《非金融支付机构管理办法》，该办法第10条规定了具有实际控制权的主要出资人的条件，这个条文中并没有明确排斥外资的市场准入。③ 但是该办法第9条最后一款规定："外商投资支付机构的业务范围、境外出资人的资格条件和出资比例等，由中国人民银行另行规定，报国务院批准。"④ 第10条最后一款规定："本办法所称主要出资人，包括拥有申请人实际控制权的出资人和持有申请人10%以上股权的出资人。"⑤ 从第10条规定的措辞来看，"拥有申请人实际控制权的出资人"应当包括VIE模式下的外资股东。VIE在中国已经运行了十几年，央行在制定该规定的时候不可能没有考虑到很多第三方支付企业事实上存在VIE模式的情况。外资到底能否通过VIE模式的方式申请牌照，从该规

---

① 方建伟：《支付宝事件的法律分析：协议控制是否合法》，载《第一财经日报》2011年6月21日。

② 王君卫：《VIE模式_赴美上市新暗礁》，载《董事会》2011年第7期。

③ 姜瑜：《第三方支付法律风险不可小觑》，载上海金融新闻网，网址：http：//www.shfinancialnews.com/xww/2009jrb/node5019/node5036/node5048/userobject1ai79348.html，于2012年7月9日访问。

④⑤ 中国人民银行关于《非金融支付机构管理办法》第9条。

定里并不能得出明确的答案。笔者认为从该办法第 9 条的规定来看，其应当是给 VIE 模式留下了生存的空间。该空间到底有多大，则“由中国人民银行另行规定，报国务院批准。”[①] 这实际上也是在政策上给 VIE 造成了一定的风险。政策随时会有变动，VIE 的命运也就因此而变的飘忽不定。如果 VIE 不能继续维持，也即合同无法履行，便产生了违约责任问题。实际上这也是任何一种 VIE 模式普遍存在的问题。新的政策诞生，很有可能造成 VIE 原来的状态无法继续存续。笔者认为，这种情况下的违约应当属于合同履行遭遇法律不能，属于合同法上的“客观不能”。依照《中华人民共和国合同法》第 110 条[②]的规定，当事人不能请求继续履行，只能请求解除合同。合同解除之后，还面临违约责任的问题，即非违约方的民事权益如何得到保护。根据《中华人民共和国合同法》第 122 条的规定，因当事人一方的违约行为，侵害对方人身、财产权益的，受损害方有权选择依照本法要求其承担违约责任或者依照其他法律要求其承担侵权责任。[③] 另外，《合同法》第 120 条也规定，当事人双方都违反合同的，应当各自承担相应的责任。[④]民法崇尚意思自由、意思自治，当出现纠纷时，允许当事人首先协商解决，协商不成的，再付诸公权力救济。在类似支付宝纠纷的 VIE 违约责任的分配上，应当首先允许当事人就责任分担自由协商；在当事人协商不成提交仲裁庭仲裁或者诉至法院时，视违约过错来对责任进行分配。

四、小结

VIE 模式浮出水面之后，作为行业融资与法律监管博弈的产物，遭到很多人的批评，认为它是规避法律的工具，让原本控制外资准入的措施非常轻易地被突破了。[⑤] 但是这并不能说，VIE 就是非法的。VIE 的诞生，有其特殊的经济背景，中国互联网行业在十来年的时间内迅猛崛起也印证了其存在的价值。制度与经济应该是齐头并进的，制度的存在是为了服务经济。当旧有的制度已经无法胜任其经济使命时，我们需要做的不是千方百计的压制新生的经济方案，而是应当对制度进行反思，进而寻找制度上可以突破的地方进行修改和完善。VIE 的使命是在制度未突破的时候推动经济发展，数十年的经验表明它的任务完成的很好，并未给我们的社会带来什么负面影响，也未造成外资非法进入的混沌局面，因为实际

---

① 中国人民银行关于《非金融支付机构管理办法》第 9 条。

② 《中华人民共和国合同法》第 110 条规定：当事人一方不履行非金钱债务或者履行非金钱债务不符合约定的，对方可以要求履行，但有下列情形之一的除外：（1）法律上或者事实上不能履行；（2）债务的标的不适于强制履行或者履行费用过高；（3）债权人在合理期限内未要求履行。

③④ 《中华人民共和国合同法》第 122 条、第 120 条。

⑤ 苏龙飞：《〈协议控制〉暗战》，载《经理人》2011 年第 8 期。

上很多海外间接上市的公司的实际控制人还是国内的创始人。在这个过程中 VIE 不过是一个工具，变相为企业打通了一条融资之路。[①] 因此，法律应当站到中性的位置去看待 VIE，正视它存在的价值及引发的系列问题。在目前特定的历史条件下，VIE 模式仍然是境内企业的一条重要的融资渠道，国家应当本着有利于经济发展的原则，为其提供必要的发展空间，只需要在企业的实际控制人变为外资时再严加监管即可。同时，对于 VIE 本身存在的一些固有风险，可以通过出台相关的制度进行完善，让 VIE 这一融资模式更好地为中国的金融产业服务。

① 苏龙飞：《〈协议控制〉暗战》，载《经理人》2011 年第 8 期。

第三部分　知识产权法

促进我国企业技术创新与知识产权战略实施的激励机制研究

冯晓青*

近些年来，党和政府提出了提高创新能力、建设创新型国家的宏伟目标。2008年6月5日，国务院发布了《国家知识产权战略纲要》，启动了国家知识产权战略工程。当前，建立以企业为主体、市场为导向、产学研一体化的技术创新体系，已成我国经济社会发展的重大问题。由于企业技术创新与知识产权战略实施本身均存在内在的激励机制，如何建立促进我国企业技术创新与知识产权战略实施的激励机制，以更好地发挥知识产权制度对技术创新的激励和保障作用，提高我国技术创新能力，也是我国实施知识产权战略和推进技术创新工程建设的重大课题。本文拟对此进行粗浅探讨。

一、以知识产权为导向的激励机制的建立

激励机制与相应的激励理论是法学、经济学、管理学、组织行为学等学科的研究对象。如在法学中，研究通过建立制度和规则，鼓励和激励人们从事某种行为，从而达到调整社会利益关系的目的。在管理学中，提出社会系统理论的巴纳德在1938年的《经理人员的职能》一书中则指出，激励个人协作的动机有自我保存与自我满足的利己动机，而主观诱因与客观诱因则是产生这些动机的要素。管理学中的综合激励理论、期望效价理论则提出了过程激励理论，研究人的行为动机与行为目标选择的关系，认为人们预期其行为有助于达到某种目标时才会被充分地激发，从而采取行动以实现这一目标。后来在20世纪60年代以波特和劳勒为代表的期望理论则指出，激励力量受制于多方面因素，包括特定事项的成功、取得的报酬以及相关影响的认识和评价。在经济学上，有学者指出，激励机

* 中国政法大学民商经济法学院知识产权法研究所教授、法学博士、博士生导师。

制和激励理论以理性“经济人”为出发点，以获得最大化利润或最佳效应为目标。①

知识产权制度本身是一种激励机制，这种激励机制要充分发挥作用，必须实行知识产权制度创新，建立有利于知识产权创造、创新成果转化和价值实现机制。从制度激励的层面来说，我国长期以来实行的是科技奖励政策。科技奖励政策固然有其历史渊源，但在当前知识产权激励制度之下，其存在的空间受到限制，应更多地向知识产权制度倾斜，以知识产权制度激励企业知识创造和创新成果的转化。这是因为，科技奖励与知识产权制度激励是本质上两种完全不同的制度，前者不是根据市场而是根据国家科技计划从事科研活动，获得科技成果后不具有产业化和商业化导向与激励因素。知识产权制度则隐含着激励创新成果产业化、商业化的导向和机制，而企业技术成果的产业化和商业化正是其进行技术创新的根本目的。从理论上看，科技奖励制度属于由政府主导型的制度，知识产权制度则属于以确认私权的方式避免使知识产品成为公共物品的制度。随着我国知识产权制度的建立和逐步完善，科技奖励制度需要更多地与知识产权制度嫁接、融合，将科技奖励制度中突出知识产权导向，实现科技奖励制度与知识产权制度的有效融合。我国目前的科技奖励评价体系中已经体现了在科技成果奖励中对自主知识产权激励的重视。例如，强调“国家技术发明奖突出原始创新，拥有自主知识产权，强调实施后取得的效益；国家科学技术进步奖以推动高新技术研究和培育高新技术产业生长点为导向，促进产业化。”

事实上，建立以知识产权为导向的促进企业知识创造以及创新成果转化的制度激励机制，本质上是一种以产权激励制度为基础和核心的激励模式和机制。包括知识产权在内的产权激励已被认为是激发市场经济主体从事创造性活动的基础性制度。有效的产权制度能够为各利益主体权利、义务与责任的确立形成明确的预期，避免创造性活动中负外部性的产生，为利益主体从事研究开发等相关活动提供保障。因此，为促进我国企业技术创新和知识产权战略实施，建立将知识产权要素参与分配的技术创新激励机制，改革现行科技成果评价体系，建立科学的促进技术创新的评价指标体系，具有重要作用。

二、促进企业技术创新和知识产权战略实施的激励机制

（一）企业技术创新的利益激励机制

技术创新中的知识产权关系及其利益机制需要从技术的变化、法律的界定与

① 王淑芳：《企业的研究开发问题研究》，北京师范大学出版社2010年版，第337页。

经济收益的分配角度确定。因此，在分析技术创新过程中产权的形成、分类、界定与产权的利益分配机制时需要采用技术、经济与法律综合分析的方法。① 利益关系反映了知识产权制度背后的利益平衡，利益激励机制是知识产权制度的重要机制。根据上述综合方法的观点，对于企业技术创新与知识产权战略融合的利益机制的研究，也可以从技术、经济和法律方面进行研究。

企业技术创新的利益激励机制既属于创新机制范畴，也属于一般的激励机制范畴。为明确企业技术创新利益机制的内涵，有必要先对激励机制和创新激励机制的基本精神予以把握。激励机制是通过一定的方式方法调动激励活动的各要素在相关活动中充分发挥其积极性、潜力和创造力，以实现特定目的的有机联系的模式。从心理学的角度看，激励是发挥人的潜能和聪明才智，促使人们的行为朝着预定目标前进的根本动力。研究表明，激励措施能够大幅度提高人的潜能。如哈佛大学詹姆斯教授研究证实，在受到激励时，人的潜能可以发挥到80%~90%，而在没有受到激励时则只有20%~30%。就创新激励机制而言，它是通过一定的激励手段提高创新主体从事新技术、新产品、新工艺、新方法等创新活动的机制。创新激励机制是以利益激励为核心的，通常包括建立科学合理的创新绩效考核评价体系，并采取合理的激励措施和策略。当然，除了直接的利益激励以外，企业为创新主体创造良好的工作环境和学习、研究氛围，树立激励创新的创新文化和价值观，也是很重要的。

企业技术创新和实施知识产权战略的重要性决定了有必要建立促进企业技术创新和知识产权战略的激励机制。知识产权制度本身的激励机制则是建立这一激励机制的内在制度安排，因为知识产权制度赋予创新者以一定限期的专有权利，并可以产品边际成本以上的价格销售产品，以补偿研究开发投资并获得必要的利益，这样就能激励研究开发以及相关的技术创新，从而促进技术创新的开展。事实上，企业技术创新本身存在的内在动力机制是构建企业技术创新和知识产权战略激励机制的内在基础，明确这一点有利于理解促进企业技术创新和知识产权战略实施的激励政策。

关于创新活动的动力，西方产业组织理论有两种不同的观点，一种观点认为决定创新活动速度和方向的主要动力是市场需求，另外一种观点则认为创新活动的推动力主要来自于科学知识和技术能力。这两种观点可以分别称之为“需求拉动说”“技术推动假说”。② 其中需求拉动说主张用户的市场需求是创新活动的动力源，技术推动假说主张以一定的科学知识和技术储备、技术能力为基础产生出

① 杨武：《基于开放式创新的知识产权管理理论研究》，载《科学学研究》2006年第2期。

② 文豪：《市场需求对知识产权创新激励效应的影响》，载《经济社会体制比较》2009年第4期。

的新技术、新产品、新工艺、新材料、新设备等能够较快地转化为生产力，实现研究开发、成果转化与市场开拓三位一体。实际上，以创新活动中的研究开发为例，就企业而言，创新活动的动力在很大程度还来自于获取利润的可能性。由于研究开发面临高风险和不确定性，并需要付出巨大投资，如果研究开发的社会收益率预期很高，技术对经济很重要，而投资者的预期收益率小于社会平均收益率，投资于研究开发还不如一般的行业时，投资于研究开发活动的动力就会极低。[①] 也就是说，像研究开发一类的创新活动，只有当预期的投资收益率高于社会平均收益率时才会产生强大的对研究开发投资的动机。

企业技术创新之所以可以成为企业的自觉行动，是因为它受到企业内部动力机制牵引和外部环境影响，这两方面因素相互影响、相互作用，构成了企业技术创新的动力机制。企业技术创新是以技术发明为基础，以技术产品化、市场化为手段实现经济利益的过程。企业技术创新活动一方面满足了社会需要，另一方面也实现了自身的利润并因此而获得一定的市场竞争优势。以技术创新活动中的研究开发为例，企业从事研究开发的直接动力一般来自于基于获取创新成果可以获得市场竞争优势、获取更多利润的信念。这种对利益的追求和实现成了技术创新的利益驱动机制，与企业作为追求经济利益的市场经济主体的定位相吻合。换言之，企业技术创新内在推动力来自于企业利用创新资源和创新能力对经济利益的追求，创新者的创新动机来源于创新产品对其带来的利润的驱动。其实，提出技术创新的鼻祖熊彼特很早就发现了这一点，他认为企业追求超额利润与企业家精神是企业从事创新的基本动力。

在知识产权制度下，企业技术创新的动力机制主要来自于对创新成果的知识产权保护产生的垄断性利益。这种动力驱动，在本质上则来自于市场竞争。正如有学者所指出的，“企业提高专利技术创新水平的首要因素应当是企业内在的动力，是市场竞争的动力，否则就永远不可能具有真正的技术创新能力。”[②] 还有学者指出，知识产权制度下对企业知识产权开发活动的作用机制包括技术创新竞争机制、技术创新合作机制、技术创新扩散机制和技术标准化机制等四个方面。[③] 就外部环境而言，企业技术创新也可以基于市场需求拉动、技术机会、市场竞争力以及政府引导和鼓励技术创新的政策和制度而进行。例如，市场需求的旺盛为企业进行某方面的技术创新提供了外部动力，拥有先进技术而获得市场竞

---

① ［美］乔治·泰奇：《研究与开发政策的经济学》，苏俊、柏杰译，清华大学出版社 2002 年版，第 98 页。

② 徐红菊：《专利权战略学》，法律出版社 2009 年版，第 76 页。

③ 尹作亮、袁涌波：《知识产权与技术创新的作用机制研究》，载《科技进步与对策》2007 年第 5 期。

争力的理念和经验也为激发企业技术创新活动提供了动力。政府有关促进企业技术创新的政策以及奖励制度也有利于营造技术创新的社会环境，而且有利于指导企业技术创新活动，从而对企业技术创新政策和战略具有积极的推动作用。市场竞争力的存在也是企业投身于技术创新活动的重要动机，因为竞争会造成一种压力，使企业产生一种生存危机感和危机意识，迫使企业开发出超过竞争对手的技术和产品，以赢得竞争优势。例如，美国思科公司并不明确承认专利激励创新的功能，而是认为专利赢得了创新并保护了创新，促使其从事创新的动机则是竞争的存在。不过，正如哲学上的外因通过内因起作用，外部环境影响最终需要转化为企业技术创新的内部动力机制。内部动力机制实则为利益激励机制，亦即创新者的创新投入大小与其获取的利益直接挂钩并且成正相关时，企业从事技术创新的积极性才会较高。当然，企业技术创新尽管属于企业个体的行为，却仍然会产生巨大的社会利益。为了维护技术创新的社会效果，需要实现技术创新的私人收益率与社会收益率的平衡。

以上探讨的企业技术创新内在动力机制和外部环境影响，最终效果被整合为企业技术创新的利益激励机制。这种机制具有两方面含义，一则它是一种激励机制，属于制度安排的范畴；二则它是一种以利益为导向的激励机制，即企业技术创新追求经济效益的最大化，是对创新利润最大化的追求，为企业愿意冒着创新失败的风险从事技术创新活动提供了动力源泉。技术创新的利益激励机制运行方面，需要注意奖励的幅度、范围和强度与技术创新成果的重要性及其实现的利益挂钩，避免付出很多、收益却得不到足够回报的现象，同时还应建立保障机制，即保障奖励措施能够得到落实。在现实中，有些企业尽管建立了基于技术创新的激励机制，但没有真正落实，结果反而挫伤了员工从事技术创新的积极性。此外，技术创新利益激励机制发挥作用是在一个开放的创新环境中、受到多方面制度因素、体制因素、创新观念和社会环境制约的，是这些因素综合作用的结果。因此，应注意调动各方面的因素，才能落到实处。不过，总的看来，技术创新利益激励机制的构建包含了科技成果管理模式中的奖励方式以及产权制度中的产权激励机制尤其是知识产权制度的激励机制，并且在产权激励机制发挥作用方面，主要是引入知识产权管理模式。随着技术创新与知识产权战略的融合，应建立产权特别是知识产权激励机制导向，因为只有在产权激励机制和模式下，才会更关注技术创新成果与市场运营的契合，引导企业创新活动与市场紧密结合。

事实上，关于企业技术创新的利益激励机制的建立和运行，可以根据企业行为诱致性变迁和强制性变迁理论加以理解。企业诱致性变迁是指企业受到巨大利益诱导的情况下产生的自发性行为的变化；强制性变迁则是基于政府制定的强制性规范而发生的变化。诱致性变迁对于企业来说有一个学习、接受和适应的过程，技术创新的驱动来自于企业从技术创新中获取的独特利益，这种利益可能是巨大的，成为促使企业投入技术创新的巨大动力。不过，对我国企业来说，技术创新方面的诱致性变迁具有缓慢性，很多企业尚未实现技术创新诱致性变迁行为，这与企业对技术创新的认识和技术创新能力建设等有直接关系。

另外，企业技术创新利益激励机制还可以从以人为本的人本管理原理加以理解。人本管理原则要求“以人为本”，充分发挥人的潜能和聪明才智。从人本管理的角度理解“管理”的概念，则不是简单的通过一定的组织进行的计划、组织、指挥、控制、协调等活动，而是如何通过发挥每个人的优势更好地完成组织的使命和赋予自身的职责。这与《资治通鉴》中所说的“为治之要，莫先于人”有异曲同工之妙。人本管理将激发人的创造性、主动性和积极性，把维护员工的利益放在首位，以人力资源有效管理为核心，以建立一定的激励机制为基础和保障。在技术创新方面，人本管理注重发挥员工从事知识创造和创新成果转化的潜能和积极性，通过设计合理的薪酬和业绩考核制度，激励员工为实现企业技术创新目的而努力奋斗。国外跨国公司对运用人本管理激发员工从事创新工作非常重视。如英国马狮集团、日本松下公司等的做法值得关注。以松下公司为例，其高度重视员工参与企业技术创新工作，甚至将企业称为“集合智慧的全员经营”。公司将员工视为企业的主人翁，重视物质和精神的奖励，如在物质奖励与报酬方面采取按照工作能力确定报酬的新工资制度，并不断提高收入水平，在精神奖励方面通过充分肯定成绩和适当的职位提升等措施激发员工对企业的忠诚度。①

总体上，企业技术创新激励机制有效运行，需要在落实企业真正成为技术创新主体的前提之下，保障企业能够通过技术创新获得并获取相应的经济利益，包括企业内部对创新者个人的分配激励制度以及外部制度、体制和政策环境的改善。具体地说，主要涉及以下内容：

就完善企业内部机制而言，应建立合理的创新收益分配制度，并予以落实。创新收益分配制度是调动企业科技人员、创新管理人员等员工积极投身于技术创新活动的重要激励机制和保障，企业对此可以通过多种形式予以落实。

就建立促进企业技术创新的外部激励机制来说，则主要应重视以下问题：

1. 政府为企业技术创新提供政策和制度供给，建立激励技术创新的基本政策、制度和文化观念。政府激励技术创新政策和制度内容丰富，涉及对创新成果的保护政策、鼓励创新政策和引导性政策等。例如，国家和地方政府出台的一些基于技术创新和知识产权保护政策就涉及创新资源投入和保障政策、创新成果的

① 包晓闻、刘昆山：《企业核心竞争力经典案例》（日韩篇），经济管理出版社2005年版，第20~32页。

保护和奖励政策、引导技术创新主体积极投身于创新活动的政策等内容。应当说，在外部激励机制方面，政府出台有效的政策和制度意义非常重大。这些政策和制度尤其反映在政府颁行的促进技术创新和知识产权战略方面的规范性文件中。例如，2011年5月16日山东省济宁市出台的《关于贯彻落实〈山东省知识产权促进条例〉促进我市知识产权事业快速发展的意见》在提出的加强知识产权工作的措施中，“建立知识产权激励机制”“强化对企业的激励支持”与健全知识产权管理体系、加强知识产权宏观管理、提升知识产权保护水平、强化知识产权公共服务和加强知识产权人才培养一起构成了需要重点推进的工作。2011年6月，河北省廊坊市高新技术产业开发区出台《关于鼓励科技自主创新的意见》，强调对知识产权创造方面的资金扶持、奖励和政策支持。2011年4月，湖北省颁发了《湖北省市县科技创新综合考评办法（试行）》。该办法确立的市县科技创新综合考评指标有总量指标、质量指标和速度指标等三类17项指标。在这些指标中，专利授权数量和万人授权专利数量分别被列为第一项总量指标和质量指标之一。2011年7月，青岛市发布了《青岛市“十二五”知识产权事业发展规划》，明确了进一步推进知识产权与技术创新紧密结合的思路。上述政策性规定建立了有利于激励专利创造的政策导向，为提高地区科技创新中专利创造的作用、激励企业技术创新奠定了基础。

2. 完善对企业技术创新成果保护的产权激励制度。这方面的重点自然是知识产权保护制度。研究表明，企业技术创新的各个阶段，都需要对相应的创新成果予以知识产权保护。知识产权制度本身确实蕴含了激励创新的机制，它使技术创新者能够独占创新收益，为技术创新的良性循环创造了条件。当然，产权激励制度还不限于单纯的对创新成果的保护，而且包括了创新者投入的人力资本能够与物质资本嫁接，转化为股权、期权等，获取股权、期权收益。这就需要通过企业内部对创新者的创新收益建立科学合理的分配机制。

3. 完善有利于技术创新的市场结构和市场经济体制，完善资本市场，为企业技术创新提供良好的市场环境。市场结构本质上是市场中各个企业之间的竞争关系问题。[①] 从经济学的观点看，市场结构包括完全竞争市场、完全垄断市场、垄断竞争市场和寡头垄断市场等类型，其中完全竞争市场是古典经济学和新古典经济学的一个重要假设，在现实中因为交易成本等因素的存在而难以出现；完全垄断市场也因为现代企业竞争激烈而难以产生；至于寡头垄断市场则因为现代反垄断法的建立与完善而同样难以产生。因此，垄断与竞争并存的所谓垄断竞争市场则是现代市场结构中的基本形式。从技术创新的角度研究市场结构，就是要建

① 纪玉山、曹志强等:《现代技术创新经济学》，长春出版社2001年版，第111页。

立适应于技术创新的市场结构。市场结构直接影响市场竞争，促进企业技术创新的市场结构应当是保障创新者能够基于创新成果获得垄断利益，为此需要完善我国市场经济体制，建立现代企业制度，消除计划经济残余，改变技术创新的行政命令式现象，使企业真正成为技术创新的创造主体、组织主体和收益分配主体。以收益分配主体为例，过去由于产权归属不明，企业技术创新收益没有得到必要的保障。当前，我国正在逐步建立和完善社会主义市场经济体制，该体制建立的一个重要内容就是适应企业技术创新的需要。从促进技术创新的角度看，资本市场的完善也十分重要。我国《科学技术进步法》第35条也规定，国家完善资本市场，建立健全促进自主创新的机制，支持符合条件的高新技术企业利用资本市场推动自身发展。完善的资本市场，能够为企业技术创新所需要的大量资金提供良好的外部市场环境。当前，我国资本市场发育不够健全，资本市场层次单一，迫切需要完善我国资本市场结构。为此，《国务院关于实施〈国家中长期科学和技术发展规划纲要〉（2006－2020）》若干配套政策》（下称《配套政策》）根据上述规定做了如下补充：建立支持自主创新的多层次资本市场。大力推进中小企业板制度创新，加快科技型中小企业上市进程。适时推出创业板。启动中关村科技园区未上市高新技术企业进入证券公司代办系统进行股份转让试点工作，并逐步扩大试点范围。

（二）促进我国企业技术创新与知识产权战略实施的激励措施：法律制度与政府相关政策层面

基于技术创新和知识产权利益激励机制的内在特征，促进我国企业技术创新与知识产权战略实施的激励措施应以利益激励为导向，充分发挥技术创新和知识产权制度的利益激励功能。原则上，一方面要通过实施企业知识产权战略和推进技术创新工作，保障技术创新者能够收回技术创新成本并获取必要的利润；另一方面，保障参与技术创新者基于对技术创新的贡献而获得必要的报酬、奖励与荣誉，建立企业技术创新人员知识和技术要素参与分配的收益分配机制。

总体而言，我国企业促进技术创新的动力机制仍然没有充分地发挥作用。这其中既有企业尚未真正成为市场经济主体和技术创新主体的原因，也有企业外部创新环境不够完善的原因，特别是政府的相关技术创新政策和制度、企业创新资源配置的财政税收制度和风险投资制度不健全、产学研体系不完善、对创新成果的知识产权保护不到位，以及尚未完全形成企业家成长的制度环境等原因。以国有企业为例，我国《科学技术进步法》第39条规定：国有企业应当建立健全有利于技术创新的分配制度，完善激励约束机制。国有企业负责人对企业的技术进步负责。对国有企业负责人的业绩考核，应当将企业的创新投入、创新能力建设、创新成效等情况纳入考核的范围。但是，我国国有企业长期以来缺乏技术创新的内在动力机制，因为是否进行技术创新、如何进行技术创新以及技术创新能否成功与企业领导者关系不大。在实践中，国有企业对企业领导人的业绩考核对上述规定的落实很不够。企业领导不愿意投入较多的资金和力量用于具有风险性和不确定性的技术创新活动，国有企业采取任命的领导体制和技术创新的利益分配机制不明等是其中的重要原因。当然，这种情况已有所改善。为加强对中央国有企业技术创新能力建设，国务院国资委加强了对企业领导人任期考核中科技创新投入的考核。例如，科技投入增长率和技术投入比率分别被纳入科技型企业、设计类企业以及部分工商企业的年度考核和任期考核指标。《中央企业负责人经营业绩考核暂行办法》也优化了中央企业领导人的业绩考核指标，以促进其加强对企业的自主创新工作的重视。

除了企业自身从微观层面建立激励机制以外，各级政府主管部门出台和实施激励技术创新与自主知识产权融合的政策非常重要。国家知识产权局局长田力普指出：政府有必要加强对知识产权的组织建设，积极营造良好的政策环境和有效的激励机制，保护和鼓励发明人、科技人员从事发明创造活动的积极性。① 2009年国资委发布的《关于加强中央企业知识产权工作的指导意见》则指出，要“建立健全对自主创新的激励机制，探索知识产权的收益分配制度，在知识产权转让、转化获得收益时，对职务发明人与团队及其他做出重要贡献人员依法予以适当奖励和报酬”。事实上，考察我国促进技术创新的基本法律制度以及近些年来我国很多省市知识产权行政管理部门或者其会同有关部门制定实施的鼓励技术创新和实施知识产权战略的政策性文件，可以发现有不少共同的值得总结的经验。本文认为，除了前面提到的有些地方的措施，以下是值得重视的一些方面。

1. 政府设立专项资金促进知识产权创造，鼓励企业、科研院所与高校建立知识产权专项资金，重点支持具有较高原创性和产业化应用前景的技术开发和改造项目。专利资助，是目前我国很多地方采取的一项支持企业研究开发和技术创新的重要政策。一些企业在发展的困难时期通过享受这一政策获得了长足的发展。例如，湖北圣佳电器有限公司2010年提交120件国内专利申请，并开始向国外申请专利，随着专利费用的增多，企业面临资金压力增大。该公司被武汉市知识产权局纳入重点企业知识产权工作“双十计划”，先后获得了专利资助经费近40万元，化解了企业燃眉之急，为企业实施专利战略提供了帮助。从2007～2010年，湖北省对每件职务发明创造授权的专利均给予奖励，其中发明专利

① 参见上海市知识产权局：《探索制定知识产权发展战略为上海“科教兴市”做出更大贡献》，2004年1月13～15日全国专利工作会议。

3000 元、实用新型和外观设计专利 1000 元，对个人授权的发明专利也每件补贴 1000 元。这些措施激发了企业和个人从事发明创造并积极申请专利。再以国家知识产权制度示范园区和国家自主创新示范区的中关村为例，从 2007 年开始北京市设立了中关村专利促进资金，相应地制定了《中关村科技园区专利促进资金管理办法》。该资金主要用于对符合园区发展方向的企业取得发明专利权的支持。如给予每件取得授权的发明专利 5000 元资助，每家企业资助额不超过 100 万元。从 2006～2009 年，共支持中关村企业 593 家，资助经费 9560 万元。以 2010 年为例，有 185 家企业的 2063 件专利获得了 2170 万元的资助。该年中关村知识产权促进局管理的专利战略专项资金、专利创业专项资金和知识产权贷款贴息资金就资助了近百家企业的 100 多个项目。实践证明，中关村专利资助政策为该国家自主创新示范区发明专利数量的积累产生了重要的激励作用。该园区近几年来申请与授予专利的企业数均存在较大的同比增长，如“十一五”期间中关村企业提交专利申请 58558 件，为“十五”时期的 4. 36 倍；同一时期专利授权量为 24569 件，为“十五”时期的 4. 32 倍。

2. 建立激励企业知识产权创造的机制，为企业研究开发提供财政税收优惠支持，并对企业知识产权确权给予资助机会。我国《科学技术进步法》第 33 条第 3 款规定：企业开发新技术、新产品、新工艺发生的研究开发费用可以按照国家有关规定，税前列支并加计扣除，企业科学技术研究开发仪器、设备可以加速折旧。该规定明确了企业研究开发享有的税收优惠待遇，旨在激发企业从事研究开发等创新活动，属于促进企业科技创新的税收激励政策的法律化。事实上，税收激励政策是很多国家为鼓励企业研究开发和加强技术创新工作所采取的技术创新政策之一。我国《科学技术进步法》上述规定对确立鼓励企业加强研究开发和技术创新的税收激励政策提供了法律依据。2006 年，《配套政策》则进一步规定，企业可以按照当年实际发生的技术开发费用的 150% 抵扣当年应纳税所得额，实际发生的技术开发费用当年抵扣不足部分，可以根据税法规定在 5 年内结转抵扣。《科学技术进步法》第 36 条则进一步规定，从事高新技术产品研究开发与生产的企业、投资于中小型高新技术企业的创业投资企业以及法律、行政法规规定的与科学技术进步有关的其他企业按照国家有关规定享受税收优惠。该规定明确了享有按照国家规定享受税收优惠的与高新技术研究开发与生产和创业投资、与科技进步有关的其他企业。这一规定，很明显地是为了促进企业从事研究开发和科技进步活动。这些原则性规定当然需要其他相关法律和主管行政机关制定更加明确的具有操作性的规定予以落实。例如，2008 年实施的《企业所得税法》规定“国家需要重点扶持的高新技术企业，减按 15% 的税率征收企业所得税。”2007 年 2 月，财政部、国家税务总局发布《关于促进创业投资企业发展有关税收政策的通知》，规定创业投资企业采取股权投资方式投资于未上市的中小高新技术企业2年以上（含2年）在符合一定条件时可按照其对中小高新技术企业投资额的70%抵扣该创业投资企业的应纳税所得额。

此外，对企业知识产权确权给予资助机会、对取得的知识产权实行一定奖励政策也是行之有效的手段。例如，兑现国家知识产权法律和政策对知识产权创造者的奖励措施，改进对企业知识产权创造者的奖励模式，探索股权期权激励等方式。又如，对企业当年实际产生的研究开发经费全额计入管理费用。对企业技术进出口涉及知识产权购买的支出，享受规定的税收优惠政策。通过自主知识产权产品政府采购机制，加大企业对具有自主知识产权产品和技术的投入，如通过对企业具有自主知识产权的重要设备、装备和产品的政府收购政策，鼓励企业加强对核心技术开发的投入。还如，政府通过政策鼓励企业加大研究开发投入。2010年6月，河北省廊坊市高新技术开发区管委会出台《关于鼓励科技自主创新的意见》。该意见就规定了鼓励企业加大对研究开发投入的政策，即企业研究开发投入占销售额6%以上的，可以一次性获得10万元补贴。

至于前面提到的设立专利申请资助专项资金、给予企业授权专利资助也是近几年来很多地方政府开展的一项工作。通过专利申请资助和给予授权专利资助，企业可以减轻一定的经济压力，从而在一定程度上激发研究开发和申请专利的热情。政府专利申请与授权资助制度本身具有重要的政策导向作用，也就是通过重奖发明创造者达到激励发明创造，促进对专利技术研究开发投资。例如，四川省在2001年设立了专利申请资助专项资金，后来又修订了专利申请资助制度，将资助的重点面向企业专利申请、发明专利申请和国外专利申请，旨在引导企业运用专利制度实施专利发展战略。又如，杭州市颁行了《杭州市专利管理条例》，规定“市和区、县（市）应当设立专利专项资金”。《杭州市专利专项资金管理办法》则专门规定了对授权专利的奖励制度：“获得国内职务发明专利授权后每件专利资助5000元，获得非职务发明专利授权后每件专利资助1500元。获得美国、日本和欧洲专利局授权后每件专利资助5万元，获得其他国际或地区专利授权后每件专利资助1万元”。

专利评奖也是激励企业从事科技创新、鼓励企业实施专利的一种手段。这方面除了国家层面的专利金奖评选活动外，一些地方知识产权局组织的此类活动也取得了较好的激励效果。例如，2010年，武汉市启动了发明专利奖的评选工作，当年共评选出金奖1项、银奖2项、铜奖3项、优秀奖12项，并相应地颁发了奖金，标准分别为15万元、9万元、5万元和2万元。宁波市实施了对企业专利的奖励政策，如年度发明专利量超过10件的企业奖励10万元。成都市则在全国副省级城市中率先将专利奖纳入政府奖励范畴。专利评奖可以使权利人获得精神上的荣誉和一定的物质奖励，从而能够激发企业从事研究开发和申请专利的热情。

3. 拓宽企业技术创新的融资手段和方式，政府制定鼓励和引导各类风险投资基金、社会闲散资金等投入具有市场价值和技术发展前景的研究开发项目。我国《科学技术进步法》第 34 条规定：国家利用财政性资金设立基金，为企业自主创新与成果产业化贷款提供贴息、担保。政策性金融机构应当在其业务范围内对国家鼓励的企业自主创新项目给予重点支持。该法第 35 条规定：国家鼓励设立创业投资引导基金，引导社会资金流向创业投资企业，对企业的创业发展给予支持。这些规定体现了国家对企业技术创新在金融方面政策性的支持，有利于鼓励和促进企业的技术创新和技术进步。为贯彻上述规定，《配套政策》规定政策性金融机构应重点支持国家重大科技专项、国家重大科技产业化项目的规模化融资和科技成果转化项目。应鼓励有关部门和地方政府设立创业风险投资引导基金，引导社会资金流向创业风险投资企业，引导创业风险投资企业投资处于种子期和起步期的创业企业。当然，这些规定关键在于落实。从实际情况看，我国国家开发银行、银监会、中国进出口银行等相关部门已制定了相关的细则性规定。财政部会同科技部也制定了规范参股、跟进投资、风险补助等形式进行创业投资的实施细则，旨在促进创业投资机构对初创期科技型中小企业的投资。

4. 政府在安排科技经费中，对于专利技术特别是发明专利技术应重点支持，包括对技术含量高的专利技术的开发和产业化应用，乃至专利技术产品出口等，同等条件下给予重点扶持。对于企业重大技术改造、产品转型升级项目，政府应重点支持符合我国产业结构调整方向、拥有自主知识产权的项目。政府在支持高新技术及其产业化重点项目资金支持时，应对那些技术含量高、市场潜力大且拥有自主知识产权的项目予以重点支持，促进尽快实现商品化和产业化。

5. 从政府奖励政策层面强化对我国《专利法》《专利法实施细则》关于职务发明创造奖酬的规定，以及《科学技术成果转化法》关于职务科技成果转让、实施中对完成该项科技成果及其转化做出重要贡献的人员给予奖励。同时，根据各地经济社会发展的情况可适当提高奖酬标准。为激励企业落实对科技人员的奖酬规定，政策上应允许将该奖励和报酬纳入企业的成本中。根据《专利法》《专利法实施细则》规定，被授予专利权的企业可以与发明人或者设计人约定奖励、报酬的方式和数额。企业给予发明人或者设计人的奖励、报酬，按照国家有关财务、会计制度的规定进行处理。被授予专利权的企业未与发明人或者设计人约定《专利法》第 16 条规定的奖励的方式和数额的，应当自专利权公告之日起 3 个月内发给发明人或者设计人奖金。一项发明专利的奖金最低不少于 3000 元；一项实用新型专利或者外观设计专利的奖金最低不少于 1000 元。由于发明人或者设计人的建议被其所属单位采纳而完成的发明创造，被授予专利权的单位应当从优发给奖金。被授予专利权的企业未与发明人或者设计人约定《专利法》第16条规定的报酬的方式和数额的，在专利权有效期限内，实施发明创造专利后，每年应当从实施该项发明或者实用新型专利的营业利润中提取不低于2%或者从实施该项外观设计专利的营业利润中提取不低于0.2%，作为报酬给予发明人或者设计人，或者参照上述比例，给予发明人或者设计人一次性报酬；被授予专利权的单位许可其他单位或者个人实施其专利的，应当从收取的使用费中提取不低于10%，作为报酬给予发明人或者设计人。[①] 这些规定明确了职务发明创造在获得专利以及实施该专利后发明人或设计人应获得的报酬，有利于激励发明人或设计人从事职务发明创造的积极性，并有利于推进职务发明创造的实施和转化。

我国《促进科技成果转化法》也规定了职务技术成果转化以及实施中对相关人员的奖励制度。该法第29条规定：科技成果完成单位将其职务科技成果转让给他人的，单位应当从转让该项职务科技成果所取得的净收入中，提取不低于20%的比例，对完成该项科技成果及其转化做出重要贡献的人员给予奖励。该法第30条规定：企业、事业单位独立研究开发或者与其他单位合作研究开发的科技成果实施转化成功投产后，单位应当连续3~5年从实施该科技成果新增留利中提取不低于5%的比例，对完成该项科技成果及其转化做出重要贡献的人员给予奖励。采用股份形式的企业，可以对在科技成果的研究开发、实施转化中做出重要贡献的有关人员的报酬或者奖励，按照国家有关规定将其折算为股份或者出资比例。该持股人依据其所持股份或者出资比例分享收益。上述规定虽然是从鼓励科技成果转化的角度来说的，但对于鼓励从事职务科技成果的创造同样具有激励作用，因为它明确了职务科技成果创造的“预期效益”，为职务科技成果完成者进行创新活动提供了经济上的动力。

当然，上述只是法定的规定，企业可以根据自身情况加大奖励力度。为了强化企业等职务发明创造单位贯彻这些规定，政府在涉及技术创新和知识产权战略的有关政策和制度中予以确认依然存在必要性。

6. 政府在涉及高科技成果转化、设立高新技术企业、推荐国家和省市级新产品和技术创新项目时，以及建立专利技术孵化基地、示范园区和遴选专利技术产业化项目时，将产品和技术的专利等知识产权状况作为享受优惠政策、获得立项等方面的重要决定因素。通过一系列融入知识产权指标和考量因素的促进技术创新的政策，可以从政策导向上促使企业重视将技术创新活动中融入专利等知识产权目标，实现企业创新活动与知识产权法律机制的良性运作。

---

① 参见《专利法实施细则》第76~78条规定。

7. 建立知识产权奖励制度，在政府制定的企业科技成果奖励体系中充分体现知识产权方面的贡献。对于企业技术创新中知识产权创造、管理、保护和运用等任一方面具有突出贡献的人员，给予物质和精神奖励，如对专利技术实施中作出重要贡献的研究开发团队和经营管理人员给予重奖。为了鼓励企业及其科技开发人员通过从事技术创新活动获得知识产权，政府可通过建立科技成果管理与知识产权管理一体化的机制，在企业进行试验开发和应用研究开发等创新活动时，将拥有自主知识产权的数量和质量以及在产业竞争中的地位作为重要的参照因素考虑；在当前的科技成果评审和奖励制度中引入知识产权评价指标，例如针对企业和个人提出的新技术、新产品、科学技术进步奖励等申请，将被评项目的知识产权确权状况特别是专利申请和实施状况作为重要参数。最根本的则需要考虑对科技管理体制和科技创新体制进行改革，合理调整和规定职务技术成果和非职务技术成果的界限，完善关于科技成果和知识产权归属的现有政策和制度，充分保障企业科技人员在从事知识和技术创新活动中应享有的权利。

8. 建立鼓励企业将知识和技术作为生产要素参与分配的激励机制，调动企业员工从事创造性活动的积极性和主动性，切实维护其合法权益。如上所述，对企业的职务发明创造而言，企业和从事发明创造活动的发明人或设计人均享有相应的权利。除了可以获得专利的职务发明创造以外，对于一般意义上的技术成果，企业还需要根据我国《著作权法》《计算机软件保护条例》《合同法》《植物新品种保护条例》等法律法规的规定，在界定职务与非职务技术成果的基础之上，既保障企业对职务技术成果的使用权、转让权和受益权，也要保障非职务技术成果完成人、使用人的利益。此外，企业为落实将知识和技术作为生产要素参与分配的激励机制，需要进一步贯彻执行国家法律法规规定的奖励政策。例如，我国《促进科技成果转化法》和国务院办公厅转发的《关于促进科技成果转化的若干规定》均规定了促进科技成果转化的奖励措施，需要企业予以贯彻执行。

9. 将企业科技人员从事科技开发、技术创新活动取得的专利等知识产权情况纳入专业技术人员的职称评定系统，改革现行的专业技术职务任职资格制度，也是通过知识产权制度激励知识产权确权的重要方式。我国一些地方已进行此种尝试，收到了较好的激励知识产权确权的效果。以专利为例，将专利特别是发明专利申请与授权作为企业研究开发人员和专利管理人员收入与职称评定的重要考核指标，强化专利利益分配与奖励在企业相关人员中的分量，有利于激发企业相关人员的积极性和主动性。像杭州市在职称评定方面甚至走得更超前，该市专门颁发了《杭州市专利管理初中级专业技术任职资格考试暂行办法》规定，对从事专业技术或专利管理工作满 6 年或担任助理工程师满 4 年者，可以通过考试取得专利工程师资格。建立职称制度，能更好地激发相关专业技术人员从事专利等相关专业性工作的积极性。

10. 政府制定科技创新激励计划和创新激励工程，落实专项经费，实现对重大产业技术的突破。从政府政策和制度层面以及由政府提供科技创新经费的角度来说，有必要通过制定科技创新激励计划，启动创新激励工程，落实专项经费等形式激励和推进创新活动。我国实行的“863”计划等即有类似特点。从国外来看，2011 年 7 月欧盟发布的欧盟史上规模最庞大的科技创新激励计划就具有实施重点产业技术突破，强化重大技术产业化应用的目的。事实上，欧盟在一些本不占优势的技术领域和产业竞争领域，通过政府政策倾斜和经费保障，最终取得了竞争优势。例如，手机通信技术本由美国开发，无论是技术还是产业竞争方面美国都占优势，但欧盟国家通过政府大规模介入支持网络基础设施建设，最终确立了手机通信相关技术和产业竞争优势，像诺基亚、西门子、爱立信、飞利浦、阿尔卡特等移动技术公司的兴起就是典型例子。

三、企业知识创造激励机制之构建

知识产权制度本身是一种保护和激励知识创造的激励机制。企业实施技术创新与知识产权战略的有机结合，应当在促进知识创造源头上充分利用知识产权制度的激励机制。例如，在专利制度上存在一个根据古典经济学家分析的“回报预期”，这一预期能够激发研究开发人员投身于创新活动、企业投入研究开发资源支撑创新行为，如何充分发挥专利制度的激励功能就成为技术创新、促进知识创造的重要问题。

企业知识创造是产生知识产权的源泉，是进行科技创新、实现技术跨越、获得核心技术的关键。具体地说，它包括知识获取与知识创新两种方式，其中“知识获取是确定组织外部环境的知识并将其转移到组织内部使之成为组织所用知识的过程；知识创新是指组织在已有知识资源基础上开发、产生新知识的过程”。[①] 基于激励机制的重要作用，企业在促进知识创造方面也应建立一整套以利益为核心的机制。本文认为，主要应重视以下策略。

1. 树立以人为本的理念，重视知识资本在企业发展中的作用，建立企业激励创新型人才的机制。从人力资源理论来看，促进企业技术创新与知识产权战略实施的激励措施之所以具有重要性，就在于企业的人力资本是企业最重要的生产要素之一，它既是企业实施研究开发、生产制造和市场营销活动的主体，也是其整合资源和管理其他生产要素，实现最佳经济效益的基础。正如日本松下公司前

---

① 李伟、陈青蓝：《基于知识产权能力的企业专利综合评价指标体系》，载《科技管理研究》2011 年第 12 期。

总裁松下幸之助所指出的，“事业的成败取决于人”“没有人就没有企业”。提高人力资本在企业活动中的重要作用，无疑需要充分调动员工的积极性和创造性，充分激发其献身于企业工作的活力。以保障员工经济利益和精神利益为核心内容的激励措施自然是激发人力资本活力，推进企业创新的重要因素和措施。特别是联系到现在的信息社会和知识经济时代，知识资本在人力资本中的地位和作用越来越大，知识资本与传统资本的重要区别在于它与人本身融为一体，主要体现为人的经验、技能、智慧和掌握特定的专长、知识及能力。在知识经济条件下，企业激发和发挥人力资本的效能，能够更好地在人文理念的指导下，充分发挥知识资本推进技术创新和知识产权战略的作用。当然，知识本身并不能实现企业生产要素功能，而必须将其产权化和资本化，成为知识资本，进而作为生产要素功能在企业生产经营中发挥独特的作用。事实上，借鉴日本知识产权战略的经验，知识产权创造战略除了包括大学与科研院所知识产权创造，企业的知识产权创造、取得与管理以外，还包括创造性人才的培养。培养创造性人才是促进企业知识创造的前提，因为创造性人才是从事知识创造的主体。

2. 建立与健全企业创新制度并予以兑现，充分激发创新型人才从事知识创造的活力和潜力。企业内部建立激励创新的奖励机制十分重要。从国外企业的经验看，发达国家企业一般都建立了比较完善的激励企业技术人员从事技术研究开发的制度。如美国 IBM 公司建立了完善的激励员工创新的机制。公司设立了累计积分奖励制：发明人在申请专利后可以获得一定的积分，其中发明专利积分为 3；当累计积分达到 12 点时，发明人可以获得 3600 美元的业绩奖。其企业技术与制造部副总裁杜诺佛指出：公司在专利技术上连续多年保持领先优势，公司掌握先进技术是稳居市场领导地位的关键。这也证明了公司在 10 年前决定维持在业界最充分的研究开发投入，并建立真正重视与激励创新的文化是正确的策略。① 日本企业针对专利申请和获得专利权也规定了详细的奖励制度。从我国企业的情况看，一些企业设立了类似的激励知识创造的奖励制度，其中不乏通过建立和完善企业内部的激励创新的制度而促进了企业知识产权创造和技术能力的提高，取得了较好的成效。例如，河南郑州宇通客车股份有限公司重视自主知识产权的创造，公司确立了“生产一代、试制一代、开发一代、预研一代”的研究开发格局。公司在 2008 年被郑州市评为首批知识产权优势企业。在建立激励创新的机制方面，公司的基本经验是：一是将企业技术创新工作情况纳入部门业务考核之中，将完成部门与公司的创新计划的情况与

① 《跨国企业的专利谋略》，网址：http：ibdaily. mofcom. gov. cn/ show. asp? id = 33347，于 2011 年 12 月 12 日访问。

部门领导的绩效工资挂钩；二是设立了创新奖励基金，强化对专利申请和个人创新的鼓励，这方面主要体现为公司设立了技术中心创新奖、部门创新奖、公司级创新奖等，奖金幅度从300元至8万元不等，而对于有专利的项目技术人员的奖励则另外加分，以体现创新的专利导向政策。① 又如，华为公司重视制度激励措施，颁布了《科研成果奖励条例》《专利创新鼓励办法》等制度，以此奖励和鼓励员工投身于企业研究开发与技术创新活动。公司还重视对员工从事发明活动进行精神奖励，将发明人的专利证书纳入基地数据中心大厅的“专利墙”，激发了研究开发人员投入研究开发的热情。再如，长沙中联重工科技发展股份有限公司以知识产权不同类别、专利授权的不同阶段、专利实施效益为基础建立了多层次的激励机制，效果明显。公司截至2009年专利申请698项，其中2009年专利申请量比2007年增长335%。

不过，总体上我国企业在建立激励创新的机制方面仍然存在较大问题。根据2011年通过评审的中国科学技术法学会和江苏省知识产权研究中心开展的“国家高新区知识产权状况调查研究”课题提供的数据，只有22.1%的被调查企业建立了创新成果的利益分享和激励机制；高达76.2%的企业认为，企业投入技术创新和知识产权保护的动力来自于技术开发项目的财政补贴。这一方面固然说明国家和地方政府促进企业技术开发和科技创新的相关财政税收政策确实发挥了激励作用，但也同时说明很多企业从事技术创新活动并没有成为其内在的需求，反映了企业内部激励创新的动力机制不够的现实。

3. 在确立知识创造的产权归属时，应本着最大限度地调动创造者积极性，充分保障创造者的合法权益的原则，落实利用财政性资金设立的科学技术基金项目或者科学技术计划项目所形成的知识产权的实施，并认真兑现职务发明创造的“一奖两酬”制度。我国《科学技术进步法》第20条规定了利用财政性资金设立的科学技术基金项目或者科学技术计划项目所形成的知识产权的权利归属、实施及其与国家之间的利益关系。即利用财政性资金设立的科学技术基金项目或者科学技术计划项目所形成的发明专利权、计算机软件著作权、集成电路布图设计专有权和植物新品种权，除涉及国家安全、国家利益和重大社会公共利益的外，授权项目承担者依法取得。项目承担者应当依法实施前述知识产权，同时采取保护措施，并就实施和保护情况向项目管理机构提交年度报告；在合理期限内没有实施的，国家可以无偿实施，也可以许可他人有偿实施或者无偿实施。项目承担者依法取得的上述知识产权，国家为了国家安全、国家利益和重大社会公共利益的需要，可以无偿实施，也可以许可他人有偿实施或者无偿实施。项目承担者因

---

① 参见李培林：《企业知识产权战略理论与实践探索》，知识产权出版社2010年版，第261页。

实施前述知识产权所产生的利益分配，依照有关法律、行政法规的规定执行；法律、行政法规没有规定的，按照约定执行。简言之，企业作为项目承担单位使用国有资金或者使用国家财政性资金资助的进行科技创新，在此基础上形成的科技创新成果及其知识产权，除非涉及国家安全、国家利益或者重大公共利益，应由企业享有。企业对其取得的知识产权除自身实施外，还可以以许可、转让、质押融资、作价入股等形式利用并取得收益。企业在与高校、科研院所等单位进行合作创新时，可以通过合同约定知识产权的归属。上述规定无疑有利于调动企业从事创新的积极性，对激励企业作为项目承担单位使用国有资金或者使用国家财政性资金资助进行科技创新提供了制度激励。关键则在于企业在获得相关知识产权后，如何以适当的方式加以实施，使其成为提高企业竞争力和技术创新水平的保障。

前述我国《专利法》《专利法实施细则》对职务发明创造专利权属的规定和“一奖两酬”制度的确认，也体现了法律激励职务发明创造、促进发明创造实施的用意。值得注意的是，我国企业实践中对上述法定的“一奖两酬”落实很不到位。例如，企业缺乏对酬金标准的细化确认，以致在职务发明专利实施后职务发明创造者不能获得足够的酬金，一些企业领导在认识上存在误区，连法定的基本奖金也不予兑现。加之现行有关职务发明创造法律制度没有规定企业不履行法定义务的责任，企业缺乏相应的约束机制，职务发明创造激励制度的作用和功能没有很好地发挥作用。甘肃省一项针对 60 多个国有大中型企业和民营高科技企业的调查显示，被调查企业中有 60% 没有履行对职务发明创造的奖励。在对企业职务发明创造进行奖励方面的主要问题有：一是难以激励普通员工参与研究开发；二是没有给研究开发人员提供必要的科研资源与条件；三是缺乏鼓励员工从事发明创造的规章制度；四是提供的奖励过少，仅具有象征性。[①] 与此相对应，发达国家企业对员工取得的职务专利成果通常都有一套完整的激励政策和措施，不仅包括物质奖励，还包括精神奖励，如美国 IBM 公司的“专利墙”、日本三菱公司“优秀发明表彰”等，对激励企业员工投身于技术研究开发活动发挥了重要作用。为此，我国不仅应在法律制度层面完善职务发明专利奖酬制度，而且还应在企业层面建立激励职务发明创造的制度和机制，注重对职务发明创造中职务发明人利益的保护和调整，以调动职务发明人从事职务发明的积极性。特别是应严格履行我国《专利法》《专利法实施细则》等法律法规和地方科技创新与知识产权奖励政策规定，兑现企业科技创新人员关于职务发明创造、植物新品种、集成电路布图设计成果中发明人、设计

---

① 刘华：《甘肃省企业专利管理的问题及对策》，载《兰州学刊》2011 年第 6 期。

人、育种人等应获得的奖励和报酬。

4. 营造企业创新的氛围和文化。企业技术创新是一个具有风险性和探索性的经济技术过程，为实现技术创新目标，需要建立有效的激励知识创新的机制，这是没有疑义的。除了充分运用知识产权制度激励机制以外，还需要营造一个有利于创新的外部环境，其中营造有利于企业创新的氛围也很重要。

未注册地理标志保护之探讨

李祖明*

目前，我国地理标志保护的相关立法主要集中在申请注册的程序规范上，理论和实践都普遍认为地理标志只有通过注册才获得保护，注册被认为是地理标志获得保护的基本程序要求，这是否意味着未注册的地理标志就不能获得法律保护？

诚然，世界上绝大多数国家都认可并实施注册保护制，无论是采用商标法保护，还是适用专门法保护，必须先行申请、注册，然后才能被认定为地理标志，获得地理标志的法律保护。但地理标志的注册保护制也有例外，比如在 Sri Lanka（斯里兰卡），只要是事实上的地理标志，符合地理标志的条件，无论注册与否，都能得到地理标志的保护。① 斯里兰卡的这种例外规定至少提醒了人们：在注册制保护地理标志的国际潮流中，我们也要正视和尊重地理标志实为有一定使用历史和影响力的商业标识的客观存在。

一、注册保护制的存在价值

主张地理标志注册保护制具有明显的道理。如同在商标法律制度中，尽管一部分未注册商标也能获得法律保护，但绝大多数国家还是规定商标专用权必须依法注册产生。②

商标专用权、专利权等知识产权属于排他性很强的私权，具有极强的垄断性，对竞争者使用相同或近似资源（如商业标识）、开发运用相同技术方案（如

* 中国政法大学地理标志研究中心、知识产权法研究所副所长、美国加州大学伯克利分校访问学者、法学博士。

① Gazette of the Democratic Socialist Republic of Sri Lanka，Intellectual Property Act，No. 36 of 2003，Part Ⅸ Geographical Indications，section 160.

② 有的国家的商标注册非常简单，几乎来者不拒，类似于登记，但注册后的救济机制应当比较复杂和完善。

专利技术）有着极大的影响。因此，商标专用权、专利权的原始取得需要经过一定的程序，即注册程序。在商标的注册程序中，设置了公示、异议程序，注册之后还有争议程序。商标专用权注册取得制至少有以下积极作用：

一是能够尽量避免使用的商标与公共利益或其他权利发生冲突。异议程序及争议程序的价值即在于此。

二是能够规范商标的使用。相对于未注册商标，注册商标的使用、管理等有着更多的规范要求。

三是能够为商标经营提供一个较为良好的投资环境。商标经营实为长期投资，明确的产权制度、完善的法律救济渠道是商标经营的必备投资环境。

四是通过明确商标注册人的权利义务，鼓励并监督商标使用人对商标的使用、维护。

五是通过注册程序中的异议程序、争议程序和对注册商标的法律保护，减少竞争者之间善意、恶意的商标使用冲突。

六是为消费者提供有序的消费环境。

作为商业标识的一种，地理标志的注册保护制也有着类似商标注册的价值。

注册制保护地理标志的一个现实基础是，世界贸易组织（WTO）多哈回合谈判中的一个重要议题就是建立一个地理标志多边通报和注册体系，尽管该议题连同多哈回合中的其他议题尚未最终完成，但地理标志国际保护层面上的多边注册体系确实是对绝大多数国家地理标志注册保护制的有力支持和强烈呼应。①

二、注册保护制的局限性

注册保护制有其存在的合理价值和比较广泛的适用空间，而在注册保护制不适用的地方，客观存在着一些需要解决的问题。

1. 未注册地理标志之客观存在。现实中的地理标志一般都有着悠久的历史。在我国，龙井茶的历史已达1800多年，其他地理标志产业及地理标志标识的使用少则几十年，多则几百年。不同于一般商标在申请注册阶段可能使用历史较短甚至尚未投入使用，地理标志即使没有申请注册保护，地理标志产业及地理标志的使用却都客观地存在着。一方面，地理标志产业中几万人甚至几十万人在对地理标志进行着长期的、持续的使用，另一方面，有着比较悠久历史的地理标志一

① 在世界贸易组织（WTO）多哈回合谈判中的建立地理标志多边通报和注册体系的议题目前存在多个议案，以欧盟为代表的提案方希望建立一个有法律效力的多边注册体系，在这个体系中，注册行为产生一定的法律效力；而在以美国为代表的提案方则希望地理标志多边通报和注册体系只起到一个数据库的作用，自然该提案中的注册行为不具有法律效力。

般都具有相当高的知名度，市场中对这些地理标志的假冒行为普遍存在。显然这是注册保护制难以规范和处理的现实问题。

2. 注册保护制与竞争法规范配合适用才能更加完善。知识产权法作为私法的一种，其立法目的不仅在于保护知识产权持有人的合法权益、通过鼓励智力创造促进技术的进步和文化的繁荣以造福社会，而且包括设置规范来调整市场竞争以维护正当的竞争秩序。商标、地理标志都属于商业标识，有关商业标识的法律法规理应承载更多的经济法规范市场的职能。商标法、竞争法对未注册商标提供保护的基础并不是受保护的未注册商标获得了一个排他使用权，而是他人对该未注册商标的使用构成不正当竞争，影响了市场正常的竞争秩序。事实上，对知名商品特有名称、包装、装潢、域名①、商号的保护也是基于对正当竞争秩序的维护，而不是保护私权。注册保护制应与竞争法规范配合适用，竞争法规范应当成为注册保护制的兜底和补充。

三、我国的相关规定和实践操作

1. 商标法的相关规定。《商标法》第 16 条规定：商标中有商品的地理标志，而该商品并非来源于该标志所标示的地区，误导公众的，不予注册并禁止使用；但是，已经善意取得注册的继续有效。

从该条规定的字面理解，我国商标法对地理标志的保护并不以注册为前提，而如果一定要求地理标志必须经注册才能获得保护，《商标法》第 16 条在适用中就会陷入悖论：

一方面，假使该地理标志已经注册了（比如注册为证明商标），如果其他人申请注册的商标中含有该地理标志，而该商品并非来源于该标志所标示的地区，误导公众，则该申请商标的注册和使用与在先注册的证明商标（即地理标志）相冲突，自然不能给予注册，并禁止使用，这是商标法的基本道理，何需再作第 16 条的规定？

另一方面，如果某人申请注册的商标中含有地理标志，而该商品并非来源于该标志所标示的地区，误导公众，但该地理标志并未被真正的利益人申请注册（比如注册为证明商标），那么该地理标志的相关利益人在他人对含有该地理标志的商标申请注册过程中就不能举证以支持异议，在争议程序也面临同样的举证困难，因为该地理标志还没有被申请注册。如果未注册的地理标志不能获得法律保护，那么《商标法》第 16 条中“不予注册并禁止使用含有该地理标志的商

① 域名是否属于一类知识产权存在多种观点。本文认为，作为一个有影响的商业标识，相关法律法规也应当维护其正当使用。

标”的规定就存在法律障碍。

因此，在一个成熟的商标法律制度设计中，《商标法》第16条的规定只能理解为阻止他人对未注册的地理标志的注册与使用了，即这里体现的是为未注册的地理标志提供了保护。

值得注意的是，《中华人民共和国商标法修改草案》（2009/06/05版）第七章地理标志中第80条［一般原则］第1款规定：地理标志需要获得本法保护的，应当申请注册。

2. 商标法实施条例的相关规定。《商标法实施条例》第6条规定：《商标法》第16条规定的地理标志，可以依照商标法和本条例的规定，作为证明商标或者集体商标申请注册。

从字面理解，地理标志可以作为证明商标或集体商标申请注册以获得法律保护，也可以其他方式获得法律保护，条例的该条规定似乎已经给未注册的地理标志的法律保护留有余地。

但据笔者了解，《商标法实施条例》之所以规定地理标志可以申请证明商标或集体商标保护，而没有要求必须申请证明商标或集体商标注册才能获得保护，主要是因为有其他部门（比如国家质量技术监督局）也在实施地理标志的管理工作，为了协调部门工作才有如此的规定。所以，《商标法实施条例》第6条的真正内涵还有待权威解释。

3. 其他规定。自2005年7月15日起施行《地理标志产品保护规定》（经2005年5月16日国家质量监督检验检疫总局局务会议审议通过）第2条规定：本规定所称地理标志产品，是指产自特定地域，所具有的质量、声誉或其他特性本质上取决于该产地的自然因素和人文因素，经审核批准以地理名称进行命名的产品。

该规定的第5条在是否注册问题上态度更加明确，即申请地理标志产品保护，应依照本规定经审核批准。

4. 我国的相关实践操作。在我国地理标志保护实践中，无论是在商标法体系中，还是在地理标志产品保护的体系中，地理标志只有申请注册后才能得到承认，获得法律保护，至少现在还没有一个未注册地理标志获得保护的案例。

四、地理标志保护：注册保护与未注册保护协调配合

鉴于国内、国际对地理标志实施注册保护制的立法和实践，地理标志注册保护制理应得以坚持，但同时也应当进一步完善地理标志保护制度，为未注册的地理标志也应当提供相应的法律保护。事实上，为未注册地理标志提供了法律保护

的 Sri Lanka（斯里兰卡），地理标志也可以通过申请注册证明商标获得保护①，体现的即是地理标志注册保护与未注册保护的配合。

地理标志保护可能通过下列设计实现注册保护与未注册保护的协调配合：

（一）通过注册保护地理标志

注册保护制因其本身的价值追求和实践效果已经被绝大多数的国家和相关国际公约采纳，注册保护作为地理标志获得保护的主要方式在理论上和实践上都已成为一个基本事实。

（二）采用商标法中对未注册商标的保护模式为未注册地理标志提供适当保护

《商标法》除了通过注册程序为注册商标提供商标专用权的保护之外，也为一部分未注册商标提供了保护，目前我国正在进行的新一轮商标法修改讨论中对未注册商标的保护范围在扩大、保护力度在加强。

我国《商标法》对未注册商标的保护可以分为两个层次：第一个层次是仅仅禁止他人抢注，但不涉及他人对该未注册商标的使用；第二个层次不仅禁止他人抢注，而且禁止他人使用该未注册商标。具体规定如下：

《商标法》第 13 条第 1 款规定：就相同或者类似商品申请注册的商标是复制、摹仿或者翻译他人未在中国注册的驰名商标，容易导致混淆的，不予注册并禁止使用。这里保护的未注册的驰名商标自然也属于未注册商标的一种，从影响力来说，未注册的驰名商标属于顶级的未注册商标，对之进行保护已达共识，只不过有意见认为未注册的驰名商标不仅仅应当享受类似一般注册商标的同类保护，还应享受相当于已经注册的驰名商标的跨类保护。

《商标法》第 15 条规定：未经授权，代理人或者代表人以自己的名义将被代理人或者被代表人的商标进行注册，被代理人或者被代表人提出异议的，不予注册并禁止使用。从被代理人或被代表人的角度看，本应由其享有的商标注册申请和将来的注册商标专用权在代理人或代表人不正当注册时，尚属于未注册商标。

《商标法》第 16 条规定：商标中有商品的地理标志，而该商品并非来源于该标志所标示的地区，误导公众的，不予注册并禁止使用；但是，已经善意取得注册的继续有效。对该条的理解前文已做分析，但也需要注意商标法修改稿中的相关规定。

《商标法》第 25 条规定：商标在中国政府主办的或者承认的国际展览会展出的商品上首次使用的，自该商品展出之日起 6 个月内，该商标的注册申请人可以享有优先权。本条规定的商标申请注册优先权制度本身就是对一定条件下先使用

---

① Intellectual Property Act, No. 36 of 2003, Part V, Certification Marks, section 142.

但未注册商标的保护。

《商标法》第 31 条规定：申请商标注册不得损害他人现有的在先权利，也不得以不正当手段抢先注册他人已经使用并有一定影响的商标。该条被认为是现行《商标法》对未注册商标保护最为有效的条款。有一定影响的未注册商标可能会被他人抢先注册，第 31 条的如此规定从理论上说已经完全阻止了商标抢注行为，当然，也有意见认为，该条在实践中难以操作，因为什么样是“有一定影响”是个难以定量的问题。的确，其实不仅仅是本条的操作面临这个问题，所有涉及知名度的规定，如驰名商标问题乃至商标法之外的商标评估等都存在这个问题。知识产权作为一类无形资产，有些东西只能定性难以定量是个普遍问题。当然，该条规定仅仅从注册程序上为有一定影响的未注册商标提供了保护，并未涉及他人虽未抢注但在经营活动中实际使用了有一定影响的未注册商标的行为。

可见，我国为未注册的驰名商标提供的是第二层次更有力的保护，而为未达到驰名商标但有一定影响力的未注册商标提供的是第一层次的保护。至于第 15 条、第 25 条的规定，是为特殊的未注册商标提供的第一层次的保护。

在不改变现行《商标法》保护规定的情况下，笔者认为完全可以适用现行《商标法》的有关规定对未注册的地理标志提供相应的法律保护。

1. 适用《商标法》第 13 条，为达到驰名商标程度的未注册地理标志提供第二层次的保护：

（1）地理标志的商业标识性和知名度为适用《商标法》第 13 条提供了可能：

首先，地理标志和商标都属于商业标识，二者有区别也有交叉，正因为此，包括我国在内的许多国家立法规定地理标志可以申请注册为证明商标获得法律保护。

其次，严格意义上的地理标志产业应当都有一定的生产、加工、销售等产业发展史，其地理标志都有相当高的知名度，而其中的一部分显然能够达到驰名商标的认定要求。①

（2）驰名商标认定和保护并未以注册为条件，与适用《商标法》第 13 条保护未注册商标提供了可行性。地理标志都是历史悠久、有相当高知名度的商业标识，如果该商业标识未被产业内的龙头企业等注册为商标（在我国地理标志被龙头企业注册为商标的情况很多），则该地理标志就是事实上的未注册驰名商标。驰名商标的保护并不以商标注册为条件，也不存在一个申请注册、备案登记的前

① 我国目前相关部门注册的地理标志有不少并不符合地理标志构成要件要求。该部分所谓的地理标志不在本文讨论范畴之内。

提要求：

① 各国对驰名商标的保护并不以已在本国注册为商标为前提。《保护工业产权巴黎公约》第6条之二要求成员对未注册商标给予保护；“同仁堂”在日本被他人抢注后就是在主张“同仁堂”是未注册的驰名商标后才使得“同仁堂”商标在日本物归原主。

② 我国驰名商标的保护制度中已不再需要一个前期认定登记（或注册）的程序。我国驰名商标保护制度在发展过程曾经有过主动认定、保护期限为3年的规定和操作，但目前对驰名商标无论是司法保护还是行政保护，都是个案认定、被动保护了，并不存在一个前期主动认定、类似注册的驰名商标认可程序。

事实上，一些有很高知名度的地理标志本身就是事实上的驰名商标，适用我国《商标法》第13条第1款为之提供法律并不存在法律障碍，当然，适用该款，未注册的地理标志也应当符合驰名商标的认定要求，由相关部门在个案中通过驰名商标的认定程序将未注册地理标志认定为驰名商标。

2. 适用《商标法》第31条，为达不到驰名商标程度的未注册地理标志提供第一层次的保护。不可否认，尽管所有的地理标志都具有相当高的知名度，但毕竟其中一部分甚至相当大一部分地理标志还不到驰名商标的认定要求，但一般来说，严格意义上的地理标志应当能够达到我国《商标法》第31条所保护的“已经使用的有一定影响的（未注册）商标”的要求，因此，可以适用《商标法》第31条为此部分未注册的地理标志提供第一层次的保护。

（三）在竞争法中为未注册的地理标志提供适当的保护

这里所提的竞争法或竞争法条款，应当不限于我国的《反不正当竞争法》，事实上，知识产权的单行法中也都有竞争法性质的条款，比如《商标法》中对未注册商标的保护就可理解为竞争法性质的规定。因此本部分的设计有两种实现途径：一是在《反不正当竞争法》中实现，二是在知识产权的单行法中实现。以下仅讨论在《反不正当竞争法》中的实现。

《反不正当竞争法》等竞争法被认为为知识产权提供兜底保护。我国现行《反不正当竞争法》虽说屡遭非议，但其中对一些不正当竞争行为的禁止也能有效保护相关利益人的合法权益。与本文讨论的地理标志有关的条款有：

《反不正当竞争法》第5条将“（2）擅自使用知名商品特有的名称、包装、装潢，或者使用与知名商品近似的名称、包装、装潢，造成和他人的知名商品相混淆，使购买者误认为是该知名商品；（3）擅自使用他人的企业名称或者姓名，引人误认为是他人的商品。”列入不正当竞争行为加以禁止。

地理标志一般是该地理标志产业提供商品的商品名称，考虑地理标志的知名度，将地理标志认定为“知名商品特有的名称”并无不妥，适用该条款为地理标志提供法律保护并无障碍。

当然，他人对地理标志的假冒本身就违反了诚实信用原则，《反不正当竞争法》第2条规定：经营者在市场交易中，应当遵循自愿、平等、公平、诚实信用的原则，遵守公认的商业道德。适用该条应当可以为地理标志提供一定层次的法律保护，只不过，对于《反不正当竞争法》该条的操作性一直存在很多争论。

需要注意的是，我国《反不正当竞争法》正在修改之中，可以期待的是，修改之后的《反不正当竞争法》应当有更大的调整范围，理应能够处理假冒他人地理标志的行为。

专利法生态化下植物新品种法律保护方式的再思考

周长玲*

人类社会在其发展过程中，不仅发现和繁衍了一代又一代的自然植物，而且还运用自己的创造力培育出了种类繁多、形态各异的能满足人类生存的植物新品种。随着人类社会的发展，特别是生物技术的发展，植物新品种的开发和保护问题已经成为国际社会关注的焦点，植物新品种权也作为一项重要的创造性权利被纳入国际知识产权的保护体系。①

关于植物新品种的概念，各国有不同的规定。我国《植物新品种保护条例》第2条规定：本条例所称植物新品种，是指经过人工培育的或者对发现的野生植物加以开发，具备新颖性、特异性、一致性和稳定性并有适当命名的植物品种。同时，我国《植物新品种保护条例实施细则》第2条规定：农业植物新品种包括粮食、棉花、油料、麻类、糖料、蔬菜（含西甜瓜）、烟草、桑树、茶树、果树（干果除外）、观赏植物（木本除外）、草类、绿肥、草本药材、食用菌、藻类和橡胶树等植物的新品种。《法国植物新品种保护法》规定的植物新品种是指任何新的植物品种，无论是培育产生的还是发现的，它们应当与已知的、相同的品种在某一重要的、精确的并且能够产生细微变化的特征方面存在差异，或者在数个能够组合成新的品种的特征方面存在差异；在性质上属于同一物种，并且具有稳定性，即它们在每一个繁殖周期结束时都与其原始的轮廓相同。《国际植物新品种保护公约》规定的植物新品种系指已知植物最低分类单元种单一的植物群体，不论授予植物育种者权利的条件是否充分满足，该植物群可以是以某一特定基因或基因组合产生的特性表达来确定，至少表现出一种特性以区别于任何其他植物群，并作为一个分类单元，其适用性经过繁殖不发生变化。

虽然对植物新品种有不同的界定，但都反映出植物新品种具有以下特点：

---

* 中国政法大学民商经济法学院副教授、法学博士。

① 吴汉东主编：《知识产权国际保护制度研究》，知识产权出版社2007年版，第487页。

(1) 特异性：是指某一植物新品种应与同一植物的其他群体在特征、特性上有所区别；(2) 一致性：是指除了可预见的变异外，其相关特征或特性应保持一致；(3) 稳定性：是指植物新品种经过反复繁殖后或者在特定繁殖周期结束时，其相关的特性或者特性保持不变；(4) 新颖性：是指在申请保护之前该植物新品种未被用于商业化销售等活动。

目前，国际上通行的对植物新品种保护方式主要有三种：一是专门立法保护:《国际植物新品种保护公约》采取的方式，即通过各国的国内的专门立法对植物新品种培育者授予育种者品种权的方式对植物新品种予以保护，专门法保护是一种准专利保护方式；二是专利法保护：即通过授予植物新品种培育者专利权的方式对植物新品种予以保护；三是专门法和专利法双轨制保护：即专门法与专利法并存保护的方式。

专利权保护与植物新品种保护同属于知识产权领域，但两种保护方法在授予权利的条件、权利内容等方面存在不同，两种保护方式对植物新品种培育者各有利弊：首先，关于授权条件。专利法规定的公开性要求较高，专利申请人要充分公开其发明创造，要提交种子样本，其他人可以在专利批准后申请得到种子样本；而品种权的公开要求低，虽然也提交种子样本，但他人不能申请得到交存的种子样本。其次，专利权保护的对象广泛，其权利主张可能延及该品种所属的整个植物属或种，也可能及于生物材料的所有层次，包括种子、植物、基因、蛋白质、育种方法等；而品种权保护对象仅限于繁殖材料。再次，品种权保护有免责规定，一个是研究免责，即开发新品种时受保护的品种可以被用作基础使用；另一个是农民免责，既赋予农民再次使用自己收获的种子的权利。但在专利制度中，农民将不能被免责。

由此看出，由于专利权的排他性要强于品种权，因此，专利权的保护力度要比品种权保护力度强。也正是基于此，许多发达国家的育种者不断呼吁采用专利制度保护植物新品种。因为就商业效果看，选择植物新品种权保护，权利人无法主张更大的权利范围从而使自己获得更大的经济利益。

随着我国生物技术的发展，我国一些学者也积极主张我国应当对植物新品种采用专利保护方式。对此，作者不敢苟同。因为，我国生物技术虽然有了很大的发展，也取得了很多成果，但是与发达国家相比我们还是有很大差距，为了维护我国国家利益不宜采取这种强保护的方式。一个国家生物技术领域的发展水平、商业化利用程度，决定其是否给予植物新品种予以专利保护。也就是说，植物的专利保护实际上是与一种高研发投资、农林产品工业化生产、销售市场全球一体化以达到高额回报的产业模式相适应的。植物新品种专利保护的最大受益者是生物技术发展水平高的发达国家，这也是为什么发达国家一直在强调对植物新品种进行专利保护的原因。可以说，植物专利保护本质上是生物科技企业集团获取超额利润的工具，这才是发达国家重视它的主要原因。“在很大程度上，知识产权问题不是学术理论问题，而是由经济实力决定的政治问题。”[①] 据调查，目前76%的植物专利来自美国，就整体而言，几乎所有的植物专利都属于发达国家，即使少数植物专利属于发展中国家，但其背后的所有人仍属于发达国家的私人企业。植物专利的保护造成发达国家控制农业，进而控制全球的经济发展命脉，更加剧了发展中国家和发达国家的对抗。[②] 目前，很多发展中国家如印度等，极力反对开放对植物的专利保护，因为相对于美国、日本、欧洲等发达国家的农业生物技术发展水平及产业化水平，发展中国家处于劣势，在这种情况下开放对植物的专利保护，势必会损害发展中国家大多数农民以及国内育种者的利益，影响其农业发展以及生态环境的保护。我国作为发展中国家，农民占了我国人口的大多数，农业技术水平整体仍然落后于发达国家，传统的耕作方式依然占据着主导地位，大多数农民还是主要依靠耕种生存，这种情况下，农民的自留种权可以维护无力每一种植季节购买新种子而又需要重复使用种子维持生计的农民的利益。如果对植物予以专利保护，不仅会使少数跨国公司控制世界农林产品市场，更会危及广大农民的生存权。我们应该认真考虑，如果开放对植物的专利保护，是否会形成大部分植物品种专利被外国企业拥有，反而限制我国民族企业发展，损害我国广大农民的利益进而损害我国国家利益。

另外，按照专利法生态化的要求，目前我国也不宜对植物新品种采用专利这种强保护方式。

专利法生态化这一概念，是随着法律生态化概念的出现进入人们的视野的，是法律生态化的重要组成部分。生态化是指将生态学原则和原理渗透到人类的全部活动范围内，用人与自然协调发展的理念去思考和认识经济、社会、文化等问题，根据社会和自然的具体情况，最优地处理人与自然的关系。[③] 法律生态化的观点是从国外引入并逐渐为国内法学界所接纳。法律生态化简单来讲就是指将生态环境保护的理念和要求反映在各部门立法中，从立法的指导思想、目的和原则以及制度设计等方面，强调和突出对生态环境的保护，使法律朝着与生态环境保护相协调的方向发展，实现经济效益、社会效益和环境效益的协调发展的一种法律变革。

---

① 参见国家知识产权局条法司编：《专利法研究》，知识产权出版社2005年版，第239页。

② 李扬主编：《知识产权的合理性、危机及其未来模式》，法律出版社2003年版，第191页。

③ 文传浩等：《生态政治与政治生态化》，网址：http：//www.chinawestnews.net，于2003年8月5日访问。

法律生态化涉及到整个法律体系，作为整个法律体系中重要一员的专利法也概莫能外。专利制度具有促进科学技术发展的重要作用，而对科学技术的滥用以及政府法律和政策决策的失误又是造成环境问题的主要原因之一，因此，如何使专利法在促进科学技术发展的同时，防止因科学技术滥用而造成对环境的破坏，应该是专利法本身必须考虑的问题，从这个角度来看，专利法的生态化是法律生态化中的重中之重。简单来说，专利法生态化就是指以可持续发展作为最终目标，将生态环境保护的理念和要求反映在专利法中，使专利法朝着与环境相协调的方向发展，最终实现经济效益、社会效益和环境效益的协调发展的一种法律变革。

生态化的专利法应当具有生态化法律具有的特点：一是生态性。传统法律以人类为中心，注重的是人类的利益，而生态化的法律体现的是人与自然相和谐的生态性特征，它要求以限制人类发展经济的绝对自由作为出发点，以法律生态化的理念重新调整人与自然的关系。二是代际性。传统法律关注的是当代人的发展，而生态化的法律关注的是人类社会世世代代的永续发展，其认为自然资源就其自然属性和对人类社会的极端重要性来说，它应该是全人类的“共享资源”，是人类共同体（包括当代人和后代人）的“公共财产”，从而具有显著的代际性特征。三是协调性。传统法律是建立在“非持续发展模式”基础上，其只能以单纯追求经济增长为己任，从而忽视了环境保护与经济发展的相互协调。生态化的法律主张在保护环境资源基础上实现经济的高效增长和代际间的公平，从而具有明显的协调性特征。其既强调环境保护与经济发展之间相互制约、相互冲突的一面，也强调二者之间相互依存、相互促进的另一面。四是超前性。传统法律既然以当代人利益为中心，其只关注当代人的眼前利益，并以调和当代人之间的各种利益冲突为己任。而生态化的法律则以当代人和后代人的利益为中心，关注的是人类社会永续发展的长远利益，从而具有超前性的特征。

生态化的专利法具有的特征将决定专利法的生态化首先需要对传统专利法的理念和价值目标进行更新，其次需要对传统专利法①的基本原则进行更新，最后需要对传统专利法中原有的不符合生态环境要求的法律制度进行重新构建和补充适应生态环境要求的新制度。

我国传统的专利法以功利性为基本理念，坚持经济利益至上的原则，专利法的调整范围主要局限在如何鼓励发明创造、保护专利权人的利益上，缺少防止科学技术对生态环境破坏和影响的具体措施和规定，不符合生态经济学的要求。在专利法生态化的要求下，传统专利法应该引入生态观，使其具有生态性和前

① 这里的“传统专利法”是指生态化改造前的专利法。

瞻性。

我国传统专利法的基本原则主要包括保护专利权原则、鼓励发明创造的应用原则和平衡专利权人和社会公共利益原则，这不符合专利法生态化的要求。根据专利法生态化的要求，我国应该将生态安全原则[①]引入到专利法的基本原则中。生态安全原则主张必须加强对科学技术风险和安全的研究，对科学技术可能给生态环境带来的负面影响应严加控制，以保证科学技术活动不致对生态环境造成污染或破坏；对科学技术的开发和应用作出理性的取舍。也就是说，专利法生态化要求对可能危害生态安全的发明创造授予专利要给予限制，防止科学技术对生态环境的影响和破坏。

本文探讨的专利法生态化下植物新品种专利保护问题，就是探讨基于专利法生态化的要求，在生态安全原则指导下，必须对植物新品种给予专利保护可能造成的对自然生态环境和生物多样性的安全性存在的潜在风险的影响予以考虑，基于这种风险，应该排除对其给予专利保护。

植物新品种是利用生物技术中的转基因技术对植物品种进行改良后产生的转基因生物。研究表明，转基因生物以及转基因技术对自然生态环境和生物多样性的安全性存在潜在的风险。

转基因生物对环境的影响可以是直接的，也可以是间接的；可以是马上出现，也可能是延迟出现的。[②] 这种风险具体体现在转基因生物的“基因污染”可能造成的生态风险。“基因污染”是环境保护的新概念，即基因工程作物中的转基因能通过花粉（风媒或虫媒）所进行的有性生殖过程扩散到其他同类作物上，这是一种遗传学上称为“基因漂散”（gene flow）的过程。而这种人工组合的基因通过转基因作物或家养动物扩散到其他栽培作物或自然野生物种并成为后者基因的一部分，在环境生物学上则称为“基因污染”。[③] 例如，利用基因技术种植抗干旱、抗伏倒、高产量的玉米或者是抗干旱、抗虫害的棉花，但是由于没有对特殊基因物质进行有效的控制，其通过风媒或虫媒散播了，结果在玉米或棉花旁边长出了抗伏倒、抗干旱、抗虫害、高产量的杂草。这种杂草比其他植物在自然中散播和存活的时间长，因为转基因技术赋予了这种杂草与其他植物竞争的优势并可以侵占其他植物的

---

① 生态安全也称绿色安全、环境安全。

② DAVID NAIOU：《BIOTECHNOLOGY & NANOTECHNOLOGY – Regulation under environmental, health, and safety laws》，OXFORD UNIVERSITY PRESS，2009，page 32.

③ 南宁政务信息网：《浅析基因污染的概念及应对措施》，2005 年 6 月 1 日。

领地。[①] 播下的是龙种，收获的是跳蚤。[②] 这不仅增加了除草的难度，也给对农作物野生近缘种的利用造成困难或使其成为不可能。不仅如此，受基因漂散过程影响的植物，其从转基因中获得的性状因为是未经过自然选择过程的，其结果将会打破自然界的生态平衡，影响整个地球的生态系统。所以，“基因污染”对地球生态系统具有潜在危险，忽视这种危险，可能将重蹈工业革命对环境大规模破坏的覆辙，招致一场不可收拾的灾难。与其他形式的环境污染不同，植物和微生物的生长和繁殖可能使基因污染成为一种蔓延性的灾难，而更为可怕的是，基因污染是不可逆转的。从美国的“星联玉米事件”，加拿大的“转基因油菜超级杂草”，到墨西哥的“玉米基因污染事件”，越来越多的事实表明“基因污染”的威胁不容忽视。[③] 转基因技术对生物多样性的影响主要体现在如下方面：

第一，物种的引进和驯养。引进物种的原因可能是有意识的，有时也可能是偶然的错误。无意识的引进往往对生态环境造成很大的损害。物种的混杂使某些物种会损害当地的物种，改变生态系统和食物链。例如，20 世纪 60 年代以前滇池的主要水生动物、植物分别有 16 种和 8 种，到 20 世纪 80 年代大部分水生植物相继消亡，存 30 余种，祸害就是一种外来的名叫凤眼莲的植物，它严重破坏了滇池水生系统的结构和功能，导致大量水生植物死亡。[④] 此外，有意识的引进物种行为也并不全都会结有益果。有选择的驯养物种，也会破坏生物多样性，以法国为例，在 19 世纪，法国可以生产 2000 多种苹果，但是后来由于农民有意识地选择市场跟更乐于接受的品种，今天法国的苹果品种只有 10 种。此外，栽培与推广单一的高产品种，人工林品种单一化都影响到生物多样性的质和量，而生物多样性的减少，使得人们无法从中培养和驯化更好的生物品种，这必然会影响到人类未来的食物结构。[⑤] 由此可见，物种的驯养和引进会影响生态平衡，改变生物多样性，从而影响人类的生存。

第二，转基因品种的大量繁衍和克隆物种的产生。转基因技术可以大量

---

① DAVID NAIOU：《BIOTECHNOLOGY & NANOTECHNOLOGY – Regulation under environmental, health, and safety laws》, OXFORD UNIVERSITY PRESS, 2009, page 34.

② 唐安帮主编：《中国知识产权保护前言问题与 WTO 知识产权协议》，法律出版社 2004 年版，第 106 页。

③ 人民网转基因专题：《基因污染威胁中国生物安全》，2004 年 10 月 20 日。

④ 参见《国家渔政部门表示我国欲建外来物种预警机制》，网址：http//www. legalinfo. gov. cn/gb/special/2003 – 01/15/content_ 10032. htm。

⑤ 张金屯：《论生物多样性保护与可持续发展》，载《经济地理》1999 年 4 月 19 卷第 2 期。

地被应用于农业、医药和工业。在自然界种植转基因作物可能给野生生物带来灾难性的影响，而且移植的基因可以越过性别障碍，并将遗传特征转给一种临近的生物，因此，风险是广泛存在的。通过基因改良培育活的有机体，在环境中能够潜在地繁殖，一旦基因改良体成为一种严重的害虫，要将其消除将十分困难。然而，更令人担忧的是克隆技术。可以预见，自然界原有的优胜劣汰和进化过程将会因为这种技术的出现而受到影响，生态系统的自然演变因而增添了更多的干扰因素。毫无疑问，克隆技术增加了影响生物多样性的可能方式。转基因技术和克隆技术的进步，使得人类选择性繁衍物种的能力得到增强的同时，意味着生物界自我循环的能力将受到更大威胁。

第三，转基因生物技术对工农业生产方式的影响，与生物多样性问题同样密切相关。在农业领域，如果对植物品种授予专利，为了实现垄断权，专利权人会对其研发的植物进行全面的控制，这将断绝他人改良植株的机会，因此，有可能因为限制了其他人研究开发新品种，而导致植物基因退化，从而影响生物多样性。

第四，大面积的单一种植使得整个农业建立在仅仅几十个物种的基因基础上，单一物种的次生林破坏了天然林丰富的遗传基因，选择多产的植物或家养动物取代利润较低的更接近野生的品种。这些生产方式势必会导致遗传基因的贫瘠，长期下去，也会严重影响人类自身的食物结构和发展需要。

第五，利用基因技术恢复已经丧失的生物基因并将其重新引入环境，也有可能破坏生态平衡。在工业领域，大规模工业化带来的污染使得物种多样性的破坏加速，在科技发达的时代，城市化、人口爆炸、沙漠化、湿地干涸等等因素甚至直接带来了物种的消失。①

基于转基因生物以及转基因技术对自然生态环境和生物多样性的安全性存在潜在的风险，如果给予其专利保护，将违反专利法生态化下生态安全的基本原则。正如有的学者担忧："更为严重的问题是，到目前为止，由于转基因生物对人类和生态环境的影响还难以确定，转基因农作物在自然生长过程中其基因是否会发生变异或漂移，是否会改变自身或其他物种的遗传特性等等，还有待于进一步地考察，而对其进行如此强的专利保护，拒绝他人对该植物的试验和改良的机会，从生态环保的角度来说，在未来发生危害的可能性很大。"②

按照专利法生态化的要求，我国对发明创造予以专利保护时应该按照生态安

① 参见汪惠敏：《科技和法律在生物多样性保护中的互动关系》，载《生物法律》2004 年第 2 期。

② 李扬主编：《知识产权的合理性、危机及其未来模式》，法律出版社 2003 年版，第 194 页。

全原则的指导，排除对自然生态环境和生物多样性的安全性存在潜在风险的植物新品种的专利保护。

结论：我国在对植物新品种进行保护时，对植物专利保护引起的一系列弊端必须予以高度关注，特别是对植物专利可能会导致生物多样性的丧失、打破生态平衡、对生态系统带来潜在的威胁等弊端更要予以特别关注。我国要充分认识到：即使不考虑植物专利保护对我国广大农民利益和农业产业发展等方面的影响，单纯从专利法生态化的角度考虑，我国目前也不宜采用对植物新品种予以专利保护的方式，而通过授予育种者新品种权保护是符合我国国情的。

专利法要为科技创新提供制度性保障
——写在《专利法》第四次修改之际

李玉香* 孙浩源**

一、专利法律制度与科技创新

（一）科技创新对经济发展的作用

随着知识经济的发展，创新这个词汇已经成为经济发展最热门的词汇之一。而现代经济学意义上的创新概念，则已经由熊彼特提出的创新理论所主宰。在熊彼特的创新理论中，首次区分了发明创造与创新。此后，一般认为科技创新就包含了两个含义——科学创新和技术创新。“科学创新是探索事物本质和规律的创新，其直接目的是认识客观与主观世界，追求真理，解释世界是什么和为什么的问题。技术创新是人们在生产生活中创造新工艺、新技巧、新方法、新手段及新产品的活动。”① 科学创新与技术创新并没有严格意义上的界限，科学创新为技术创新提供了理论背景和知识储备，而技术创新也为科学创新提供了动力和资源支持。二者相互依存、缺一不可。

根据熊彼特的创新理论，科技创新对现代经济发展具有引领作用，是经济发展的根本动因。② 纵观世界经济近五十年的发展，几乎也验证了熊彼特这一理论。统计近五十年世界各国的经济发展状况，发达国家的科技创新与科技进步，占其经济增长的比例处于领先地位。因此，在现代世界经济体系下，发展科技创新，提高科技创新在经济增长中的贡献，是实现可持续发展，保持经济快速增长的根本途径。作为发展中国家的中国，应当认识到科技创新的重要作用，大力加

---

* 中国政法大学民商经济法学院教授。

** 中国政法大学知识产权专业研究生。

① 张安毅：《论科技创新与知识产权法律制度的关系》，载《新乡师范高等专科学校学报》2006年第3期，第30～32页。

② 许曦，刘方：《熊彼特的创新理论及其现实意义》，载《商业时代》2004年第30期，第18～19页。

强科技创新，通过工业化与信息化融合发展的方式，发挥后发优势，赶超发达国家。基于此，我国于本世纪初正式提出建设创新型国家的国策。自主创新、重点跨越、支撑发展、引领未来是建设创新型国家的指导方针。对于创新型国家，国际上公认的衡量标准为科技进步贡献率、研发投入与国内生产总值比例、对外技术依存度和国际专利数量等。而这些指标无一不与科技创新的发展程度有关。

（二）专利法律制度是保障科技创新的有效途径

"科技创新立足于科技、经济一体化的目标，是一种为促进经济发展而进行的新技术应用与商业化的活动，它离不开相应制度的保障、规范和约束。"① 知识产权制度的建设水平和对知识产权的保护力度直接决定了一国科技创新的发展水平。知识产权制度作为直接保护科技创新活动的基本法律制度，在激发人类发明创造的活力，推动科学技术进步的方面起着基础和保证的作用。建立完善的知识产权保护制度，加强知识产权保护力度，不仅可以为科技创新提供激励机制和智力资源，同时更能够实现创新成果的产业化、构建与维护公平有序的创新环境。

各类知识产权中，专利法律制度作为同时联系工业生产与创新活动的工业产权之一，由于具有鼓励研究开发新技术、鼓励技术的开发和应用、保障技术转移和交流等作用，已然成为"公认的，对科技进步、经济发展推动作用最为明显的知识产权。"②

专利制度促进创新的作用可从以下几方面体现：第一，专利制度通过赋予发明创造人对其发明创造的独占排他使用权，维护发明创造人的经济利益，调动了发明创造人的积极性，③ 从而对从事科学创新的学者和研发人员产生了激励作用；第二，专利制度对专利申请的公开促进了技术信息的交流，防止了重复研发；第三，专利制度通过对专利文献的介绍，使得市场主体在技术转移过程中能够对相关技术进行有效的了解和评估，促进信息的公开和交易的公平；第四，专利作为无形资产可以参与投资、作价转移，为技术的产业化、成果化实现制度上的保障，而这些保障都是技术创新所必须的条件。

---

① 吴汉东：《知识产权多维度解读》，北京大学出版社2008年版，第445页。
② 吴坚：《科技创新与知识产权》，载《知识产权》2007年第6期，第19～22页。
③ 汤宗舜：《专利法教程》，法律出版社2003年版，第15～16页。

二、我国专利制度在保障科技创新方面的问题

（一）现阶段我国专利制度存在的问题

1. 专利申请期间保护力度不够，严重影响申请人的积极性。发明专利申请阶段的保护力度不强已广为诟病。大多数企业认为在专利申请阶段，发明专利申请的实质审查时间过长，在一些更新换代比较快的行业中，发明专利最终通过实质审查时，可能该项技术已经被市场淘汰了；另外由于审查期间需要公开技术的详细信息，这样技术就很容易被他人仿制，即便事后获得授权，由于专利法规定的保护制度太弱，企业损失仍然难以弥补。

2. 对专利侵权的惩罚和震慑力度不足，专利侵权行为猖獗。另一方面，对已经获得专利授权的专利权保护力度不足，也是目前我国专利制度的一大问题。"相对于窃取专利所获得巨额利润，侵权者所付出的违法成本明显过于低廉"①，对恶意窃取他人专利，造成权利人巨大损失，严重扰乱市场秩序的行为处罚程度过低，执法力度不严，并且在我国专利法律责任体系上，只规定了专利侵权的民事责任和行政责任，并没有关于刑事责任的规定。法律对专利侵权行为的惩罚力度和震慑力度的不足，导致恶意侵权行为猖獗。

（二）专利保护不力对科技创新的影响

我国专利制度的现状，已经对科技创新活动产生了非常负面的影响。很多创新的技术持有者在得到创新技术成果后进退两难。如果申请专利保护，则技术泄露被不正当利用的风险很大；不申请专利，更无法保障技术信息的安全。而即便度过了专利申请这一关，顺利得到了专利权，仍然要承受专利被侵权的风险。专利诉讼时间长，程序繁杂，且律师费用昂贵，结果又相对不确定。对于很多从事科技创新的高新型中小企业来说，他们很难利用专利制度保卫自己的研发成果。而科技创新，最依靠的恰是高新科技的中小企业。这一切都是导致目前我国市场主体不会创新、不愿创新、不敢创新以及我国市场上"山寨"现象严重的原因。在这种背景下，"企业近乎本能地回避创新风险，最大限度地压榨现有技术手段的含金量，随之而来的是大规模的相互克隆。② 创新动力丧失的结果是整个行业在国际竞争中处于劣势，核心技术的命脉牢牢掌控在跨国公司巨头手中。有媒体报道，某互联网领军人物公开作出"国家对知识产权的保护太弱，谁创新谁倒

---

① 《"谁创新谁倒霉" 企业面临生存困境》：网址：http：//finance. ifeng. com/roll/20120119/5488588. shtml。

② 《"企业缘何抱怨"知识产权保护太弱》，载《报刊文摘》2012 年 1 月 23 日。

霉”的结论①，可见专利保护不力已经给我国的科技创新机制带来了严重的破坏性影响。

三、加强和完善我国专利法律制度的建议

（一）建立和完善发明专利快速审查制度的建议

1. 专利快速审查制度概述。专利快速审查制度就是为了克服专利审查时间过长的问题而实行的一种对满足一定条件的专利申请，进行快于一般专利审查的制度。很多专利申请量大、技术发达、知识产权保护完善的国家都建立了专利快速审查制度，以解决某些需要迅速获得专利权的特殊案例，同时也可以缓解专利审查机构大量待审案件积压问题。

专利快速审查制度一般包括两种机制，一种是优先审查制度，即根据申请人的申请或者专利审查机构自己决定而对某个申请不按照审查机构接受的顺序，提前开始实质审查的制度；另一种则是加快审查制度，是指根据专利申请人的请求或者特殊规定，而加快对发明专利实质审查的速度，使之快于一般发明专利实质审查的制度。②

2. 各国专利快速审查制度比较。各国的专利快速审查制度都具备对启动制度的条件做了一定的限制和对审查的周期做了严格规定的特点。

美国的专利快速审查制度包括优先审查制度和加快审查制度两种。其中，优先审查制度需要申请人满足的条件只包括申请人因年龄或者健康问题或因“专利审查高速公路”项目的原因而需要优先审查的情况。其加快审查制度的条件则包括一些程序性的要求，例如提交申请并缴费、申请的形式为电子申请，以及对专利申请权利要求的一些特殊规定等。而审查的时限规定在自递交日起12个月内完成审查工作。③

日本的专利快速审查制度包括优先审查制度、加快审查制度和特快审查制度三种。其中，优先审查制度要求已经提交实质审查请求并且已经公告了的专利申请正在被第三方实施。而加快审查制度则要求已经专利申请提交实质审查请求，但是尚未开始实质审查，而申请人又满足一定的条件，包括已经或即将实施该申请、或者申请人是中小企业或者学术团体等。而审查的时限也即在专利申请公布之前审查。同时日本还规定了专利特快审查制度。申请人需满足正在实施或者2年内计划实施该申请的条件，以及在日本以外的国家或地区提交了相应的专利申

---

① 《南方都市报》2012年1月17日报道。

②③ 何艳霞：《国外专利加快审查机制及其对我国的借鉴研究》，中国政法大学2010年知识产权法专业硕士学位论文，第2页、第7~11页。

请。特快审查制度相比于加快审查制度的审查速度更加迅速。[①]

欧盟并没有对优先审查制度作出规定，但是规定了加快审查制度和加快检索制度。但其对这两种制度需要满足的条件并没有特殊的要求，也不需要额外的费用。当然，对加快审查的时限也没有严格的要求，只是规定3个月内发出首次审查意见通知书，并在收到答复后3个月内发出下一份审查意见通知书。[②]

韩国优先审查制度需要满足的条件包括第三方正在实施该发明，以及涉及到军事、环保、促进出口、团体业务、风险投资、电子商务、国家新技术发展自主项目、国家质量认证领域的项目的相关申请。同时需要缴纳一定的费用。而加快审查制度的要求也包括申请公布后，有第三方实施该申请、申请技术计划被实施、设计国防、绿色技术、电子交易等领域等条件。同时也对申请的形式做了规定，包括需要进行现有技术检索等要求。除此之外，韩国还规定了快速审查制度，要求申请人附上韩国知识产权局制定机构作出的现有技术检索报告，而这一制度可以使专利实质审查的时间提前到2.2个月。[③]

3. 我国专利优先审查制度的现状和改进：

（1）我国专利优先审查制度的现状。根据我国现行《专利法》规定，发明专利在申请之后的三年内进行实质审查。实质审查持续的时间很长，加上发明专利申请量剧增导致的审查积压，使得发明专利审查周期愈发漫长。虽然近几年，国家知识产权局在缩短发明专利审查周期上做了大量的工作，至2011年，我国发明专利审查周期已经下降至22.9个月[④]，但由于发明专利申请积压严重，一项发明专利从提出申请到最终获得授权，至少要2~3年。

为了解决这个问题，国家知识产权局于2012年6月公布了《发明专利申请优先审查管理办法》（以下简称《管理办法》）。《管理办法》规定的专利优先审查制度实际上是一种优先审查与加快审查相结合的制度。不仅在审查顺序上获得了优先，同时在审查时间上也做了一年内结案的加快要求。这一办法的颁布实施确定了能够进行优先审查的申请条件，规定了优先审查的期限，完善了我国的专利加快审查制度，但笔者以为，该《管理办法》仍然存在如下问题：

---

① 张青：《中日专利“加快审查制度”之比较》，载《电子知识产权》2010年第6期，第92~93页。

② 徐伟杰：《试论我国专利审查程序的优化》，中国政法大学2010年知识产权法专业硕士学位论文，第8~9页。

③ 何艳霞：《国外专利加快审查机制及其对我国的借鉴研究》，中国政法大学2010年知识产权法专业硕士学位论文，第18~21页。

④ 国家知识产权局：《专利统计简报》2012年第17期，网址：http://www.sipo.gov.cn/ghfzs/zltjjb/201208/t20120807_735390.html。

第一，《管理办法》法律效力层级低，加快审查程序得不到社会应有的重视，影响该程序作用的发挥。《管理办法》为部门规章性质的文件，由于效力层级较低，对专利申请人和专利工作者的影响有限，无论是学术界还是实务界对这一制度的研究都比较少，同时也导致很多现实的或者潜在的专利申请人并不知道这一制度，更不用说运用它保护自己的技术信息。另外，《管理办法》全文只有13条，条文也都过于简单，对很多审查的详细操作流程并没有规定，这也不免使专利审查员工作难以适从。

第二，符合优先审查的专利范围过小。美国和欧洲的加快审查制度对专利的范围并没有限制，而日本的加快审查制度只是对专利申请人的条件予以限制，韩国的加快审查制度虽然规定了专利范围的要求，但是涉及到多个领域和行业，覆盖的专利面相对较广，而且韩国同时也规定了一些满足申请人条件的申请可以获得提前审查的情况。反观《办法》中对专利申请的范围限制，都是高新科技技术或者对国家利益和公共利益有重大意义的项目，这些项目在每年海量的发明专利申请中所占的比例是很小的，对很多需要快速获权的申请人还是于事无补，同时也难以解决大量的专利审查积压案件。

第三，在程序上，美国、欧洲、日本和韩国都对加快审查的发明专利申请需要提交的文件进行了详细的规定，以使专利审查机构能够真正实现快速审查专利申请。而我国《办法》中对优先审查申请材料的要求仅限于电子申请、省级知识产权局的意见书和符合条件的检索报告，其中，省级知识产权局的意见书也是针对专利实体内容的意见。这一规定只是省去了专利审查机构的检索工作，对其他工作的材料并未要求，这可能导致专利审查机构不得不将更多的精力投入到优先审查当中，反而侵占了普通专利的审查资源，造成更大的专利审查积压。

（2）我国专利优先审查制度的改进建议。随着WTO的加入和国家知识产权战略的开展，专利的申请量增速惊人，这给专利审查部门的工作带来了很大的压力。因此笔者建议我国应借鉴国外先进经验，从以下几方面改善我国的专利优先审查制度：

第一，增加专利快速审查制度的规定效力层级，应当在《专利法》中增加有关专利快速审查制度的规定，从法律层面上完善专利快速审查制度，以促进这一制度的进一步发展，也可以使更多的专利申请人了解并运用这一制度。当然，鉴于专利法条文的限制，对于审查制度的具体程序可以以部门规章或者专利审查指南中更详细的程序性设计予以规定。

第二，增加能够申请优先审查专利的范围。国家高科技新兴行业，技术更新换代速度快的行业，技术容易被模仿的行业应当适时地加入优先审查的范围。另外，应当效仿日韩等国家，对被第三方未经授权实施了的专利申请也应当可以申请优先审查。

第三，加强对优先审查专利申请材料的规定。专利审查部门应当根据优先审查工作中的经验，对申请优先审查的发明专利进行一定的程序性限制。同时，充分利用社会力量，对一些纯技术性的工作如翻译、检索等外包给社会相应的专利审查协作机构，以减轻专利审查部门的负担。

第四，扩充专利审查人员队伍，加强培训。专利审查员的数量和素质直接决定了专利审查工作的速度和质量。应当加强专利审查员的队伍建设工作，提高专利审查员的待遇，实行激励机制，以最大限度留住并激发人才。必要时可效仿日本，招聘一些合同制的审查员或者兼职审查员并进行培训，在保证审查质量的同时，扩充数量以应对更加繁重的审查任务。

（二）建立专利权临时保护制度

1. 我国发明专利临时保护制度之现状。针对在发明专利审查期间，未经申请人许可而实施该申请的行为，现行《专利法》进行了临时保护的规定。关于临时保护的性质，目前学界观点认识不一，有观点认为，专利申请人在此期间享有的是一种专利权的期待权，行为人的行为构成了对专利期待权的侵害，而适当的费用也就成了对侵害专利期待权的损害赔偿。[①] 笔者在2004年发表的《准专利的法律保护》[②] 一文中，将此期间的权利定位为“准专利”。然而大多数的观点则认为临时保护期间利用发明申请的行为是合法行为[③]，这种观点的大量存在使得发明从申请日到授权日的保护力度相当孱弱。笔者依然坚持，法律应当对此期间的发明予以临时保护，理由如下：

（1）法律的基本原则之一就在于维护公平正义。如果一项申请最终被授予专利权，那么应当推定这一技术符合专利法设置的初衷，应当受到专利法保护。而如果第三人因为发明专利的公开而获得了该技术方案，在申请未被授权之前即实施了该方案，最终却得到与在授权之后实施该方案完全不同的待遇，这显然违背了法律的公平正义原则。

（2）《专利法》虽然规定发明专利权自公告之日起生效，也同时规定发明专利权的期限自申请日起计算。因此，从发明专利申请日到生效日的期间已经计算到专利权的保护期限中了。法律没有明确规定在这段期间内专利权人享有的权

---

① 赵克祥：《申请日到授权日期间发明的法律保护——以请求权和请求权基础为视角》，载《电子知识产权》2009年第4期，第36～40页。

② 李玉香：《准专利的法律保护》，载《人民司法》2004年第1期，第56页。

③ 孙海：《论发明专利申请期间临时保护》，上海交通大学2006年民商法硕士学位论文，第19～20页。

利，但是专利权人的牺牲——保护期限的起算已经开始了。因此，出于对专利申请人的平衡，应当在此期间赋予其一定程度的权益，这种权益是可以成为这一期间申请人之请求权基础的。

（3）如果第三人出于恶意，对已公开却还未授权的申请进行仿制并企图占领市场，专利的申请人由于受到研发成本等限制，很难与第三人进行竞争。如果不赋予申请人以制止第三人行为的权利，则申请人将完全处于被动。这将会导致对创新的打击和市场秩序的混乱，完全背离了《专利法》的初衷。

因此，为鼓励和促进科技创新，应当加强对这一期间的发明保护，并有针对性地制定相应的法律制度。

2. 引入专利权临时保护制度的建议：

（1）专利权临时保护制度的理论基础。专利权临时保护制度是一种类似于诉前禁令的制度，能够赋予权利人以禁止权的临时地位。吴汉东教授曾提出“建立专利权预保护制度”的建议，其目的在于“排除未经授权之利用行为，即排除当前之紧迫危险为目的”①。笔者以为，专利权预保护与临时保护制度有异曲同工之妙，其具有如下理论基础：

首先从专利申请人在申请阶段所应享有权益的角度，如前所述，对专利权人在申请期间所享有的权益是基于将来可能获得的专利权而存在的，权益的请求权也表现为停止损害。

其次从对申请人所面临的危险而言，在发明专利申请公开之前，这一技术信息一般是由权利人以商业秘密的形式予以保护的。按照我国现行法律规定，权利人的技术信息一旦从商业秘密的保护罩中脱离，便进入到了一个既无保密保护，也无专利保护的“青黄不接”的时期。

笔者要指出的是，专利申请人的权利应当受到保护，第三人对专利申请的恶意仿制应当受到惩罚，但这一惩罚应当严格建立在第三人过错的前提上，不可任意扩大保护范围。

（2）专利权临时保护制度的构成要件。第一，专利临时保护制度要提出申请。专利申请人有证据证明第三人未经专利申请人授权而实施或者即将实施其发明专利申请，如不及时制止将会使其合法权益受到难以弥补的损害时可提出临时保护的申请。这一保护制度同样应当要求专利申请人提供担保，以确定一旦专利权未被赋予，可以防止申请人滥用临时保护制度损害公共利益。同时应当对专利申请的质量和申请人的勤勉义务作出规定。②这一判断应当由司法机关作出，如果专利申请明显不符合专利法对发明专利的要求，则可以拒绝临时保护制度的

---

①② 吴汉东主编：《知识产权制度基础理论研究》，知识产权出版社2009年版，第351～352页。

实施。

第二，申请的时间。申请的时间是在专利申请公开之后至专利授权之前。

第三，禁止权的范围。第三人明知或应知该技术信息已经处在专利申请的公开状态，仍然实施以图牟利，进行恶意竞争的，应在禁止权的范围之列。判断第三人是否是通过专利公开获取的技术信息，主要取决于第三人获取该技术信息的时间。第三人必须能够证明其在获取该技术之时，专利申请尚未公开，才可以推翻对其主观过错的推定。

第四，专利权临时保护制度的终止。一旦专利权属状态确定，专利权临时保护制度即应自动终止。此时可能会产生两种结果：一是专利申请被授予了专利权。则申请人已经成为专利权人，有权继续禁止被申请人实施其专利；二是专利申请未被授予专利权，则申请人应当对因此而造成的被申请人的损失负赔偿责任。而此时申请人提供的担保财产因担保条件成就，被申请人享有优先受偿权。

（三）增加专利侵权的刑事处罚责任的建议

1. 我国现行法律的规定。根据我国最新修订的《专利法》和《专利法实施细则》，与专利相关的法律责任主要包含由专利侵权和由假冒专利引起的法律责任。而我国现行《刑法》和现行《专利法》中，涉及到专利的刑事责任只有《刑法》中有关“假冒专利罪”这一个罪名。① 而对于专利侵权的行为，无论情节多么严重，都不能追究刑事责任。这不能不说是法律上的缺失。

2. 其他国家和地区对专利侵权犯罪的借鉴。世界主要国家和地区对专利犯罪的规定遵循两大法系各自的传统。英美法系偏重于保护专利管理制度，而一般不对侵犯专利的行为进行刑事规制。其理由是“专利所涉及的发明、实用新型、外观设计等权利，是一种纯粹的个人权利，与社会公共利益无关。因而侵犯专利权的行为不会起到欺骗公众的作用，而仅仅损害了权利人的利益，作为国家所掌握的代表公权的刑事处罚不宜介入这种私权纠纷中。”②

例如：美国法律规定的专利犯罪倾向于保护公众的利益和专利管理制度，类似于我国的假冒专利罪，具有内容宽泛、重视控告人利益的特点。③ 对于一般的专利侵权，则规定适用经济补偿原则。可见，美国并没有对专利侵权行为进行有关的刑事规定。

英国也是一样，其所规定的专利犯罪也都是针对保护专利管理制度和公共利

---

① 王迁：《知识产权法教程》，人民大学出版社 2007 年版，第 332 ~ 346 页。

② 谢勇，田文英：《关于设立“非法实施专利罪”的思考》，载《北京航空航天大学学报》（社会科学版）2004 年第 4 期，第 26 ~ 30 页。

③ 田晓辉：《专利权刑法保护问题研究》，中国政法大学 2006 年法律硕士学位论文，第 7 ~ 8 页。

益进行的规定，其对专利犯罪规定的广度和深度虽然比美国要强，但是对于非法实施他人专利的行为仍然是持只适用民事赔偿的态度。

然而大陆法系的大部分国家却都对专利侵权的刑事责任进行了规定。同时，在国际条约中也包含了对专利刑事犯罪的要求。

例如：《德国专利法》第142条规定了非法实施专利罪，即未经专利权利人必要的同意，制造、贩卖、交易、使用、进口或占有带有专利标记的产品。[①]也就是说，德国对专利侵权行为规定了刑事犯罪，而放过了假冒专利行为。但是这种立法模式在主要的经济大国中并不多见。[②]

日本是对专利的刑事责任规定的较为严格和详尽的国家。其采取德国的立法理念。不仅侵犯专利权人的专利权可能构成犯罪，甚至在专利申请公告期间实施相关的专利也可能触犯刑律。另外，日本也同样规定了假冒专利的罪责，和以欺诈方式获得专利权的刑事责任[③]，这种规定与日本在科技创新领域的领头兵的角色是相匹配的。

我国台湾地区规定的专利犯罪，涉及到的相关罪名较多，其对专利侵权和假冒的所有行为都规定了刑事处罚，对专利犯罪的规定细且全。

3. 我国增加专利侵权刑事处罚的必要性。如今我国市场上专利侵权行为猖獗，与法律没有起到相应的作用有着直接的关系。我国《专利法》虽然规定了专利侵权的民事救济，但是专利诉讼成本高，而且要求诉讼参与人是要对技术和法律都精通的高素质人员。另外，由于专利诉讼涉及到的证据往往涉及到公司机密，很难收集，也给专利诉讼的证据收集带来很大的困难。而刑事诉讼中，公诉方拥有更大的权力，能够动用更多的资源调取证据，制止侵权。因此往往能够更迅速、更有力地阻止侵权犯罪。可以预见，如果增加了专利侵权的刑事责任，专利权人就可以通过更多的途径维护自己的权益。当然，必须辅以完善的刑事辩护制度，防止公权力的滥用和当事人恶意提起刑事诉讼的不正当竞争行为。

刑法的一个重要功能就是震慑犯罪的作用。同样是知识产权犯罪，番茄花园案发生以后，针对微软系统的盗版和侵权软件的传播均受到了很大的遏制，这些都是刑法的震慑作用在知识产权领域的体现。相信侵犯专利罪的增设同样可以起到良好的作用；另一方面，纵观各国对专利侵权犯罪的刑罚规定上，一般都是罚金刑与自由刑相结合。罚金刑是对罪犯的合法财产进行的罚没。这无疑加大了侵权人的违法成本，对于出于经济利益驱使而从事犯罪活动的人最具有震慑作用。

---

① 金敏：《专利领域刑事保护制度构建》，华东政法大学2008年法律硕士学位论文，第17~18页。

② 田晓辉：《专利权刑法保护问题研究》，中国政法大学2006年法律硕士学位论文，第8页。

③ 冯玉辉：《论专利侵权行为的刑事责任》，中国海洋大学2011年法律硕士学位论文，第6~7页。

目前我国刑法上与专利有关的规定只有一条假冒专利罪。而假冒专利的行为在实践中远没有侵犯专利的行为频繁、严重。在刑法上对危害程度较轻的假冒专利行为尚且规定了刑事处罚，但是对危害程度更重的专利侵权行为却只字未提，这对构建专利侵权的刑事法网是很不利的。在我国《刑法》侵犯知识产权罪一节中，对专利犯罪，仅使用了一条空白罪状，这与专利制度在整个知识产权制度中的地位和作用也是很不相符的。

4. 我国增加专利侵权刑事处罚之立法建议。如前所述，笔者以为，我国应当在《专利法》第四次修改中，以附属刑法规范的形式增设侵犯专利罪，以增强专利保护的力度，完善专利保护的法律体系。

借鉴国外和我国台湾地区的相关规定，该罪的犯罪构成应当如下：本罪的主体为一般主体，自然人和单位均可构成本罪，客体为专利权和国家专利管理制度，客观方面表现为未经专利权人许可，实施其专利的行为，并且造成了严重的损害后果，情节严重，主观方面则应为故意，并且以营利为目的。

侵犯专利罪的刑罚，出于体系性的考虑，应当与侵犯著作权罪和假冒注册商标罪保持一致，即违法所得数额较大或者有其他严重情节的，处 3 年以下有期徒刑或者拘役，并处或者单处罚金；违法所得数额巨大或者有其他特别严重情节的，处 3 年以上 7 年以下有期徒刑，并处罚金。

第四部分　经济法

对拍卖保证金法律适用的重新认识

霍玉芬*

多年以来，在拍卖行业内部早已形成了一个尽人皆知的行业惯例，即为了防止参加拍卖的人乱出价，之后又不买，扰乱拍卖市场秩序，所以一般参加拍卖的人如果有兴趣拍得其中的某些物品，就需要在拍卖会开始之前向拍卖机构交纳一定数量的拍卖保证金。拍卖保证金的多少可以根据买家打算出价买得的物品价值交纳（按照一定的百分比）。保证金在竞买人没有参与任何拍卖叫价成交时，拍卖会后必须退还。但是如果竞买人在拍卖会拍得某件/些件物品的话，买受人可以用保证金抵作拍卖品的部分购买款项。我国现行法律法规中并无有关拍卖人向竞买人或买受人收取保证金的规定。拍卖活动是一种平等主体之间发生的民事行为，民事活动当事人在不违反法律法规的强制性规定和不违反公序良俗的情况下，可以在双方自愿的前提下自由约定彼此之间的权利和义务。因此，拍卖人可以通过合法的约定收取保证金。在我国整个社会的诚信体系还未建立起来的今天，保证金的收取主要是起到了对竞买人的监督和履行合同的保证作用。

但值得注意的是，关于保证金的种种业内达成的共识和习惯做法却是应当反思和商榷的。

一、关于保证金的法律适用

有法学专家称①：拍卖人收取的保证金“不属于《担保法》调整的范围，而是一种民间约定……”，拍卖行业内部普遍也持有此观点。② 这种观点是有待商榷的。

拍卖行为本身就是一种买卖行为，既然是买卖行为，在拍卖合同履行过程

---

* 中国政法大学民商经济法学院经济法研究所副教授。

① 刘双舟：《拍卖法原理》，中国政法大学出版社 2010 年版，第 175 页。

② 此观点几乎见诸所有拍卖协会的拍卖师培训教材和培训资料中。

中，又采取了收取保证金的方式保证债务人履行债务，当然就当属《担保法》调整范围。民事合同中的许多约定都属于当事人意思自治范畴，属任意规范，就连违约责任中的违约金比例，《合同法》中都取消了法定违约金，改由当事人自行约定是否加罚违约金。属于意思自治、秉承契约自由的就是民间约定，就不受国家基本法的调整，那么试问，《担保法》所规范的所有担保方式哪一个不是由当事人自由选择是否在合同约定中采用呢？这样岂不是都不受《担保法》调整啦？因此拍卖合同中保证金的收取不受《担保法》的调整的说法是值得商榷的。

《担保法》第2条规定：在借贷、买卖、货物运输、加工承揽等经济活动中，债权人需要以担保方式保障其债权实现的，可以依照本法规定设定担保。《担保法》列举了借贷、买卖、货物运输、加工承揽等四种主要经济活动可以设定担保，但并不意味着担保权仅适用于上述四种经济活动，依据《最高人民法院关于适用〈中华人民共和国担保法〉若干问题的解释》（以下简称《担保法解释》）的规定，当事人对所有由民事关系产生的债权，只要这种民事关系是合法的，且设定担保的行为不违反法律法规的强制性规定，就可以设定担保。

理解担保适用的范围应把握以下三个方面：（1）担保仅适用于民商事行为。也就是说，国家经济管理行为（包括行政行为、司法行为）产生的债权债务关系不适用《担保法》。（2）担保仅适用于民商事活动中产生的具有债权债务内容的行为。因人格、身份关系而直接产生的债权债务关系（如抚养、扶养、赡养关系）不适用《担保法》。（3）担保仅适用于民商事法律行为所产生的债权债务关系。不当得利之债、无因管理之债不适用《担保法》。需要注意的是，因侵权行为、不当得利、无因管理产生的债权虽然不能先行设定担保来加以保障，但因上述行为已经产生的债权属于普通债权，可以用担保的方式来保障偿还，对此，法律并无限制。

基于上述，拍卖保证金应属民事买卖活动中的一种担保合同履行方式，理应受《担保法》《合同法》以及《民法通则》等相关法律的制约。

二、拍卖保证金的性质

目前学术界对拍卖保证金的性质颇有争议。作者认为需要对拍卖保证金的性质做一个清晰的界定，只有明晰其性质才能知其归属、对其处置。

《担保法》规定了五种担保方式，即保证、抵押、质押、留置和定金，没有规定保证金这种担保形式。保证是指保证人与债权人约定，当债务人不履行债务时，保证人按照约定履行债务或承担相应的责任，保证实质上是用保证人的信誉担保，即人保；抵押的标的物在我国大多是不动产，而保证金不属于不动产；留置属于法定抵押，而保证金是由当事人约定而产生。排除以上三种方式，对保证金性质的争议存在于“质押”与“定金”之间。《中华人民共和国民法通则》也明确规定：依照法律的规定或者按照当事人的约定，当事人可以采用保证、抵押、留置或定金等方式担保债务的履行。

作者个人观点认为拍卖保证金是动产质押。

《物权法》第208条规定：为担保债务的履行，债务人或者第三人将其动产出质给债权人占有的，债务人不履行到期债务或者发生当事人约定的实现质权的情形，债权人有权就该动产优先受偿。《物权法》第211条规定：质权人在债务履行期届满前，不得与出质人约定债务人不履行到期债务时质押财产归债权人所有。拍卖保证金存在于竞买人或买受人与拍卖人的二者关系中而没有第三人，所以竞买人或买受人既是出质人又是债务人；拍卖人即债权人（质权人）。如果保证金属于动产质押，当买受人违约时，拍卖人仅就其占有的保证金享有优先受偿权而非所有权。至于如何优先受偿，受偿多少，都应按照当事人事先约定。拍卖保证金也有可能是权利质权。根据《物权法》第223条规定，汇票、支票、本票、债券、仓单、提单、存款单权利可以质押。如果买受人以票据或凭证作为保证金担保，则可以认为该票据或凭证是权利质押的客体。当然，该保证金在理论上可以作为权利质押，但在实践中几乎不存在。

之所以将拍卖保证金作为动产质押，原因如下：

首先从学理层面分析，保证金具有质物的性质。保证金属于货币，“在民法中货币属于有体物中动产，但是它属于一种特殊的动产，”① 货币是否能成为质物，在学术界多有争议，目前主流观点认为货币可以成为质物。根据“货币所有与占有统一原则”，原则上货币不能成为质物，但是“在因法律的规定或者当事人的约定而导致货币的所有与占有同一规则被排除适用的情形下，货币占有的改变并不导致其所有权的改变，因此完全可以于此等货币之上设定动产质权。”②“作为质权标的物的动产必须符合以下几项条件：（1）该动产须为特定物……（2）该动产须为独立物……（3）该动产必须是法律上允许流通或者允许让与的动产……”③拍卖保证金是竞买人或买受人与拍卖人约定的，具有特定性、独立性；因其属于货币，是法律上允许流通和让与的动产。《担保法解释》第85条规定：债务人或第三人将其金钱以特户、封金、保证金等形式特定化后，移交债权人占有作为债权的担保，债务人不履行债务时，债权人可以以该金钱优先受偿。可见拍卖保证金是可以充当质押的标的物。《物权法》第219条规定：债务人不履行到期债务或者发生当事人约定的实现质权的情形，质权人可以与出质人协议以质押财产折价，也可以就拍卖、变卖质押财产所得的价款优先受偿。而“在货

---

①②③ 程啸：《物权法·担保物权》，中国法制出版社2005年版，第418页、第419页、第416页。

币质权中由于货币本身就是财产，因此债权人无须变价而可以直接以之优先受偿。”①

其次从现实中利益的平衡角度来看，保证金作为质押财产比定金更有利于保护买受人的利益。或许有人认为高额的保证金能防止买受人事后违约，有利于维护良好诚信的拍卖市场，但作者认为这种做法对买受人相对不利。根据《拍卖法》的相关规定，对于买受人违约，买受人不仅承担违约责任，拍卖人还要收取因买受人违约带来的各种损失费等，试想，这些费用的收取再加上高额的保证金，这将是一笔多大的损失。如果将保证金作为质押标的物则可以避免高额损失，《物权法》第221条规定：质押财产折价或者拍卖、变卖后，其价款超过债权数额的部分归出质人所有，不足部分由债务人清偿。可以理解为当买受人承担相应违约责任、赔偿损失后，若拍卖保证金仍有剩余，则应归属买受人。

因此，《担保法解释》第118条规定：当事人交付留置金、担保金、保证金、订约金、押金或者订金等，但没有约定定金性质的，当事人主张定金权利的，人民法院不予支持。如果当事人没有约定拍卖保证金具有定金性质，在买受人违约时拍卖人不能适用定金罚则没收保证金；如果双方有约定，拍卖成交后，拍卖保证金可以转为履约定金，注意即使有约定也只是“可以”而非“必须”是定金。可见，在当事人没有明确约定的情况下，拍卖保证金不能自动转为定金。

三、拍卖保证金的类型

拍卖中的保证金一般分为两种类型：一类是拍卖人在竞买人登记时对竞买人收取的保证金；另一类是拍卖人向买受人收取的保证金。

在拍卖实践中，把拍卖人向竞买人收取的保证金称为“竞买保证金”，竞买保证金的收取标准由拍卖人根据拍卖标的的实际情况而确定，可能是参考标的的评估价，也可能是参考标的的保留价或预计中的成交价，以能达到防范拍卖风险为目的而自由确定。竞买保证金的主要作用在于防范竞买人不负责任地恶意应价所带来的不确定性的风险，比如拍卖成交后拒不签署拍卖成交确认书，或者为了约束竞买人认真遵守拍卖规则，维持拍卖会场纪律，保证拍卖活动的顺利进行。拍卖规则一般规定，如果竞买人在参与拍卖过程中，没有恶意串通或其他违反拍卖规则行为的，在拍卖会结束后，除竞买成功的竞买人之外，其他竞买人交付的竞买保证金由拍卖人不计息全额退还。这种保证极类似于一种信用保证金。

拍卖人向买受人收取的保证金，主要作用在于担保买受人按约定履行其支付拍卖成交价款和拍卖佣金的合同义务，因此，这种保证金实际上就具有了《担保

---

① 程啸：《物权法·担保物权》，中国法制出版社2005年版，第420页。

法》中的定金性质。《担保法》第89条规定当事人可以约定一方向对方给付定金作为债权的担保。债务人履行债务后，定金应当抵作价款或者收回。给付定金的一方不履行约定的债务的，无权要求返还定金，收受定金的一方不履行约定的债务，应当双倍返定金。该法第91条还规定：定金的数额由当事人约定，但不得超过主合同标的额的20%。

在拍卖实践中，就这种保证金的约定方式而言，除了极少数情况下由拍卖人与买受人在成交确认书中做出专门的约定外，绝大多数情况下都是在约定竞买保证金的同时，约定由竞买保证金转化为这种定金。一般由拍卖人在拍卖规则中规定，竞买成功后，若买受人未按约定履行交付成交价款和拍卖佣金的义务时，定金不予退还（前提是保证金转换定金时，不得超过成交标的的20%）。

《担保法》《合同法》中对于具有担保性质的保证金的收取均在20%之内，即使作为违约金，一方当事人定约比例过高（违约金30%以上），另一方当事人还可因违背公平原则而提起诉讼。因此，拍卖公司在保证金的收取上应以不超过20%为宜，更不应将高额收取保证金作为抬高现场拍卖的门槛，这种做法同样有违公平原则。

四、拍卖保证金的归属

拍卖活动中竞买保证金的归属问题是当前拍卖业中经常遇到的一个问题，具有一定的普遍意义。拍卖保证金的归属问题涉及合同法理论中的合同相对性原则，拍卖人不宜将保证金归委托人所有，这是由合同的相对性所决定的。

拍卖保证金是由拍卖当事人之间的约定产生的，由于拍卖属于隐名交易，拍卖人是以自己的名义对外招商、发布公告、进行展示、实施拍卖的，并且是以自己的名义与买受人签订拍卖成交确认书。竞买人与委托人之间不具有合同关系，因此，拍卖保证金是竞买人或买受人向拍卖人所做的一种担保形式。

合同是当事人之间设立、变更或终止债权债务关系的协议。作为一种民事法律关系，合同关系不同于物权等其他民事法律关系的重要特征，在于合同关系的相对性。所谓合同关系的相对性，是指合同关系只能发生在特定的合同当事人之间，只有合同当事人一方能够向另一方基于合同提出请求或提起诉讼，与合同当事人之间没有发生合同上权利义务关系的第三人不能依据合同向合同当事人提出请求或提起诉讼，也不应承担合同的义务和责任。非依法律规定或合同约定，第三人不能主张合同上的权利。合同相对性的重要内容在于，合同的义务和责任应当由当事人承担，除法律和合同另有规定以外，第三人不对合同当事人承担合同上的义务和责任。换言之，与合同无关的人无须就合同负责。这一规则要求在确立合同责任时必须明确合同关系的主体和内容，区别不同的合同关系及在这些关系中的主体，从而正确认定责任。遵循合同相对性原则，将与合同无关的第三人从合同责任中排除，对于维护交易安全和秩序，保护交易当事人的合法权益，具有重要意义。

保证金是由拍卖人与竞买人或买受人的约定而产生的，其作用在于保障拍卖人与竞买人之间的竞买协议或拍卖人与买受人之间的拍卖成交合同的履行。而委托人与竞买人或买受人之间并不存在直接的合同关系，因此，拍卖保证金通常与委托人无关，委托人主张拍卖保证金应当归其所有的观点是不符合合同相对性原则的。

基于上述，拍卖法律关系中的委托人是无权对拍卖保证金主张权利的。

五、拍卖保证金的处置

买受人违约后，如果原买受人已经交纳了保证金，则因为其违约而应当支付的双方佣金可以在保证金中扣除，其余部分可以作为再行拍卖时成交价低于原拍卖的补足部分并归委托人所有。[①] 保证金扣除上述款项后仍有剩余的，应当返还原拍卖中的买受人（除非双方在保证金收取时已经约定当买受人违约时的不可收回），拍卖人和委托人均无权据为己有。保证金在竞买人发生违约，不付拍卖标的款项时，并不自然发生所有权的转移，拍卖公司无权在未有事先约定保证金的处置方式的情况下，直接将保证金归拍卖公司所有。这也是由于拍卖中的保证金不具有惩罚性，而仅具有补偿性的法律属性所致。作者之所以持上述观点的法律依据如下：

1. 基于《合同法》的规定。合同是当事人之间设立、变更或终止债权债务关系的协议。作为一种民事法律关系，合同关系不同于物权等其他民事法律关系的重要特征，就在于合同关系的相对性。因此，依照《合同法》第 8 条的规定，依法成立的合同，对当事人具有法律约束力。当事人应当按照约定履行自己的义务，不得擅自变更或者解除合同。该法第 80 条的规定，债权人转让权利的，应当通知债务人。未经通知，该转让对债务人不发生效力。对买受人收取的保证金，如果作为合同关系的话，只是拍卖人和买受人之间订立的担保合同，与委托人无关，因此不能交由委托人处理。即使是合同关系中权利的转让，也应当取得对方合同当事人的同意。

2. 基于物权法的规定。《物权法》第 66 条规定：私人的合法财产受法律保护，禁止任何单位和个人侵占、哄抢、破坏。

---

① 《物权法》第 208 条规定：为担保债务的履行，债务人或者第三人将其动产出质给债权人占有的，债务人不履行到期债务或者发生当事人约定的实现质权的情形，债权人有权就该动产优先受偿。

该法第213条规定：质权人有权收取质押财产的孳息，但合同另有约定的除外。前款规定的孳息应当先充抵收取孳息的费用。

该法第214条规定：质权人在质权存续期间，未经出质人同意，擅自使用、处分质押财产，给出质人造成损害的，应当承担赔偿责任。

3. 基于担保法的规定。按照《担保法》的相关规定，保证金是一种质押性质的担保。（抵押时抵押人不转移对抵押物的占有。定金应不超过交易额的20%，因拍卖最高应价尚不清楚，因此保证金也不是定金）。

该法第63条规定：本法所称动产质押，是指债务人或者第三人将其动产移交债权人占有，将该动产作为债权的担保。债务人不履行债务时，债权人有权依照本法规定以该动产折价或者以拍卖、变卖该动产的价款优先受偿。前款规定的债务人或者第三人为出质人，债权人为质权人，移交的动产为质物。

该法第31条规定：保证人承担保证责任后，有权向债务人追偿。

该法第67条规定：质押担保的范围包括主债权及利息、违约金、损害赔偿金、质物保管费用和实现质权的费用。质押合同另有约定的，按照约定。

该法第68条规定：质权人有权收取质物所生的孳息。质押合同另有约定的，按照约定。

六、买受人所缴纳的保证金的处理

买受人违约后，如果原买受人已经交纳了保证金，则因为其违约而应当支付的双方佣金可以在保证金中扣除，其余部分可以作为再行拍卖时成交价低于原拍卖的补足部分并归委托人所有。① 保证金扣除上述款项后仍有剩余，应当返还原拍卖中的买受人。拍卖人和委托人均无权据为己有。②

如上文所述，作者赞同将拍卖保证金作为动产质押，竞买人或买受人与拍卖人可以通过质押合同约定保证金的担保范围，但若仅如此，拍卖这种特殊的买卖活动完全可以归入合同法等民事法律规范进行调整。笔者受《商品房买卖合同示范文本》与《委托拍卖合同》的启示，认为竞买人与拍卖人的《竞买协议》、买受人与拍卖人的《成交确认书》可以由政府适当干预，即由国家政府部门拟定《竞买协议》与《成交确认书》的合同范本并在其中规定竞买人或买受人的违约

---

① 《物权法》第208条规定：为担保债务的履行，债务人或者第三人将其动产出质给债权人占有的，债务人不履行到期债务或者发生当事人约定的实现质权的情形，债权人有权就该动产优先受偿。

② 这一点笔者和某些学者及专家的看法有所不同。实践中，保证金在扣除双方佣金和弥补损失后，有的就直接被拍卖公司扣下，如再行拍卖，就直接交由委托人了，这两种做法都是缺乏法律依据的。除非拍卖合同或拍卖规则一开始就约定了对保证金的处置，否则依据《物权法》《合同法》《担保法》的相关规定，拍卖人或委托人均不能对约定之外的剩余保证金拥有所有权。

责任以及交纳拍卖保证金的比例和保证金的处置，而非当事人自由约定而导致拍卖行业或高或低的保证金收取规则。

《竞买协议》和《成交确认书》的示范文本也可以由国家政府部门参与制定，示范文本中将规定交纳保证金的比例以及买受人违约时对保证金的处置。笔者认为此种做法有几大有利因素：首先，化散为一，有利于拍卖行业经营的规范化与秩序化，将各拍卖机构规定的或高或低的保证金比例统一，譬如视拍卖标的物的种类和档次，竞买人需交纳拍卖标的预估金额10%～20%的保证金；其次是对竞买人或买受人这个集体利益的维护，现实中每一次的合同约定仅是对单一竞买人与买受人的行为约束和利益保护，而示范文本以社会整体利益着眼，更多地维护竞买人或买受人的群体利益；最后，这将有利于中国整个拍卖行业的平衡发展，现实中因各地经济状况与物价水平的差异，拍卖保证金的收取也是有高有低，统一规定可以缓解此种现象，平衡拍卖市场的发展 。

综上言之，笔者认为拍卖保证金是一种动产质押，其具有质押标的物的属性，因其存在于竞买人或买受人与拍卖人的二者约定之债的关系中，因此拍卖保证金不归属委托人，也不必然归属拍卖人。当竞买成功而无违约情况下，一般拍卖保证金全额退还买受人；当买受人违约，拍卖保证金应优先弥补拍卖人的损失，如果再行拍卖，拍卖保证金还应弥补两次拍卖产生的差额和第一次拍卖中应由本人及委托人支付的佣金，弥补以上费用之后若仍有剩余才归属买受人。拍卖保证金是拍卖实践中的小问题，但因买受人违约致使拍卖人没收拍卖保证金的做法是否合理需要学界与实务界的共同探讨。笔者不赞同拍卖人没收保证金，尽管拍卖规则和竞买协议中“不予退还保证金”的规定在一定程度上能规范竞买人合法参与以及促使买受人履行义务。为了平衡拍卖人与竞买人或买受人的各方利益，作者认为由政府参与制定的合同示范文本能更加明晰地规范二者权利义务关系，尤其是对拍卖保证金和违约条款的规定，进一步增强拍卖行业在市场竞争中的规范性和有序性。

将宇宙全息统一论引入法及法学领域的必要性

杨　萍*

一、宇宙全息统一论提出、渊源及认知意义与应用

（一）宇宙全息统一论提出

1. 全息的含义及词源。“所谓全息是指整体上的任何一部分或母系统中的任何一个分子系统，都包含着整体或母系统的全部信息。”① 全息现象自始以来就是万事万物的本然，但全息一词的提出并非久远。关于全息一词的提出，从所搜集文献看有两种不同的说法：一种认为全息一词是德国物理学家盖柏·罗杰斯（D·Gabor G·L·Rogers）提出的。“早在1848年，德国物理学家盖柏·罗杰斯发明了一种新式照相术，照片上有被摄影者的像，当把照片撕碎后，每一小片上仍能重现被摄影者的整个原像。同时，小片与原片的像反映的内容相同，只是比例缩小了。从小碎片与原片包含的信息相同，可以得到这样的结论：‘部分是整体的缩影’，‘部分与整体包括的信息相等’。这就是‘全息’的本来意义。”② 所搜文献同意这种说法的居多。③ 另一种认为是美国物理学家大卫·玻姆（David Bohm 1917－1992年）提出的。“什么叫全息呢？物理学家大卫·玻姆给出了独到的解释。比如一张照片，里面有一个人像；如果我们把这照片切成两半，从任何一半中我们都能看到原先完整的人像；如果我们再把它撕成许多许多的碎片，我们仍能从每块小碎片中看到完整的影像。这样的照片就叫全息照片。”④ 上述

* 中国政法大学民商经济法学院副教授。

① 刘宗寅、秦荃田：《全息教学论原理》，山东大学出版社1990年版，第1页。

② 何振芳主编：《宇宙全息论——人体信息诊疗》，黄河出版社1989年版，第8页。

③ 王存臻、严春友：《宇宙统一论》，山东人民出版社1988年版，第38页；刘宗寅、秦荃田：《全息教学论原理》，山东大学出版社1990年版，第1页；严春友、严春宝：《文化全息论》，山东人民出版社1991年版，第18页；张秀琴、郝万山：《全息经络刮痧法》，新华出版社2010年版，第56页。

④ 载http：//baike. baidu. com/view/4597123. htm，于2012年1月30日访问。

两种关于全息原理的说法几乎完全相同，究竟谁是第一个提出者？从文献所述时间看，当属德国物理学家盖柏·罗杰斯了。

2. 宇宙全息统一论提出。谈及宇宙全息统一论的提出，不得不提我国生物学家张颖清。“我国生物学家张颖清在探索生物体时，发现了生物全息律。在生物全息律的支持下，以张先生为首的研究队伍创建了全息生物学。”① “全息生物学的核心是生物全息律。生物全息律是说‘生物体一个全息元的各个部位，都分别在整体上或其他全息元上有各自的对应部位；一个全息元上的一个部位和相对于整体上或某一其他全息元上的非对应的部位，总是和其所对应的部位生物学特性相似程度较大；各部位在一全息元上的分布规律与各对应部位在整体上或其他全息元上的分布规律相同。这样，生物学特性不完全相同的各部位的分布结果使全息元在不同程度上成为整体的缩影，并且各全息元之间在不同程度上是相似的’。这我们称之为生物全息律。”②

“在张颖清先生的生物全息律、和东方古典哲学思想的启发下，王存臻和严春友先生提出了宇宙全息律新概念，并在此基础上通过继续深入研究提出了宇宙全息统一论。”③ “宇宙全息统一论包括宇宙全息统一学说和宇宙全息统一工程。宇宙全息统一学说的核心是宇宙大统一律：宇宙是一个统一整体，在这个统一体中，各子系与子系、子系与系统、系统与宇宙之间在空间、时间和时空上存在着泛对称性。在这些泛对称性关系中，凡对应部位较之非对应部位在物质组成、重演程度、感应程度、对称程度、脉动频率、经络震荡等物质特性上相似程度较大。这样在潜信息上，子系包含着系统的全部信息，系统包含着宇宙的全部信息。在显化信息上，子系是系统的缩影，系统是宇宙的缩影。”④

如果用宇宙全息统一论看世间万事万物之间的关系，可以说，“一切事物的部分与整体之间存在着相互全息的关系，即部分就是整体；每一部分中都包含了其他部分，同时它又被包含在其他部分之中。”⑤

（二）宇宙全息统一论渊源

1. 宇宙全息统一论渊源文献考察。从所搜文献看，宇宙全息统一论的提出距今不过三十年，但从宇宙全息统一论所述原理看，上可追溯到千年之前，下可追溯20世纪90年代初。自古以来，宇宙全息统一论原理就被先贤圣人所发现，只是先贤圣人没有用宇宙全息统一论的语言表述罢了。

（1）儒家学说中的宇宙全息统一论。在儒家学说中，契合宇宙全息统一论

①②③ 王存臻、严春友：《宇宙统一论》，山东人民出版社1988年版，第42～43页。

④ 何振芳主编：《宇宙全息统一论——人体信息诊疗》，黄河出版社1989年版，第15页。

⑤ 王存臻、严春友：《宇宙全息统一论》，山东人民出版社1988年版，第45～46页。

原理的主要有阴阳五行说和八卦说。“阴阳五行说是‘阴阳’和‘五行’两说的合流，它产生于殷商之际。《尚书·洪范》中对‘五行’作了论述：‘一曰水，二曰火，三曰木，四曰金，五曰土。水月润下，火曰炎上，木曰曲直，金曰从革，土爰稼穑。润下作咸，炎上作苦，曲直作酸，从革作辛，稼穑作甘。’这里简要地描述了五种构成宇宙最基本的物质形态的性质与作用，说明人的味觉是从与外界的五种不同物质的接触中得来的。‘五行说’进一步认为，五种基本元素以‘土’为主，分别与其他四种元素合成万物。金、木、水、火、土五种基本元素按照相生相克的变化规律，制约着自然现象和社会运动的过程。‘阴阳说’用阴气和阳气的矛盾运动来解释自然现象。天气属于阳气，性质是上升的，地气属于阴气，性质是沉滞的。阴阳二气上下对流而生成万物，是天地的秩序，阴阳二气相互作用是一切自然现象变化的根源。”[①]用宇宙全息统一论解释阴阳五行，可以说，“‘阴阳’与‘五行’是万物和自然现象的全息元，万物是‘阴阳’与‘五行’的组合。万物都包含着‘阴阳’与‘五行’，从而构成了无数层次和各种显现模式的全息对应关系。”[②]八卦说所搜文献认为源于《周易》的居多。[③]“易有太极，是生两仪，两仪生四象，四象生八卦。”[④]易“以‘—’、‘—’表示阴阳，用这样两个符号，组成八种形式：乾、坤、震、巽、坎、离、艮、兑，叫八卦。八卦中的基本图形，由阴（—）和阳（—）两爻不同排列组合而成。再将八卦按一定次序排列，便演变出64卦、每卦又有六爻，共384爻，继续排列组合，就演变为11 520策。”[⑤]“阴阳八卦中那些先天的模式决定了宇宙万物的先天构造，而那些变化万端的排列组合反映了宇宙万物的显现，这说明阴、阳两爻和太极图中反映了宇宙中无所不在的阴阳一两仪与宇宙万物的全息关系。从阴阳整体看，它与由万事万物构成的宇宙整体全息；从万事万物以不同的方式和不同的程度分有阴阳看，阴阳又是宇宙万事万物最小的全息元。因为宇宙万事万物都是由‘阴阳’产生、决定的，就是说，‘阴阳’中潜在着宇宙万事万物，而后者是前者的展开或者显现。前者潜在地包含着后者的一切信息，后者显现前者的全部内涵，是谓二者全息。由‘阴阳’这最小的全息元始，八卦、六十四卦及所有卦又都依次成为大小不同的宇宙万事万物的全息元，因为从阴阳开始，上至八卦及所有卦象所代表的基本元素都是万事万物之不同层次上的本原，都在一定

①② 王存臻、严春友：《宇宙全息统一论》，山东人民出版社1988年版，第2页。

③ 在南怀瑾的笔下则不仅仅源于《周易》，还源于神农时代的《连山易》和黄帝时代的《归葬易》，参见南怀瑾：《南怀瑾选集》（第三卷），复旦大学出版社2006年版，第7页。

④ 刘宗寅、秦荃田：《全息教学论原理》，山东大学出版社1990年版，第8页。

⑤ 刘宗寅、秦荃田：《全息教学论原理》，山东大学出版社1990年版，第8页；王存臻、严春友：《宇宙全息统一论》，山东人民出版社1988年版，第3页。

层次上不同程度地决定着宇宙万事万物的存在和变化。另外，既然每一事物都包含着‘阴阳’、‘八卦’，就说明万事万物之间乃至万事万物同整体宇宙之间存在着全息对应关系。”①

（2）道家学说中的宇宙全息统一论。道家鼻祖老子的《道德经》首先从宇宙起源说起：“道生一，一生二，二生三，三生万物。万物负阴而抱阳，冲气以为和。”② 如果用宇宙全息统一论来解释，“老子所讲道出了宇宙过程全息与万物之间的全息性。从‘无’到‘有’再到万物，说明宇宙发展过程是从简单到繁杂，由潜在到显现的不断展开。‘无’并非绝对的无，而是‘有’的潜在形态，潜而未形。”③“‘有’是显现的‘无’，二者之间是宇宙同一体的不同发展阶段。’从‘有’到万物则是宇宙过程的更高阶段，是更高一层次的显现，可以说，‘有’包含着万物，万物是‘有’的展开或显在化。’‘无’包含着‘有’的全部信息。‘有’包含着万物的全部信息，从‘无’—‘有’—万物的过程，显示出宇宙自身发展过程中的阶段全息性，而‘万物负阴而抱阳’则说明万物之间具有全息对应关系。”④

（3）佛家学说中的宇宙全息统一论。在佛家学说，契合宇宙全息统一论原理的更比比皆是。“天台宗的‘一切诸法当体即是实相，而有差别的事相皆是显示法性真如的本相，’贤首宗的‘宇宙万有事法，虽然千差万别，而其体性却同是真如之理；’《华严经》的宇宙是一张巨大的宝石网，网中的每颗微粒不但反射着来自每颗微粒的光，而且反射着整个宇宙的光，这张‘因陀罗之网’内‘每一粒灰尘里都呈现出无数的佛’”；⑤ 以及我们耳熟能详的一些佛言佛语：一即一切，一切即一；一花一世界，一草一天堂，一叶一如来；芥子纳须弥；于一微尘中见诸世界；于一毫端，现十方宝刹；同体大悲等等。用宇宙全息统一论的话来说，无不属于宇宙全息统一论原理，即部分与整体具有全息性。

（4）克里希那穆提著作中的宇宙全息统一论。在所搜的宇宙全息统一论文献当中，没人提到克里希那穆提⑥所讲。但从克里希那穆提的诸多著作中可以看

---

① 王存臻、严春友：《宇宙全息统一论》，山东人民出版社1988年版，第3~4页。

② 刘宗寅、秦荃田：《全息教学论原理》，山东大学出版社1990年版，第9~10页；王存臻、严春友：《宇宙全息统一论》，山东人民出版社1988年版，第4页。

③④ 王存臻、严春友：《宇宙全息统一论》，山东人民出版社1988年版，第4~5页。

⑤ 刘宗寅、秦荃田：《全息教学论原理》，山东大学出版社1990年版，第11页。

⑥ 克里希那穆提生于1895年，十三岁时被世界通神学会领养。在其被领养的20年间，觉悟到真理不在任何人为的组织中，因为组织会使人心僵化、定形、软弱和残缺。1928年，克里希那穆提宣布解散了世界通神学会专门为其成立的“世界明星社”，开始了帮助人类从恐惧和无明中彻底解放的宏大的教育生涯。从本文所提到的宇宙全息统一论提出的时间和克里希那穆提对世界彻悟的时间看，会发现克里希那穆提所讲要先于宇宙全息统一论的提出将近半个世纪。

出，克里希那穆提所讲完全符合宇宙全息统一论原理。如该将自己作为一个什么样的人来观察世界？该从什么角度观察世界？该如何观察朋友和自己？克里希那穆提讲："你就是世界，你就是人类"；[①]"我们不是作为一个资本主义者或者社会主义者，从极左或极右出发，而是共同去观察它。商人或政治家会从一个有限的观点来看待问题，但是我们要说的是，我们必须作为一个整体来看待生活，而不是作为英国人、法国人或中国人。"[②]"什么是'作为一个整体来看待生活'？它的意思是观察人类、我们自己、不带任何国家的分割，把生活看作一个统一的运动，没有开始，没有结束，没有时间，没有死亡。"[③]"带着敏感，并毫无抵抗地看着你的朋友；如实地看着你自己，没有否定的阴影或随便的认同；将自己作为整体的一部分去看自己；去看宇宙的浩瀚——这就是观察：看，而不带着自我的阴影。"[④]

总之，在克里希那穆提看来，部分就是整体。对事对物，不要将部分从整体中分裂出来，只有这样才能看清万事万物的真相与本然。

2. 宇宙全息统一论渊源文献的读解。世间万事万物存在其真相或本然。如以我们人来说吧，人的本然是什么？每个人可分为意识我、肉体我和本然我三个层面。大多数人在日常生活中仅停留在意识和肉体层面，却不觉知还有一个巨大的本然层面。如果用河流与河道作比喻，可以说，如不动的河道就是本我，川流不息、起伏不定的河水就是无数个意识我、肉体我以及无数个其他众生及万物。继续将河道扩大到宇宙，或佛教所讲的三千大千世界，这个道理同样是通的。即三千大千世界是本我，千变万化的万事万物则是无数个意识我、肉体我及其他众生与万物。在这个本我中，不论意识我高兴与否、悲伤与否，也不论肉体的我年轻与否、衰老与否，意识我、肉体我及其他万事万物皆在其中；并且，它不会因意识我、肉体我以及其他众生与万物的增加或减少而发生改变。恰如佛教经典《心经》所讲："不生不灭、不垢不净、不增不减。"人是如此，以此推理，世间万事万物皆是如此。懂得此理，便理解下面所讲的内涵：庄子《齐物论》中"齐物"即是世间万事万物看似千差万别，但归根结底是相同的意思；克里希那穆提常常提到的"你就是世界"和"你就是人类"，以及宇宙全息统一论的"部分即整体"。

"天地间'有其理无其事'的现象，那是我们的经验不够，科学的实验还没

---

① ［印］克里希那穆提：《你就是世界》，孙芳译，海南出版社2008年版。

②③④ ［印］克里希那穆提：《教育就是解放心灵》，张春城、唐超权译，九州出版社2010年版，第125～126页、第138页。

有发现，‘有其事不知其理’的，那是我们的智慧不够。”① 上述所讲即是世界万事万物存在的原理，区别仅在于是否被发现而已。先贤圣人在不同时期发现了这一完全相同的原理，所不同的是他们的表述不同：宇宙全息统一论称作“全息性”，道家称作“道”、佛家称作“佛”、克里希那穆提称作“真相”……

（三）宇宙全息统一论认知意义与应用

1. 宇宙全息统一论认知意义。在对宇宙全息统一论原理认知之前，我们的世界观是受局限的、受约束的；世界观的局限与约束，又阻碍了我们正确地观察世界和解决问题。当我们对宇宙全息统一论原理认知之后，并按其原理重新观察宇宙时，我们会发现，一个惊奇的、美妙的宇宙呈现在我们面前：“在宇宙这最大的全息网络中，包含着无数层次和大大小小的全息网络，无数全息系统交织成宇宙全息网络。在这巨网中，树由无数颗‘小树’构成，人由无数个‘小人’构成，太阳由无数个‘小太阳’构成，宇宙由无数个‘小宇宙’构成。”② 观察到如此宇宙，我们便会形成无限开放的、不受任何约束的世界观。在无限开放的、不收任何约束的世界观之下，我们的观念、思想、以及实践中解决问题的思路与方法也是完全开放和不受约束的。

2. 宇宙全息统一论应用。早在宇宙全息统一论提出前，其原理就被我们所应用，只是我们未能将感知到的原理上升为系统的理论罢了。如在生物界，我们早已运用此原理来培育花草树木：用吊兰的分支培育吊兰；用杨树枝条培育杨树苗等。或是我们已经认知、并将其上升到理论层面，但未将其命名为今天的宇宙全息统一论，或对其认知不如今天如此广泛而已，如前面提到的阴阳五行说、八卦说等。宇宙全息统一论问世之后较其问世之前，最大的变化当数人们对其认知度的提高和运用的广泛。“在很短的时间内，它已渗透到了诸多领域，如医学、气功学、易学、人体学、农学、生态学、地质学、以及哲学等社会学科，人们称‘宇宙全息统一论是研究多领域、多学科的一把钥匙。’”③ 毫不夸张地讲，如果宇宙全息统一论原理在某些领域至今依然没有应用到，不是因为这个领域不应该应用，而是因为这个领域的人们对其还尚未认知。

① 南怀瑾：《南怀瑾选集》（第三卷），复旦大学出版社 2006 年版，第 9 页。

② 王存臻、严春友：《宇宙全息统一论》，山东人民出版社 1988 年版，第 436 页。

③ 王存臻、严春友：《宇宙全息统一论》，山东人民出版社 1988 年版，第 438 页；何振芳主编：《宇宙全息统一论——人体信息诊疗》，黄河出版社 1989 年版，第 15 页。

二、以宇宙全息统一论原理观察和检验法及法学领域

（一）以宇宙全息统一论观察法及法学领域

以宇宙全息统一论原理观察法领域与法学领域，我们会观察到什么呢？我们会观察到：法宇宙或法世界、法学宇宙或法学世界。在法宇宙或法世界中，每个部门法与其他部门法之间，不仅是不可分割的，而且是你中有我、我中有你；每个部门法即是法宇宙或法世界。在法学宇宙或法学世界中，每个部门法学与其他部门法学之间，不仅是不可分割的，而且是你中有我、我中有你；每个部门法学即是法学宇宙或法学世界。

上述所讲的法宇宙或法世界、法学宇宙或法学世界，是法宇宙或法世界、法学宇宙或法学世界的真相与本然。它不会因为主观上的认知与否而发生改变，也不会因为客观上的应用与否而发生改变。

（二）以宇宙全息统一论原理检验法及法学领域

用宇宙全息统一论原理来检验法及法学领域，发现由于对宇宙全息统一论原理至今尚未认知，人们依然没有发现法宇宙或法世界、法学宇宙或法学世界的真相与本然，继而也没有发现部门法与其他部门法之间、部门法学与其他部门法学之间关系的真相或本然，以及部门法与整个法宇宙或法世界之间、部门法学与整个法学宇宙或法学世界之间关系的真相或本然。因此导致我们同时陷入了以下两大困境：法学研究困境与立法实践困境。

1. 法学研究困境。目前，法学研究困境主要体现在：过于追求法学学科划分的精细，而不管学科划分背后各个学科统一性的本体，致使在法学理论研究方面出现了研究愈深，愈加脱离本然的现象。下面，我们以公法与私法关系的研究状况为例来说明这一问题。

众所周知，将法划分为公法与私法，并将这种划分作为整个法体系的内在结构，是罗马法的首创与贡献。回过头来按照宇宙全息统一论原理追溯解释这个问题，可如此讲，将法划分为公法与私法是迟早的事，是事物发展的必然规律，它不会因为我们主观人的承认与否、发现与否而不发生，区别就在于谁第一个发现或提出罢了。公法与私法的划分的意义在于：为法学的深入研究打开了一扇窗户；同时也为更好解决社会问题提供了依据。这与为了更好地为人类治病，医科专业细分为脑科、鼻科、口腔科、内科、外科等是一个道理。但在公法与私法关系研究方面的问题是，主观人被这初始的划分局限了、捆住了。我们用各种各样的标准，试图想将公法与私法彻底区别开来，如通常采用的“主体说”“利益说”“法律关系性质说”等。遗憾的是，至今我们还不知道，任何人用任何手段

都无法将公法与私法彻底划分开来，因为它们本来就是同体。这与医院遇到疑难杂症时需要多个科室综合诊疗背后的原理是相同的，即不管医科专业划分的如何细致，哪一科都不会完全脱离人体这个整体，或者说人体的每个部分都具有整个人体的全息性。

更糟糕的是，由于对公法与私法关系真相的尚未认知，面对人们所认为的公法部门出现了私法内容，和人们所认为的私法部门出现了公法内容的现象，人们对公法与私法关系的认知，再次深深地陷入误区而不能自拔。如在人们看来，纯粹属于公法的《税收征收管理法》中出现了私法性质的规定：税务机关征收税款，税收优先于无担保债权，法律另有规定的除外；纳税人欠缴的税款发生在纳税人以其财产设定抵押、质押或者纳税人的财产被留置之前的，税收应当先于抵押权、质权、留置权执行。和欠缴税款的纳税人因怠于行使到期债权，或者放弃到期债权，或者无偿转让财产，或者以明显不合理的低价转让财产而受让人知道该情形，对国家税收造成损害的，税务机关可以依照《合同法》第73～74条的规定行使代位权、撤销权。或在人们看来纯粹属于私法的《侵权责任法》中出现了公法性质的规定："明知产品存在缺陷仍然生产、销售，造成他人死亡或者健康严重损害的，被侵权人有权请求相应的惩罚性赔偿。"人们将上述现象按照自己主观意识所认为的公法与私法关系，解释为法的发展趋势：公法私法化、私法公法化、公法与私法的调整范围竞合、公法与私法的融合。有的部门法按照人们主观意识实在归不到公法或私法范畴的，就又创立一个新的划分，如经济法、社会法，各自赞成者都称其为第三法域。之所以会产生这些错误认识，皆是源于我们不知道公法与私法原本是融合的。

其实，走进各个部门法，我们会发现不论主观人将其划归公法还是私法，它们本身就是公法与私法相兼容，只是由于主观人过于强调公法与私法的划分忽视了这个事实而已。如在人们意识中一直属于公法范畴的部门法就有私法方面的规定，如《刑法》第2条规定：中华人民共和国刑法的任务，是……保护公民私人所有的财产，保护公民的人身权利、民主权利和其他权利。而在人们意识中一直属于私法范畴的部门法也有公法方面的规定，如《中华人民共和国民法通则》规定：民事活动必须遵守法律，法律没有规定的，应当遵守国家政策；民事活动应当尊重社会公德，不得损害社会公共利益，破坏国家经济计划，扰乱社会经济秩序。①

如果我们非要强调公法与私法之间的区别，只能说，公法是偏向于"公"，私法是偏向于"私"。之所以被人们误认为公法是纯粹的公法，是因为人们所认

---

① 《中华人民共和国民法通则》第6～7条。

为公法部门法，在现实中呈现给人们的多为国家或公共利益。如果用“阴阳说”来解释，“公”在“公法”中为“阳”面，“私”在“公法”中为阴面。同理，私法之所以被人们误认为是纯粹的私法，是因为人们所认为的私法部门法，在现实中呈现给人们的多为私人权利。用“阴阳说”来解释，“私”在“私法”中为“阳”面，“公”在“私法”中为阴面。我们不能因为肉眼没有看到、或很少看到公法与私法的阴面，就武断的说公法不存在阴面——私法成分，私法不存在阳面——公法成分。

2. 立法实践困境。由于在法学研究方面存在着主观意识对事实本质认识不清，并且主观意识又因受这种认识不清的继续影响，要么曲解和偏解新发生的社会现象；要么对新的社会问题不知该如何解决，即立法实践也陷入了困境。如以《中华人民共和国政府采购法》（以下简称《政府采购法》）为例。《政府采购法》实际上是一个公私兼容度较大的部门法。但由于我们主观上根据自己的意识偏好，有的认为应将其归为民法，有的认为应将其归为行政法，有的认为应将其归为经济法。至今，争执不下。由于理论认识不清，导致的直接后果是，《政府采购法》因此而出现诸多不足与问题：一如在政府采购资金和采购主体方面存在着范围过窄的问题。《政府采购法》在资金方面，严格限制在财政性资金，而没有将私人资金纳入其中；在采购人方面严格限制在国家机关、事业单位和团体组织，而没有将企业和个人纳入其中。走进现实，我们发现，参与政府采购活动的不仅包括财政性资金，也包括私人性资金；采购主体不仅包括政府机关、事业单位和团体组织，也包括企业甚至个人。我们之所以将这些应该纳入政府采购资金范畴和主体范畴而没有纳入，背后原因恐怕主要源于我们主观上认为《政府采购法》是公法的缘故。二如在供应商救济手段方面的规定存在着前后不吻合的问题。《政府采购法》第43条明文规定：政府采购合同适用合同法；但在后面的法律救济方面却仅仅规定了行政救济手段，而没有相应的民事救济手段等等。可以毫不夸张地讲，是我们主观认识上的局限，限制了我们立法思路。这样的问题不仅仅体现在这一个部门法之中，其他部门法也存在，如税法。

三、宇宙全息统一论引入法及法学领域的必要性（代结论）

行文至此，我们自然也必然得出一个结论：有必要将宇宙全息统一论引入法及法学领域。因为，只有将其引入法及法学领域，我们才能从法学研究困境和立法实践困境中走出来。

（一）可走出法学研究困境

如上所述，宇宙全息统一论原理运用于法宇宙或法世界、法学宇宙或法学世界，让我们发现了法宇宙或法世界、法学宇宙或法学世界的真相或本然：在法和法学宇宙或法学世界之中，公法与私法、公法学与私法学之间不再是对立的，而是一体的；每个部门法与其他部门法之间、每个部门法学与其他部门法学之间，不仅是不可分割的，而且是你中有我、我中有你；每个部门法或每个部门法学即是法宇宙、法世界或法学宇宙、法学世界。面对如此法宇宙或法世界、法学宇宙或法学世界，我们自然会冲破过去意识层面狭隘的、受约束的法或法学世界观，形成一个全新的法或法学世界观：不再受局限、不再被束缚、无限开放的法或法学世界观。在不再受局限的、不再被束缚的、无限开放的法或法学世界观之下，我们的法学研究不再纠结于或禁锢于公法与私法、公法学与私法学的划分上；也不会纠结于或禁锢于将每个部门法或部门法学明确地划归到公法还是私法、或公法学还是私法学领域。而是站在整个法宇宙或法世界、法学宇宙或法学世界整体之下，来研究公法与私法、公法学与私法学之间的关系，研究每个部门法与其他部门法和每个部门法学与其他部门法学乃至与整个法宇宙或法世界、法学宇宙或法学世界之间的关系，以及研究每个部门法或部门法学本身。

（二）可走出立法实践困境

宇宙全息统一论在带领我们走出法学研究困境的同时，自然可以带领我们走出立法实践的困境。按照宇宙全息统一论的原理，我们解决问题的思路也不再受局限和束缚。法的宗旨是解决问题的，当社会出现问题时，如果能够用公法手段解决，我们不能因为某个部门法是我们主观人所认为的私法部门，而拒绝公法方面的规定；反之，如果能够用私法手段解决，我们同样不能因为某个部门法是我们主观人所认为的公法部门，而拒绝私法方面的规定。明白这一点，在具体立法时，我们完全可以根据需要，大胆地在我们以前所认为的私法如民法中规定公法方面内容；在我们以前所认为公法如政府采购法、税法、预算法等中规定私法方面的内容。

投资者适当性法律制度的完善研究
——以结构性投资产品错误销售为例

贺绍奇*

引 言

2009年7月22日，香港16家分销银行最终以63亿港元的代价分别以相当于面值六成的金额（向65岁以下）或面值七成的金额（向65岁以上）回购合格投资者持有的债券的方式了却了长达近1年的错误销售纠纷。① 雷曼迷你债券事件给香港金融服务业声誉带来很大冲击，不仅如此，成千上万的投资者还多次走上街头，造成社会不稳定。② 而在金融危机期间，内地外资金融机构销售的结构性投资产品也因大量出现零收益率或本金亏蚀，从而引发诸多纠纷。许多零售投资者反映，外资银行结构性理财产品销售过程中存在误导和欺诈，把不适合的高风险理财产品推销给他们。③ 有鉴于此，在最近的一个通知中，监管机构就禁止银行销售过于复杂和高风险金融产品。④

结构性投资产品与衍生产品大量出现相伴而生，也随着衍生交易的发展而不断发展。进入21世纪，结构性投资产品发展呈现出两个显著特点：一是从机构投资者市场不断扩展到零售投资者市场，而且市场规模发展迅猛；二是结构越来

* 中国政法大学财税法所副教授、法学博士。

① 《香港监管机构与16家分销银行达成回购迷你债券协议》，2009年7月22日，载新华网，网址：http：//news. xinhuanet. com/gangao/2009 - 07/22/content_ 11755346. htm，于2009年10月15日访问。

② 《避免香港雷曼迷你事件被政治化》，2009年7月6日（凤凰网专稿），载凤凰网，网址：http：//phtv. ifeng. com/program/cjzqf/200907/0706_ 1698_ 1236046_ 4. shtml，于2009年9月6日访问。

③ 《产品巨亏，外资银行理财产品遭遇信任危机?》，《南方日报》2008年11月10日，载南方日报网，网址：http：//finance. ifeng. com/money/banks/hydt/20081110/205919. shtml。王维杰，孙承天：《客户累陷巨额亏损，外资银行的理财陷阱有多深》，《卓越理财》2009年7月9日，载南方日报网，网址：http：//finance. ifeng. com/topic/waiziyinhang/bank/yhpl/20090709/911138. shtml，于2009年9月6日访问。

④ 2009年7月6日银监会《关于进一步规范商业银行个人理财业务投资管理有关问题的通知》（银监发〔2009〕65号）第4条。

越复杂，非保本的高风险的结构性投资产品大量取代原来保本结构简单的结构性投资产品，成为零售市场的主导产品。结构性投资产品日趋复杂，零售市场规模不断扩大带来一个主要问题就是错误销售很容易发生。“香港雷曼迷你债券”是一款包含了复杂衍生品、不保本的高风险投资产品，但却被大量销售给不适合的退休人员和老人，这一大规模错误销售事件不仅给整个香港金融服务业的声誉带来伤害，而且也造成了社会不稳定。

我国目前还没有关于结构性投资产品发行销售的专门立法，但有关行政法规和银监会、证监会规章中都把投资者适当性制度作为防止投资产品错误销售的主要法律手段。关于投资理财产品规章对结构性投资产品法律定义和定性都不明确。投资者适当性法律制度仍然存在诸多漏洞和缺陷，无法有效防止错误销售的发生。随着金融危机逐渐远去，新一轮兴起的结构性理财产品销售高潮又将到来。[①] 我国大陆需要从“香港迷你债券”事件中吸取经验教训，完善投资者适当性法律制度，以确保我国金融创新和金融服务业的健康发展。

一、结构性投资产品的定义、特征及发展

（一）定义

2008年9月，欧盟证券化论坛、国际资本市场协会、国际互换与衍生协会、伦敦投资银行协会、证券业和金融市场协会联合代表欧洲金融服务业发布的《结构性投资产品：分销商与个人投资者之间关系管理基本原则》给结构性投资产品下了一个业界普遍能够接受的定义，[②] 即结构性投资产品是指把各种现金资产和衍生品结合起来形成具有不同风险与收益状况，让投资者能够享受到更广泛投资机会的各种金融工具。结构性投资产品的收益通常派生于一个或几个基础资产的表现，基础资产包括但不限于利率、权益或债务工具、一篮子证券、证券指数；单个商品或篮子商品，商品指数；单个货币或一篮子货币；一个或篮子证券的信用；或任何的组合。上述定义和解释比较全面地概括了结构性投资产品区别于传统投资产品和衍生产品的主要特征。

（二）基本特征

与传统投资产品和衍生产品相比较，结构性投资产品具有以下几个基本特征：

---

① 《看好经济复苏，结构性理财产品逐步升温》，《金融时报》2009年9月14日，载金融时报网，网址：http://www.china-insurance.com/news-center/newslist.asp?id=134796，于2009年10月12日访问。

② ISDA，LIBA，SIFMA，ICMA and ESF，Structured Products：Principles for Managing the Distributor-Individual Investors Relationship（July 9，2008）.

1. 投资银行及附属关联企业按债券模式发行与销售。它是由投资银行及附属企业以债券或票据形式发行的投资产品，而非传统融资工具。投资银行发行此类产品是以为了满足投资者某种投资需求，并通过对销售产品募集起来资产的管理获得投资管理与服务的费用收入为目的。

2. 复合性与动态性。结构性投资产品是传统金融工具与衍生金融工具的结合，结构性投资产品复杂程度就取决于嵌入的衍生品的复杂程度。由于纳入到结构性投资产品结构中投资产品本身性质与风险各有不同，因此，结构性投资产品的复杂程度、风险、收益、流动性等特点因产品构成而呈现出非常大的差异，有的结构简单，保本或部分保本，风险较低，能上市交易（流动性较强）；有的非常复杂，不保本，风险大，只能到期赎回，不能上市交易（流动性弱）。

结构性投资产品结构复杂程度取决于嵌入的产品与交易结构的复杂程度，结构性产复杂程度因产品而异，随金融创新发展而发展，是动态的，但总的趋势是越来越复杂。因此，从功能监管的角度来说，结构性投资产品定性与监管也必须与时俱进，适时调整监管体制和有关监管方法与手段。①

3. 结构性投资产品可以包装为传统固定收益债券，但是否保本及保证程度取决于结构安排可能面临的复杂市场风险，而不只是发行人或担保人的信用风险。结构性投资产品有固定期限和固定收益安排，但其本金与收益却取决于与结构中挂钩的衍生产品，面临损失本金的市场风险，这与传统固定收益类债券有着本质的区别。结构性投资产品通常有固定期限，一般为3年，最长为10年，即便有到期前赎回安排，也会有非常长的锁定期。雷曼在香港发行迷你债券期限3年，年息5.50%（美元）或5.00%（港元）。由于迷你债券与参考机构的信贷风险挂钩，若其中一家参考机构发生信贷事件，迷你债券将会提前终止。而赎回价格是参照信贷事件发生后信贷本金及利息返还的情况，迷你债券的价格及持有人所收取的金额会少于或远少于其投资资本金。如果迷你债券提前赎回，掉期安排将会提早终止，而抵押品也会被出售以支付有关费用，剩下部分则分配给投资者。②

---

① 功能性监管是以产品和业务性质为基础确定监管管辖权。如果把结构性投资产品以其外在形式定性为债券，则属于证券产品，适用有关债券发行与交易法律，归证券监管部门监管。如果以其结构内衍生产品来定性，则可能定性为衍生品，而衍生品又分为柜台衍生工具和交易所上市交易的衍生工具，因衍生品交易场所不同，兼管管辖也有所不同。不仅如此，衍生工具基础资产性质不同，其管辖机构和适用的法律也不同。如美国，柜台交易以证券为基础资产的衍生品归美国证监会管，而如果是以期货为基础资产的衍生品，并在交易所交易的则归期货交易委员会管。在我国，目前实行以机构为基础的分业监管体制，如果是银行销售衍生品交易就归银行监督管理机构监管，如果是证券企业销售衍生品，则归证券监督管理部门监管。

② 香港证监会《雷曼迷你债券危机引起的事项向财政司司长呈交的报告》（2008年12月）。

（三）结构性投资产品的产生及发展

结构性投资产品与衍生产品大量出现相伴而生，也随着衍生交易的发展而不断发展，进入21世纪，结构性投资产品发展呈现出两个显著特点：一是从机构投资者市场扩展到零售投资者市场，而且规模发展迅猛；二是结构越来越复杂，非保本的高风险的结构性投资产品大量取代原来保本结构简单的结构性投资产品，成为零售市场的主导产品。2005年，发行结构性投资产品名义上总价值达到了480亿美元；2006年，达到了637亿美元。而欧洲在2006年就达到约1500亿美元，2004年才1000亿美元。2005年，英国就发行了超过500种结构性投资产品，其中有超过80个发行人发行名义总值超过60亿英镑。① 纽约股票交易所统计，2006年6月前挂牌上市的结构性投资产品比2005年同期就翻了一倍。新的增长主要来自零售市场。

结构产品通常以两种方式出现：增长产品（提供本金保证，收益固定）和收益产品（有机会获得固定的高回报，但存在本金亏蚀的风险）。早期的结构性投资产品主要是与证券期权相结合的反向转换篮子挂钩票据，如可调整的转换率的权益证券单位，市场价值卖出证券、重置业绩股权挂钩赎回季度支付证券。新近结构产品与以前不同，更加复杂。除与新类型资产挂钩外，创新性地与多种资产相结合。如发行人将信贷衍生品与股票指数结合，或把石油期货与利率结合等。② 随着利率互换、信贷违约互换等柜台衍生交易工具和指数期货、期权期货等衍生工具发展，结构性投资产品也随嵌入的衍生品的日趋复杂而复杂，而且在同一结构性投资产品中往往包含多种衍生工具的综合运用。在2000年到2002年间，大多数产品提供全额本金保障。而最近，不保本已经成为主流。在2006年，35%新发行的有全额或部分保本，而65%都是不保本的产品。③

二、结构性投资产品错误销售及传统投资者适当性制度存在的问题

（一）结构性投资产品销售普遍面临的问题——错误销售

结构性投资产品结构日趋复杂，但金融机构却常常以普通投资产品，如债券、联动挂钩理财产品等的名义通过零售渠道向普通投资者销售，且零售市场规

---

① Structured Products Association, "Fixed Income Issues and Answers," SIFMA 2007, Page 4.

② Bethel, Jennifer E. and Ferrell, Allen, Policy Issue Raised by Structured Products, BROOKINGS - NOMURA PAPERS ON FINANCIAL SERVICES, Yasuki Fuchita, Robert E. Litan, eds., Brookings Institution Press, 2007; Harvard Law and Economics Discussion Paper No. 560. Available at SSRN：网址：http://ssrn.com/abstract=941720，于2010年2月10日访问。

③ "Fixed Income Issues and Answers," SIFMA 2007, Page 11 (Source: Greenwich Associates).

模不断扩大，这就带来一个普遍面临的问题——错误销售很容易发生。巴塞尔银行监督委员会在2008年一份调查报告中指出，过去10年间零售投资者对创新金融产品兴趣日增，但随之而来的是零售投资者购买不适合的产品和服务的风险也开始俱增，金融服务业所面临的错误销售的潜在风险和成本也日渐加大。[①] 所谓错误销售，或错售（misselling）是指企业销售给顾客投资产品或服务不适合该顾客，不管该产品是否是企业推荐的产品。[②]

（二）防止投资产品错误销售主要监管手段——投资者适当性制度及其存在的缺陷

在金融服务业，防止投资产品错误销售一个主要监管手段就是投资者适当性制度。所谓投资者适当性制度，就是要求产品提供者在推销产品给投资者时，必须尽到适当性评估义务（suitability duties），即要对该产品是否适合其投资者的需要和风险承受能力作评估，在没有作出适当性评估之前，不能直接把产品销售给投资者。投资者适当性制度源于美国证券业自律组织——NASD（全美证券交易商协会），即现在的FINRA[③] 的自律规则。1934年证券交易法要求美国证券业协会（National association of Securities Dealers，简称NASD）制定并实施促进交易公平和平等的规则。1939年NASD注册成立后就制定了公平作法规则（Rules of Fair Practice），其中最著名就是适当性规则（suitability rule）。也就是今天的2310规则。[④] 该规则（a）规定："向顾客推荐购买、出售或交换证券时，成员应当有合理理由相信该推荐是适合该顾客的，基于顾客向其披露根据其财务状况和需要以及其持有其他证券。"美国NASD适合性规则后为许多发达国家投资产品零售监管制度所借鉴，并发展成为各国防止投资产品零售中错误销售的主要法律手段。[⑤]

---

① The Joint Forum（Basel Committee on Banking Supervision），Customer Suitability in the Retail Sale of Financial Products and Services（Apr. 2008）.

② The Joint Forum（Basel Committee on Banking Supervision），Customer Suitability in the Retail Sale of Financial Products and Services（Apr. 2008）.

③ The Financial Industry Regulatory Authority（FINRA），是美国证券行业自律机构，它于2007年在原美国全国证券交易商协会（NASD）基础上合并纽约证券交易所仲裁功能创立的，取代了原来的NASD。它负责自律规则监督执行，管辖将近4800家经纪企业，173 000家办事处和将近647000注册证券代表。

④ Stuart D Root，Suitability – the Sophisticated Investor – and Modern Portfolio Management，1991 Cloum. Bus. L. Rev. 287.

⑤ The Joint Forum（Basel Committee on Banking Supervision），Customer Suitability in the Retail Sale of Financial Products and Services（Apr.，2008）. 巴塞尔银行监督委员会联合论坛对澳大利亚、加拿大、法国、日本、荷兰、西班牙、瑞士、英国、美国、欧盟进行调查，信息披露和投资者适当性制度是这些国家和地区防止错误销售发生主要两个手段。

随着结构性投资产品的发展，结构日趋发展，传统投资者适当性制度不适应结构性投资产品发展的需要，不能有效防止错误销售的发生。

1. 忽视了结构性投资产品结构复杂，包含复杂衍生工具的特点，仍然把结构性投资产品当作传统的债务性工具来监管，监管要求和标准过低，导致投资者适当性制度无效，错误销售发生。以香港迷你债券为例，迷你债券可赎回的信贷挂钩票据，既具备"票据"的特点，又包含衍生工具，究竟属于"债券""票据"还是"衍生工具"，争议很大。《香港公司条例》对"债权证"（即债券）只有笼统的定义，没有明确把结构性投资产品排除，而香港又没有其他有关结构性投资产品的专门立法，香港监管当局也只能按照《公司条例》规定的债券监管手段和方法对其发行销售进行监管。[①] 定性不准确带来的问题就是，迷你债券复杂衍生结构所蕴含的高风险被发行人和销售者有意无意地遮掩和淡化，很容易对投资者产生误导。（1）产品以债券为名和进行宣传实际上是名实不符，对公众具有很大的误导性。（2）迷你债券在银行普通存款柜台销售，加上销售人员不恰当误导或暗示，导致许多投资者误把其当作普通的存款产品。[②]

2. 适当性评估义务只限于销售者推荐的情况下，包括有自主裁量权账户（discretionary account）管理，不适用于无推荐的交易。如上所述，传统的适当性制度只限于存在推荐的场合，没有推荐情况下，销售者不承担适当性评估义务，而对于复杂的结构性投资产品而言，错误销售就在于大多数零售投资者不具备理解其性质和风险的知识和经验，如果没有专业人士的帮助，投资者很难做出正确选择，因此，防止错误销售给不适合投资者的唯一办法就是产品提供者主动对投资者进行适当性评估。

3. 投资者适当性制度往往过分强调投资者对最终评估结果的确认上，而非评估过程审查，所以评估过程容易成为监管的盲区。通常，在适当性评估过程结束后，投资者必须签署经销商适当性评估结论确认书，才能认购有关产品。也就是说，必须认可经销商适当性评估义务履行了的事实才能获得投资机会，适当性评估过程事实上就成为监管的盲区。香港证监会对雷曼迷你债券事件调查也发现，大多数客户在购买迷你债券之前，都签署了一份声明，确认他们已经阅读及明白发行章程，但很多投诉人都表示没有阅读或不明白该两份文件。尽管香港证监会《操守规则》也规定：即使已获得客户在表明确认已阅读及明白有关章程，中介人仍有责任解释所有销售产品的性质及风险。[③]但实际情况却是，销售人员误导投资者该债券是一款无风险的投资者产品。这表明，销售人员误导和欺诈主要发生在销售人员与投资者口头沟通与交流过程中，投资者签署的投资文件多是

①②③ 香港证监会《雷曼迷你债券危机引起的事项向财政司司长呈交的报告》，2008年12月。

在被误导情况下签署的。①

三、结构性投资产品投资者适当性制度的改进与完善

结构性投资产品的发展要求根据产品结构、功能、收益与风险特点采取与之相适应的投资者适当性制度方法和监管措施。进入21世纪，西方发达国都先后对传统投资者适当性制度进行了改革，根据结构性投资产品、衍生工具结构与风险复杂特点提出更高的投资者适当性制度标准，以加强对投资者的保护。

（一）根据产品结构复杂程度而分别采取不同的投资者适当性规则

美国全美证券交易商协会（NASD）在2003年11月给其成员发出的通知中要求不能资产担保证券、不景气债务（distressed debt）、衍生产品等另类投资（alternative investment）工具与传统投资产品相区分，把这些产品称之为非传统投资（non - conventional investments or NCIs）。2005年4月，NASD发布05 - 26号通知——《新产品审查最佳做法推荐》（NASD Recommends Best Practices for Reviewing New Products），把结构性投资产品也纳入了另类投资产品，即非常传统投资产品的范畴，要求成员企业在产品销售前和销售过程中加强对促销活动的审查，防止错误销售发生。2005年9月，NASD又发布了05 - 59号《涉及结构性投资产品销售指南》，该通知针对结构性投资产品风险与收益的特点，就如何防止错误销售对成员企业在信息披露和适当性评估义务履行上提出明确具体要求（详细见后述）。

在2004年，新加坡金融局（Monetary Authority of Singapore，以下简称MAS）MAS颁布了《FAA - G09结构性存款指南》，要求银行把结构存款和其他存款产品分开。2005年，MAS颁布的《证券期货（投资要约）（股票和债券）条例》把不承担保本义务的结构性投资产品彻底从存款产品中区分出来，将其定义为“结构性票据”，专门加以规范，对结构性投资产品销售与推荐适当性评估义务提出了更严格要求。即销售结构性投资产品，投资顾问必须履行投资者适当性评估义务：（1）投资顾问必须对其推荐产品进行尽职调查，确定该产品适合的客户（产品尽职调查）。（2）按照《投资顾问法》要求投资顾问根据投资者投资目标、财务状况、具体需求，包括风险承受能力确定产品对客户是否适合。为保障适当性评估的准确，要求必须对客户信息作尽职调查。②

---

① 香港证监会《雷曼迷你债券危机引起的事项向财政司司长呈交的报告》，2008年12月。

② MAS, Investigation Report on the Sale and Marketing of Structured Notes Linked to Lehman Brothers, http://www.mas.gov.sg/resource/news_room/press_releases/2009/INVESTIGATION%20REPORT_7%20JUL%2009.pdf，于2009年9月10日访问。

《欧盟金融工具市场指令》将所有投资产品根据结构复杂程度划分为复杂投资产品和不复杂投资产品。立法者认为，产品结构复杂程度影响到对产品风险的理解。[①] 按照指令的规定，所有衍生品都被看作是复杂产品，因为其价值派生于其他金融工具或资产，增加了对这些金融工具价值和特征调节的复杂层面。根据指令，欧盟监管者委员会（CESR）把包含衍生品的债券和其他形式债券都划归到复杂产品，要求在销售前，必须进行适当性（suitability test）或妥当性（appropriateness test）测试。[②]

扩大适合性义务适用范围，甚至将其扩大到所有推销活动。NASD 在 1996 年发布“推荐”的解释将适当性评估义务扩大到几乎所有的投资产品的推销活动。经纪人通过任何手段引起顾客对特定证券的注意，包括但不限于直接电话沟通，通过邮政传递推销文件，发送电子信息等都认定为“推荐”。也就是说，任何主动向顾客的兜售或招揽行为就构成推荐，都必须履行适当性评估义务。

欧盟《金融工具市场指令》（以下简称 MiFiD）则将适合性审查扩大到所有复杂产品的销售。（1）MiFiD 企业提供投资顾问服务或管理享有自由裁量权的账户，必须遵守第一层面指令（即 MIFID）第 19 之（4）和第二层面指令第 35 条和 37 条的规定的进行“适当性测试”（suitability test）。（2）如果 MiFiD 企业提供投资顾问或自由裁量账户管理以外的投资服务，就必须遵守 MiFiD 第一层面指令第 19 条之（5），第二层面指令第 36 条和 37 条的规定。这些要求通常被称之为“妥当性测试”（appropriateness test）。如果服务或交易涉及到复杂产品，则任何情况下都必须进行妥当性测试（appropriateness test）。妥当性测试旨在加强从事 MiFiD 范围内金融工具交易未获得投资企业咨询服务的顾客（尤其是零售投资者）的保护。[③]

针对雷曼迷你债券错误销售反映出来香港投资者适当性制度存在的问题，2009 年 3 月 25 日，香港金管局发布的《实施〈金管局就分销与雷曼集团公司相关的结构性投资产品的事宜提交的报告〉中的建议》就明确要求销售衍生工具产品或包含衍生工具结构性投资产品，应以合理大小的字体向投资者发出“健康警告”，并向投资者提醒注意该警告。所有结构性投资产品的市场推广材料及销

---

① CESR, MIFID complex and non－complex financial instruments for the purpose of the Directive’s appropriateness requirements, May 14, 2009 (CESR/09－295).

② 有推荐的情况下测试为适合性测试，无推荐情况下为适当性测试。二者的区别在于前者要求对投资者情况进行尽职调查，后者则只需要根据其了解的顾客情况和产品情况进行适当性评估。11 NASD Notice to Members No. 96－60.

③ CESR, MiFiD complex and non－complex financial instruments for the purpose of the Directive’s appropriateness requirements, May 14, 2009 (CESR/09－295).

售文件都应登载如下警告："此乃涉及金融衍生工具的结构性投资产品。投资决定是由阁下自行作出的，但阁下不应投资在该产品名称/类型，除非中介人于销售该产品时向阁下解释经考虑阁下的财务情况、投资经验及目标后，该产品是适合阁下的。"① 该要求同样适用于电话销售，销售机构必须通过电话口述上述警告，并进行录音以供查核。这实际上意味着所有包含衍生因素的投资产品销售前都必须经过投资者适当性评估。

（二）加强适当性评估过程的监督，防止误导和欺诈

加强适当性评估过程的监督，以提高适当性评估过程产品提供者与投资者沟通的质量，帮助投资者能够正确理解复杂产品的性质与风险，做出正确的投资判断，防止误导和欺诈。

针对迷你债券销售中大量投资者投诉最终确认书都是在欺诈和误导下签署的事实（即在销售口头交流或适当性评估过程中发生），2009 年 3 月 25 日，香港金管局发布《实施〈金管局就分销与雷曼集团公司相关的结构性投资产品的事宜提交的报告〉中的建议》，② 要求销售过程及相关安排必须进行录音，且录音保留 7 年。

2005 年 9 月，NASD 又发布的 05 – 59 号《涉及结构性投资产品销售指南》将 2310 规则规定的公平披露扩大到所有销售材料和口头陈述的适用，要求口头沟通与陈述也必须做到对产品进行公平与平衡描述（fair and balanced picture regarding both the risk and benefits）。如营销资料上不得把产品描述为"保守的"或预期当前收益，除非该报告是准确的、公平或平衡的。而且，在促销中，提及该产品好处，如获得利息和发行人可靠性时，也必须平衡披露参与者的风险，包括可能导致本金损失和到期参考资产价格下降可能带来的损失。总之，销售材料和口头陈述遗漏了对衍生品的描述，或把衍生品描述为普通债务证券都违反了 2210 规则。③

---

① CESR, MIFID complex and non – complex financial instruments for the purpose of the Directive' s appropriateness requirements, May 14, 2009 (CESR/09 – 295).

② 香港金管局：《实施〈金管局就分销与雷曼集团公司相关的结构性投资产品的事宜提交的报告〉中的建议》，载香港政府网，网址：http: //www. info. gov. hk/hkma/chi/guide/circu_ date/20090325c1. htm，于 2009 年 10 月 15 日访问。

③ NASD Notice to Members 05 – 59 , Guidance Concerning the Sale of Structured Products (September 2005).

四、我国关于结构性投资产品销售监管及存在的问题

（一）银监会与证监会在结构性投资产品分类与定性以及理财计划投资结构性投资产品监管上不协调

在产品定性与分类上。银监会将包含衍生工具的结构性投资产品归为金融衍生工具。2004年《金融机构衍生产品交易业务管理暂行办法》第4条规定：衍生产品还包括具有远期、期货、掉期（互换）和期权一种或多种特征的结构化金融工具。在2006年《关于商业银行开展代客境外理财业务有关问题的通知》（银监办发〔2006〕164号，以下简称《通知》第6条规定：境外理财只允许投资固定收益的结构性投资产品，不允许投资股票及其结构性投资产品、商品衍生类产品，以及BBB级以下证券。2007年5月10日年中国银监会办公厅《关于调整商业银行代客境外理财业务境外投资范围的通知》又取消了不得直接投资股票结构性投资产品的禁止，但同时将结构性投资产品投资限制在获国际公认评级机构A级或以上评级的金融机构发行的结构性投资产品。2008年香港及雷曼迷你债券大规模的错误销售事件让银监会意识到本金不保证的结构性投资产品的巨大风险，有鉴于此，2009年7月银监会《关于进一步规范商业银行个人理财业务投资管理有关问题的通知》（银监发〔2009〕65号）（以下简称“通知”）中又加强了对结构性投资产品投资的限制。《通知》第4条规定：“商业银行应坚持审慎、稳健的原则对理财资金进行投资管理，不得投资于可能造成本金重大损失的高风险金融产品，以及结构过于复杂的金融产品。”而第16条又规定：理财资金用于投资金融衍生品或结构性投资产品，商业银行或其委托的境内投资管理人应具备金融机构衍生品交易资格，以及相适应的风险管理能力。《通知》把金融衍生品与结构性投资产品等同，均列为投资受到严格限制的高风险复杂产品。

同样在境外理财管理规定中，证监会并没有把结构性投资产品当作金融衍生品看待，也没有任何限制。2007年颁布的《关于实施〈合格境内机构投资者境外证券投资管理试行办法〉有关问题通知》（证监发［2007］81号）第5条规定：可投资境外证券产品中，与固定收益、股权、信用、商品指数、基金等标的物挂钩的结构性投资产品并不在限制之列。第5条之（5）在限制投资金融衍生品中，也没有将结构性投资产品列入衍生工具范畴。

（二）现行投资者适当性制度存在不协调和不统一，规范上重形式和轻实质以及立法效力层次太低、法律责任制度不完善等诸多问题

《商业银行法》《证券法》等有关投资产品销售、投资咨询和资产管理的规定中都没有关于投资者适当性评估的规定。要求金融机构在投资产品销售与提供投资顾问服务时履行投资者适当性评估义务的规定最早出现在银监会和证监会的

有关监管规章中，其中证券产品销售和投资服务投资者适当性制度在2008年《证券公司监督管理条例》第29条中作了明确规定，首先纳入了行政法规的范畴。但从这些有关投资者适当性制度规定来看，存在以下几个方面的问题：

1. 在同类产品和同类业务上证监会和银监会相关制度规定上不协调、不统一（详细见下表）。

证监会与银监会适当性规则的比较

概念	没有明确①	投资者适当性或适用性②
法律渊源	《商业银行法》《银行业监督管理法》都没有投资者适当性制度只能适用银监会有关银行理财业务的监管规章。	国务院颁布的《证券公司监督管理条例》、证监会的有关规章及行业自律规范都有投资者适当性制度的规定。③
推介或销售不适合产品	错误销售或不当销售。④	错配。⑤
规范方法上	不分产品统一适用《商业银行个人理财业务管理暂行办法》第37条。	不同业务和不同产品有不同监管准则和标准《证券公司监督管理条例》第29条对证券公司从事证券资产管理业务、融资融券业务、销售证券类金融产品要进行适当性评估义务作了原则性规定，证监会则在《证券公司客户资产管理业务试行办法》⑥《证券投资基金销售适用性指导意见》《创业板市场投资者适当性管理暂行规定》《关于监理股指期货投资者适当性制度的规定》都针对不同证券类产品和业务制定了不同适当性监管标准。

① 银监会2005年颁布的《商业银行个人理财业务管理暂行办法》第37条首次规定了银行提供理财顾问服务销售产品的投资者适当性评估义务，但银监会有关规章中一直没有明确地提出这一概念。

② 2003年《证券投资基金销售适用性指导意见》中使用了“适用性”概念，后面颁布的规范性文件均使用“投资者适当性”的概念。

③ 行政法规主要是指国务院颁布的《证券公司监督管理条例》，自律规范包括中金所按证监会制定的股指期货投资者适当性制度实施办法（试行）》《股指期货投资者适当性制度操作指引》等。

④ 《商业银行个人理财业务风险管理指引》第14条、第16条。

⑤ 《证券投资基金销售适用性指导意见》第4条。

⑥ 《证券公司客户资产管理业务试行办法》第45条没有明确提出适合性概念，但实际上要求进行适合性评估。

续上表

适用范围（以证券投资基金销售为例）	银监会区分了一般销售和推荐和理财顾问下的推介与销售，前者不存在适当性评估义务，后者承担适当性评估义务。单纯销售证券投资基金就无需履行投资者适当性评估义务。①	证监会却没有加以区分，所有证券产品销售都必须进行投资者适当性评估评估，包括证券投资基金的销售。②
法律责任	没有明确，只是笼统规定可采取审慎监管措施。③	责令改正，给予警告，没收违法所得，并处以违法所得1倍以上5倍以下的罚款；没有违法所得或者违法所得不足3万元的，处以3万元以上30万元以下的罚款。对直接负责的主管人员和其他直接责任人员单处或者并处警告、3万元以上10万元以下的罚款；情节严重的，撤销任职资格或者证券从业资格。④

2. 在投资者适当性评估的规范上重形式而轻过程，这容易导致投资者适当性评估流于形式，无法有效防止产品销售过程中误导与欺诈，杜绝错误销售的发生。

《商业银行个人理财业务管理暂行办法》第37条规定：只有在银行提供理财顾问服务过程中销售投资产品时，银行才负有投资者适当性评估的义务。虽然《商业

① 《商业银行个人理财业务管理暂行办法》第8条、第37条。

② 《证券投资基金销售适用性指导意见》第3～4条。

③ 《商业银行个人理财业务管理暂行办法》第62条规定：未按规定进行客户评估的，银行监督管理机构依据《中华人民共和国银行业监督管理法》的规定进行查处。但《银行业监督管理法》中并没有明确的关于理财业务监管规范，只有第37条勉强可以靠得上。第37条规定：银行业金融机构违反审慎经营规则的，国务院银行业监督管理机构或者其省一级派出机构应当责令限期改正；逾期未改正的，或者其行为严重危及银行业金融机构的稳健运行、损害存款人和其他客户合法权益的，监管机构可以采取责令暂停部分业务、停止批准开办新业务；限制分配红利和其他收入；限制资产转让；责令控股股东转让股权或者限制有关股东的权利；责令调整董事、高级管理人员或者限制其权力和停止批准增设分支机构。其中，最适合于理财业务应该是责令暂停或停止批准开办新业务。

④ 《证券公司监督管理条例》第84条之（四）未按照规定程序了解客户身份、财产与收入状况、证券投资经验和风险偏好；（五）推荐的产品或者服务与所了解客户情况不相适应。

银行个人理财风险管理指引》第23条禁止银行向无经验客户或不适宜顾客销售风险大或衍生工具，但同时又规定，客户主动要求了解或购买有关产品时，商业银行应向客户当面说明有关产品的投资风险和风险管理的基本知识，并以书面形式确认是客户主动要求了解和购买产品。对客户主动要求购买的情况下，银行就完全豁免了投资者适当性评估义务，而且，该规定给银行在适当性评估过程中弄虚作假提供了便利，只要顾客签署了书面确认书，银行就完全不对错误销售承担责任。

证监会《关于建立股指期货投资者适当性制度的规定（试行）》虽然要求股指期货产品销售者对投资者进行知识和经验测试，但对测试过程记录如何保持，以及如何防止销售者测试过程弄虚作假或误导却没有配套制度安排。反而在第6条中把顾客弄虚作为重点防范对象。

3. 立法效力层次太低，法律责任规定不完善。目前有关投资者适当性制度规定的立法最高效力层次立法也就是新近国务院颁布的《证券公司监督管理条例》，许多具体规定都停留在监管机构的规章中，效力层级太低。而且，无论是证监会还是银监会的有关规定，对金融机构违反投资者适当性评估义务所应承担法律责任都不明确，这就大大影响到该制度在投资者保护和防止错误销售和不当销售上的实效。

五、结论与建议

结构性投资产品是金融创新的产物，也是随经济社会发展，投资者对收益回报更高、功能更复杂的投资产品需求日渐增长的必然结果。结构性投资产品日趋复杂加大了专业机构与普通投资者之间信息不对称，增加了错误销售和不当销售的风险，而传统投资产品投资者适当性制度在防止错误销售和保护投资者方面存在诸多不足，必须根据投资产品日渐复杂的特点加以改进和完善，采取更高的投资者适当性制度标准，以适应金融创新发展的需要。根据各国在结构性投资产品投资者适当性制度提供的经验和我国有关制度缺陷，笔者提出如下两点完善建议：

1. 我国应尽快制定统一金融工具发行与销售的监管立法，根据投资产品复杂程度而采取分类监管的方法，对复杂程度不同的产品，采取不同投资者适当性制度标准。我国目前还没有专门规范投资产品发行与销售的立法，而证券法和银行法也没有关于结构性投资产品的立法。只有专门立法才能消除监管规章散乱而不系统的乱象，使投资顾问服务、复杂投资产品发行与销售监管能够有法可依，促进我国金融服务业的发展，维护投资者合法权益。

2. 投资者适当性制度完善上应把规范的重点放到促销过程中销售人员与投资沟通与交流过程，加强这个过程的规范和监管，注重适当性评估，帮助投资者正确理解产品性质与风险的实际，才能有效防止错误销售的发生。

电子商务诚信的法律规制研究

孙 颖*

一、研究背景

电子商务是利用互联网买卖商品和服务的贸易活动。它不仅包括网络购物，还包括与之有关的网上软件研发、市场开发、销售、物流、售后服务以及电子支付等完整的流程。电子商务的分类多达十几种，常见的如企业对企业（B2B）、企业对消费者（B2C）、消费者对企业（C2B）、消费者对消费者（C2C）等。而B2C、C2C 、C2B 均应归于网络零售的范畴。随着电子商务的广泛应用，其对国民经济的促进作用已为社会所共识，并被上升为国家战略。2011 年我国《国民经济和社会发展“十二五”规划纲要》就提出，将电子商务列为国家战略性新兴产业，大力发展扶持。在 2012 年第十一届全国人民代表大会第五次会议上，原国务院总理温家宝在《政府工作报告》中谈到“进一步扩大内需特别是居民消费需求”时，再次明确提出“积极发展网络购物等新型服务业”。据国内知名第三方电子商务研究机构中国电子商务研究中心发布的《2011 年度中国电子商务市场数据监测报告》显示，截至 2011 年 12 月，中国电子商务市场交易额达 6 万亿元，同比增长 33%。其中，网络零售市场交易规模突破 8000 亿大关达到 8019 亿元，同比增长 56%,① 远远超过同期中国社会消费品零售总额实际增长率 11.6%,② 有效拉动了内需市场增长。然而，由于中国网络环境及相关法律的不成熟，伴随中国电子商务市场的迅猛发展，诚信问题也日益突出，更容易产生网

---

* 中国政法大学民商经济法学院教授、法学博士。

① 载中国电子商务研究中心官方网站，网址：http：//100ec. cn/research/，于 2012 年 5 月 10 访问。

② 2012 年 3 月 1 日，知名研究咨询机构 IDC（国际数据公司）与阿里巴巴集团研究中心在京联合发布了《推动信息社会进程——电子商务和阿里巴巴商业生态的社会经济影响白皮书》。IDC 数据显示，2011 年度同期中国社会消费品零售总额实际增长率 11.6%。网址：http：//zj. sina. com. cn/finance/news/regional/31/2012/0306/14037. html，于 2012 年 5 月 10 日访问。

络欺诈、产品质量瑕疵、售后服质量低下、个人信息泄露等侵害消费者权益问题，成为各界关注的焦点。在交易中，买卖双方的诚信，特别是商家的诚信问题，已经成为中国电子商务发展的最大隐患。此前，推动电子商务网络诚信体系构建的，主要以电子商务平台以及第三方支付企业的市场手段为主。2003 年，淘宝网推出创新的“支付宝”担保交易模式，率先破解了国内电子商务发展的信任和支付问题；其后，淘宝网通过不断完善平台交易规则，强化信用评级制度，直接推动了中国网购市场近几年的井喷式发展。信用评级制度是淘宝重要的特色之一，但同时也是被买家、卖家诟病最多的制度，存在着“刷信用”、对消费者的保障力度不足、诚信缺失、法律监管缺位、企业自身充当第三方机构等问题。在行业发展初期，主要依靠企业自身的规范发展行为，对电子商务诚信体系的建设虽然起到了一定的推动作用，但要从根本上革除问题，进一步完善诚信体系建设，需要健全的法制建设保障。为此，商务部于 2011 年 12 月 15 日出台了《关于“十二五”电子商务信用体系建设的指导意见》，提出“力争到 2015 年，电子商务信用法规基本健全，电子商务信用环境明显改善”的目标。在上述背景下，对电子商务诚信法律规制的研究具有重要的理论与实践价值。

二、电子商务诚信的涵义

现代诚信的内涵，在不同学科领域对它的理解是存在差异的。如伦理学对诚信的研究认为：诚信既是一种美德，又是一种道德规范。诚信表述的是人们诚实无妄、信守诺言、言行一致的美德。它同时作为一种道德规范，要求人们诚实无伪、言而有信。① 诚信作为道德规范有三种不同含义：一是诚实无欺；二是相互信任；三是信守承诺。它们既是个人的内在品质也是人的行为规范。② 诚信的内涵存在着传统诚信与现代诚信的区别及传统诚信向现代诚信转换的问题。传统诚信的产生基础是自然经济和小农经济，在对应商品经济和市场经济时，明显表现出水土不服，③ 应该既依托传统又立足现实，实现诚信观念的现代转换，应建立一种基于新型义利观的诚信取向，改变过去义利对立的观点，倡导义利并重、道义与功利协调发展的新型价值取向。④

经济学上所讲的诚信本质上是一种契约关系，比个人道德品行要广泛和深刻的多。“它既可以指一种行为——通过履行承诺而取得公众的信任，也可以指一

① 焦国成：《关于诚信的伦理学思考》，载《中国人民大学学报》2002 年第 5 期。

② 杨秀香：《从传统社会转向市场社会》，载《道德与文明》2004 年第 4 期。

③ 夏伟东：《重新认识中华民族传统的诚信道德素质》，载《郑州大学学报（则学社会科学版）》2003 年第 2 期。

④ 熊宗哲：《论传统义利观和诚信观的现代转换》，载《伦理学研究》2006 年第 6 期。

种稀缺的资源——货币借贷和商品赊购等经济活动的基础。”[①] 是指“当事人或交易主体能信守诺言，忠实于自己所承担的义务并有能力承担义务。”[②]

法学视野的诚信主要是一种法律原则，从契约关系角度对民事活动中的诚实信用原则进行阐释。如徐国栋指出，“诚信是一种法律原则，这种原则要求民事活动时民事主体应维持双方的利益平衡以及当事人利益与社会利益的平衡。依据诚信原则，立法者在保持社会稳定与和谐发展的前提下，能够实现上述三方利益的平衡。”[③] 彭定光指出，“诚信有着两种不同的表现形式：一是人格意义上的诚信（简称人格性诚信），二是制度意义上的诚信（简称制度性诚信）。制度性诚信包含多方面的内容，在法治社会里，其中最重要的当为法制诚信。”[④]

文化学认为，西方的诚信是契约诚信、法制诚信、陌生人诚信，而中国的诚信是人格诚信、道德诚信、熟人间的诚信。[⑤]

对上述不同学科关于诚信概念的考察可以得知，当代诚信概念有两个源流：一是本土文化中从传统伦理道德和思维方式演化而来的对诚信内涵的理解，二是受西方文化传统、经济、法律制度的影响。现代诚信概念是在传统诚信涵义的基础上结合西方经济学、法学涵义演变发展而来。法学领域的诚信与经济学所讲的诚信密不可分，都是以人格性诚信为基础，更多地体现为通过各种具体的制度安排达到教育、引领与规范全体社会成员的目标。

作为社会一般概念的现代诚信的内涵包括两部分内容：诚实和信用。诚即诚实、诚恳，讲的是个人内持品德，是指在无人监督或不受舆论谴责的情况下，内不欺己，外不欺人；信即信用、信任，讲的是人际交往的行为准则，是指真实不欺、遵守诺言的品德。二者存在不可分割的内在联系。诚实是信用的基础，不诚实必然也不会讲信用，但诚实也不等于信用。电子商务活动不仅需要参与双方的诚实，而且要以信用为长期交易的保证。

诚实是一种基本的道德要求，做人不以诚实为本，则其人可憎；经商不以诚实为本，则其事可疑。在电子商务活动中，由于商业往来须借助于因特网进行，具有非面对面性，故发生不诚实的可能性较之以往的商业活动模式要大为增加。但从长远来看，一个有远见的商家，应该懂得诚实的重要性，因为欺诈、弄虚作假等行为，尽管可以实现一时之目的，但却一定会遭到网友的声讨挞伐，网上口碑不佳，最终会造成长远利益的损失。作为电子商务活动中的道德要求，诚实不

---

① 刘炯：《诚信的制度基础、供给机制及对策》，载《广西社会科学》2002 年第 5 期。

② 潘立新：《诚信建设的文化分析与制度安排》，载《中国注册会计师》2002 年第 5 期。

③ 徐国栋：《客观诚信与主观诚信的对立统一》，载《中国社会科学》2001 年第 6 期。

④ 彭定光：《论法制诚信》，载《湖南师范大学社会科学学报》2007 年第 6 期。

⑤ 吕方：《诚信问题的文化比较思考》，载《学海》2002 年第 4 期。

仅排斥欺诈、弄虚作假等行为，而且反对有意隐瞒产品缺陷，不按承诺履行的做法。

信用是一种以制度为约束的信守承诺的责任感，就是行为人对自己行为的后果负责的道德感。信用既是个人的一种品性，同时也是社会的一种素质。由于信用往往与利益息息相关，因而恪守信用也就是既尊重他人利益又维护自身利益，从而维护了社会整体利益。然而，我国目前的电子商务却频频遭遇到信用障碍问题，以致先进的电子商务在中国的运行比之国外繁琐且不安全。因此要发展电子商务，就必须依靠制度建设消解信用障碍，约束电子商务当事人规范自己的交易行为，逐步建立全社会长期的、良好的信用形象。

诚信问题具有复杂的社会成因。中国社会诚信的建立是一项长期且复杂的社会系统工程，需要文化、教育、心理、道德、伦理、政治、法律、经济等各方面手段的配合和培养，故本文所使用的“诚信”概念不限于法学层面，而是在一般社会意义上的使用。

三、我国电子商务的发展与诚信状况

2008 年全球金融危机对于电子商务的整体发展是一种意想不到的机遇。电子商务的低成本、高收益以及开放性、拓展性在危急中凸显出价值。在外贸出口萎缩、竞争加剧的环境下，自 2008 年至 2011 年的三年间，我国企业间（B2B）电子商务交易总额同比增幅均超过 20%，2011 年达到了 29%；网络零售市场交易规模 2011 年同比增长 56%；截止到 2011 年 12 月，中国网络购物用户规模达 2.03 亿人，同比增长 28.5%；个人网店数量达 1620 万家，同比增长 24.6%。[①] 在浙江、广东等沿海发达地区，电子商务正成为政府帮助许多中小企业生存、发展的新推手。

互联网的大发展，令电子商务成为了未来中国社会经济最具活力的组成部分。全球知名咨询公司波士顿咨询公司（BCG）发布的报告显示，到 2015 年，我国电子商务在零售总额的占比将从目前的 3.3% 增至 7.4%，年均复合增长率达到 33%，电子商务将渗透到所有行业品类，市场价值突破 2 万亿元人民币。[②] 未来几年，我国电子商务服务产业将迎来其发展的黄金年代。

然而，在这种繁荣的背景下，电子商务的诚信问题引起了社会的广泛关注。

---

① 参见中国电子商务研究中心官方网站发布的：《2011 年度中国电子商务市场数据监测报告》，网址：http://www.100ec.cn/research/，于 2012 年 5 月 10 日访问。

② 参见波士顿咨询公司 2011 年 11 月发布的中国电子商务报告：《全球电子商务新领导者》，网址：http://www.bcg.com，于 2012 年 5 月 10 日访问。

伴随电商疯狂促销的是网友接连不断的投诉。随着电子商务的快速成长，电子商务交易的诚信危机也悄然来临。根据2011年的最新统计显示，“中国电子商务投诉与维权公共服务平台（http：//www.100ec.cn/zt/315/）”接到的2011年全年投诉案例接近10万起，其中网络购物投诉占电子商务类投诉52%，占据最大的比例；团购紧随其后，占25%；第三类是B2B网络贸易领域投诉，占6%；第四位是移动电子商务，占3%。① 网购投诉的问题主要集中在：履行迟延、退款迟缓、售后服务没保障、产品质量瑕疵、网购诈骗、退换货、虚拟交易诈骗、物流快递、单方面取消订单、虚假促销等。淘宝网、京东商城、苏宁易购、买特网、俏物悄语、当当网、亚马逊中国、库巴网、新蛋网、1号店等一大批知名购物网站位列投诉榜前十。纵观各类投诉纠纷，诚信缺失无疑是产生投诉的根源所在。②

当前电子商务中的诚信问题可以分为如下几类：

1. 商品描述诚信问题。在电子交易行为中，商家通过虚假的照片、文字、促销活动等夸大其词描述，甚至玩文字游戏误导宣传，借助消费者无法触摸、不容易验货进行欺骗。

2. 价格诚信问题。一些商家打着促销的幌子积揽人气，而实际上所谓的促销只是把商品原价提高后再打折销售。有些网站以虚假的低价诱惑消费者下单，却并不想实际履行，单方面随意取消订单。

---

① 参见中国电子商务研究中心2012年3月14日发布的《2011年度中国电子商务用户体验与投诉检测报告》，网址：http：//www.100ec.cn/zt/2010bgdz，于2012年5月10日访问。

② 以下为几则典型投诉事件的展示：事件一：2011年8月16日至17日，淘宝聚划算开展了“万人团购液晶电视活动”，以6折低价团购TCL32寸液晶电视，然而用户普遍反映活动涉嫌欺诈。由于LCD标识在活动宣传中没有放在显著位置，部分消费者误认为是LED，众多用户直呼上当，称此次活动存在虚假宣传、误导宣传、虚构原价的欺诈行为。事件二：2011年10月，有消费者称从高朋网上花不到千元购到的天梭表，收货后发现外包装图案模糊，说明书还有漏字现象，跟正品有很大差距。而天梭表公司表示，从未授权中国任何一家网上商城销售天梭表。而差不多同一时间，淘宝聚划算也开展了“599元团购卡西欧手表”的活动，经卡西欧正品专柜鉴定，所团手表为假货。事件三：2011年买特网遭消费者密集投诉，其收款不发货、退货不退款现象严重。“0利息融资”“非法圈钱”“诈骗”等词成为买特网难以抹去的标签。买特网下单是“肉包子打狗一去不回”，被网友笑称“买特网卖的是期货”。事件四：央视曝光消费者姚女士通过百度搜索到一个机票网站，不但被骗了钱还没有订到机票。而在中秋、国庆、春节等出行高峰期，机票、火车票需求旺盛，虚假票务网站异常活跃，很多消费者通过百度搜索到了极具诱惑力的票，一些山寨票务网以低价出售机票钓鱼后网站消失。事件五：2011年7月~12月，当当网接连出现“1元阿迪鞋”“11元三星手机”“亲子图书抢购”“0.1元洗面奶”四次大规模“价格乌龙”事件。四次事件中，当当网并不想按标价给消费者发货，引发千名消费者集体维权。图书促销部分消费者将当当网诉至法庭，一审判决部分支持了消费者的诉求，判令当当网按活动价格履行义务，给电商企业随意取消订单的违约行为敲响了警钟。

以上案例均来源于中国电子商务研究中心2012年3月14日发布的《2011年度中国电子商务用户体验与投诉检测报告》第三部分“2011年度电子商务投诉特点监测分析”所发布的十大网购投诉事件。

3. 商品质量诚信问题。某些网站打着正品的幌子销售假货，货不对板，网上发布的商品信息与实际商品信息不相符，以假充真、以次充好欺骗网上购物者。

4. 支付诚信问题。某些电商企业收款不发货，退货不退款，或者支付钓鱼，收到货款后杳无音信或者网站消失。

5. 售后服务诚信问题。售后服务是电子商务交易的最后保障，某些电商企业售后无人、售后承诺不兑现，带给消费者糟糕的购物体验。

6. 信用评价诚信问题。"店铺信誉""宝贝评价"是决定是否购买某种商品的重要衡量标准，一些商家利用消费者看评价购物的心理，使用专门的信用炒作手段，例如"刷信誉"、快递炒作等手段，给消费者造成购买旺盛的假象。

7. 搜索欺诈问题。用户使用搜索引擎寻找网站和商品，很多网络黑客利用用户搜索的心理，制作假网站，进入百度、搜狗、一淘网等的降价排名系统或通过 SEO 搜索优化，并通过假冒的网站链接与假冒的网银支付链接骗取用户的付款。

8. 信息安全诚信问题。为了交易的顺利进行，消费者的相关信息需要提交给网站。因此在交易过程中存在信息的泄露、丢失、篡改等风险，如伪造或非法删除交易信息、信用卡账号、银行资金被盗等，尤其是以第三方支付平台为基础的支付卡数据泄露，给不法分子以可乘之机。

9. 物流快递诚信问题。快递变慢送、快件丢失、掉包、缺件少件、先付款再验货等频有发生。

10. 发票诚信问题。网购索要发票难是普遍问题。由于所谓的卖家成本问题，买家索要发票须加收开发票费。考虑到一时之利，一些消费者放弃索要发票。由于发票是消费者维权的重要凭证，缺失这一凭证，一旦商品出现问题，消费者维权势必处于不利地位。

四、电子商务诚信缺失的成因探究

电子商务诚信缺失的种种乱象是社会诚信缺失在电子商务领域的放大和集中反映。互联网行业出现的大大小小的诚信问题导致整个行业面临着前所未有的诚信危机。诚信问题已成为制约我国电子商务快速、健康发展的主要瓶颈之一。造成这些现象的原因是复杂的，既有制度内的也有制度外的，既有法律层面的，也有历史、经济、道德、文化、社会和教育层面的。电子商务诚信危机的主要缘由在于人们仅从功利主义的角度认识和对待诚信。人们视诚信为手段，忽视义务层面的诚信诉求，进而导致人们为了利益规避诚信义务。[①] 自上个世纪上半叶开始，中国社会长期的非道德化运动，导致了诚信的历史性缺失。[②] 由于我国经济体制在市场经济转型中诚信的形成基础发生重大变化，在市场不完善的条件下，失信行为有了滋生的土壤。[③] 人们选择还是不选择诚信，是以经济利益为杠杆的，在一定的历史条件下，如果当失信行为带来的经济利益大于失信行为所付出的代价时，就容易引发社会诚信的匮乏。“中国目前的低信任度可以归因于人们还缺乏重复交往和参与重复博弈的机会，以及实施必要的双边和多边惩罚的机制。”[④] 中国传统文化崇尚诚信，但中国文化的基因里天然潜藏不诚信的元素。中国传统文化在诚信方面表现出的是一种极为尴尬的特性：一方面是强调诚信，一方面又表现出对诚信的否定，道德说教与社会现实之间、法律规定与法律运行之间存在着巨大的反差。[⑤] 当务之急是要从“道德诚信”向“法律诚信”与“道德诚信”相结合转化，重点是构建社会的法律制度，给诚信以制度上的诱导和保障。目前失信行为的泛滥不能简单地归结为中国传统道德文化的失灵，而在于我们没有培养出一种新的体现法治精神的诚信道德文化。应对诚信危机的根本出路应当是合理吸收传统诚信重自律、重人格信任与西方诚信重他律、重契约信任的合理因素，建立制度完备的、重在实施的市场监管法律体系。因此，我们有必要从法律角度作一制度性探讨。

（一）规制诚信的基础法律体系不完善，制度漏洞和盲区多

我国关于诚信的立法主要分布在《民法通则》《合同法》《商标法》《担保法》《反不正当竞争法》等几部有限的法律之中。此外《劳动法》《劳动合同法》《保险法》《民用航空法》《治安处罚法》也有一些零散规定。但多数需要规定诚信原则的民事单行法未规定这一原则。有些民事单行法虽然规定了诚信问题，但规定的不完备，缺乏针对性和可操作性。[⑥] 例如《商标法》，该法在2001年的修订中规定了诚信取得地理标志注册问题，但未在其他方面规定诚信。所以，商标领域的不正当竞争行为、假冒行为、圈占商标资源行为、域名抢注行为等，都不能以诚信原则的名义受到制约。

---

① 沈慧芳：《作为义务的诚信以及诚信义务的豁免》，载《道德与文明》2010年第1期。

② 焦国成：《诚信的制度保障》，载《江海学刊》2003年第3期。

③ 杨瑞龙：《关于诚信的制度经济学思考》，载《中国人民大学学报》2002年第5期。

④ 张维迎、柯荣住：《信任及其解释：来自中国的跨省调查分析》，载《经济研究》2002年第10期。

⑤ 杨解君：《当代中国行政法的品质塑造——诚信理念之确立》，载《中国法学》2004年第4期。

⑥ 徐国栋：《我国主要民事单行法中的成新规定考察报告》，载《河北法学》2012年第4期。

（二）有关电子商务的专门立法滞后、法律层级低

尽管我国颁布了《电子签名法》，但这部法律条文只有11条，且是一部与网络诚信没有直接关系的法律，仅仅是对电子交易身份认证进行了原则上的规定，有关电子商务的交易规则及当事双方的权利义务及诚信问题一概没有规定，并不是一部完整意义上的对电子商务交易进行约束的法律。此外还有一些部门规章，如工信部《电子认证服务管理办法》，中国人民银行《非金融机构支付服务管理办法》，国家工商总局《网络商品交易及有关服务行为管理暂行办法》《关于进一步加强市场监督管理加大打击假冒伪劣违法行为的若干措施》，商务部《关于促进网络购物健康发展的指导意见》《网络购物服务规范》《关于规范网络购物促销行为的通知》等。但是这些规章只对电子商务的边缘问题作了规定，且立法的位阶低，不能起到对电子商务的规范作用。

（三）行政监管不力、网上经营门槛低

传统的实体商家，需经工商行政管理部门登记注册，领取营业执照后方可从事经营，其身份容易辨认。而电子商务经营者身份难以辨认，甚至存在多种身份或虚构主体资格、冒用他人主体资格的状况。不但政府部门对电子商务经营活动缺乏充分有效的监管，就是各大电子商务平台对申请经营者的准入资格都未进行实质性地审查，为网络欺诈提供了土壤。这不仅严重影响着人们对网上经营者的信任，也为电子商务诚信交易埋下了安全隐患，从而制约着电子商务的快速、健康发展。

（四）交易主体信用制度不健全，守法意识薄弱

我国信用系统严重滞后，还未建立起健全的诚信管理体系，对参与电子商务的消费者没有建立详细的信用档案、对电商企业资格评审不把关、身份认证不到位。更为重要的是，交易主体的信用信息并没有受到良好的法律保护。在我国信用评价和监管机制不健全的情况下，电子商务参与者的诚信观念、守法意识不强。由于失信成本低而收益大，守信成本高而收益小，电商企业往往只注重短期利益，其结果必然是虚假宣传、网络欺诈等违法行为泛滥，消费者对网络的信任度下降，阻碍了电子商务的发展。

（五）原有的纠纷解决途径不适合网上纠纷的解决，守信方维权困难

由于电子商务的非面对面性、跨地域性，交易主体、交易地点难以确定，证据的保存也十分困难，传统的法院管辖等诉权行使问题出现障碍且成本较高，大部分消费者遇到纠纷都会放弃诉讼的途径，而习惯于请求消费者协会调解。消协作为民间组织，其调解不具有强制效力，且由于立法不完善，监管存在盲区，消

协在处理网上交易纠纷时与法院遇到了同样的问题，往往陷入无计可施的状态。当守信方权益因失信方的行为受到侵害时，大多数纠纷只能以买卖双方自行协调了事，这样就降低了网络交易失信者的风险成本，提高了守信方的维权成本，损害了用户的利益，降低了用户体验的满意度。

（六）失信惩戒制度不完备，法律处罚力度不够

我国电子商务交易的管理标准还没有系统制定，致使行政和司法的处罚不力，对失信者没有及时给予相应的行政、经济、刑事惩罚。现有的法律对违约情节严重者一般仅限于民事责任，很少涉及刑事责任，惩罚力度明显不足。我国刑事立法仅规定对国家事务、国防建设、尖端技术领域信息系统的犯罪予以打击，但对商务领域的电子商务犯罪，则未有涉及。尽管网上诈骗已渗透到电子商务交易的各个过程，但刑法对此则是无济于事。

五、电子商务诚信法律规制的比较研究

（一）美国

在以因特网为运行平台的电子商务环境下，交易当事人的身份认证是其中最关键的环节，如果这一问题能够得到妥善解决，其他问题也就迎刃而解了。美国的电子商务立法是以各州的立法行动为先导的，起步于 1995 年犹他州颁布的《数字签名法》，这是美国和世界范围内的第一部全面确立电子商务运行规范的法律文件。① 目前美国各州制定的与电子商务有关的法律已达百部之多。美国联邦立法机关通过的法律主要有：1999 年的《统一电子交易法》和 2000 年的《电子签名法》。前者着重从电子交易的形式上规范电子商务，尤其是对电子记录的规范相当详细。其中包含了从电子记录定义到电子记录使用，从电子记录法律效力到电子记录原件及其保存，从电子记录发送和接收时间、地点到可转让的电子记录以及政府认可和分发的电子记录等。《美国电子签名法》采取了完全技术中立型立法原则，对于电子签名所使用的技术没有作出强制性要求，是放任主义立法思想的体现，由企业发挥领导作用，由市场决定哪种技术胜出。②并且强调规范不能阻碍未来技术发展。如果需要政府干预的话，其目的应当是以预定的最低限度主义来支持和推行与电子商务相协调的、简化的法律环境。③ 近期有议员提交了关于规范个人信息的收集和使用的新法案，希望通过这项法案设立企业的

---

①② 宋玉萍：《美国和欧盟的电子商务法律竞争》，载《特区经济》2007 年第 12 期。

③ 1997 年克林顿总统任职期间公布了《全球电子商务框架》，表明了联邦政府的基本立场。参见中国电子商务研究中心：《美国网络零售业概况及法律法规简介》，网址：http：//www.100ec.cn/detal—5850711.html，于 2012 年 5 月 12 日访问。

“行为基准”，将那些可识别的个人信息的使用方式纳入监管体系，建立一个第三方收集、使用、存储和分享用户个人数据的基本框架，防止个人信息在互联网广告及其他活动中遭到滥用。美国国会参众两院议员关于电子商务立法的呼声虽然较大，议案不少，但立法机关只通过了为数不多的与电子商务仅有表层关系的法律。① 美国联邦立法机关的基本原则是只在非常需要时修改现行法律或颁布新的法律，基于这一原则，美国联邦的做法是将电子商务中各个贸易环节逐一分解开来，根据需要在传统贸易法规的基础上做相应的调整，使其能够涵盖以电子信息技术手段操作的贸易行为。如确需创立新法，则这种法律框架应着眼于保护公平交易、保护平等竞争、保护消费者免受欺诈之苦、保护知识产权免受侵害和保护个人隐私。如《联邦贸易委员会法案》第5条规定：商业中或者影响商业的不公平或欺诈行为或者实践，适用于国际贸易以及其中的国际电子商务。②

由于美国电子商务及社会诚信的基础法律环境、法律体系非常完善、健全，政府部门主要致力于丰富和完善网络购物管理的法律法规和严格执法。目前对网络销售管理发挥最重要作用的就是“联邦贸易委员会”，管理网络购物的主要有两部法律：一是《邮件、电话订货法规》，主要对送货进行规范，如果卖家不能在承诺期限内按时保质送货，买家可以向联邦贸易委员会投诉。还有一个是《公平信用结账法案》，如果消费者发现商品名不副实，可以告知信用卡公司拒绝付账。联邦贸易委员会对网络广告的真实性、收费的程序、对消费者资料的保密、以及推迟发货等网络销售中的各类问题，进行了严格细致的规范。在该委员会网站上，不但可找到相关的规章制度细则，还可以下载客户申诉表。一旦多次申诉都指向一个公司或一种产品，该委员会就会启动相关调查，乃至进入必要的法律程序。

（二）欧盟

欧盟自成立以来，即制定了《电子通信服务的新框架》等关于构建新兴科技信息社会的一整套政策。同时出台了《促进21世纪的信息产业的长期社会发展规划》及相应的行动计划，发布了一系列指令，其中包括：《个人数据处理〈95/46号〉指令》《电信领域的隐私保护〈97/66号〉指令》《远程合同中消费者保护的〈97/7/EC〉指令》《电子签名〈1999/93号〉指令》《电子商务〈2000/31号〉指令》。欧盟在电子商务方面的立法具有以下一些不同于美国的特点：第一，利用欧洲一体化的优势，协调各国的立法，为电子商务的发展创造无

① 中国电子商务研究中心：美国网络零售业概况及法律法规简介，网址：http：//www.100ec.cn/detal-5850711.html，于2012年5月12日访问。

② 苏号朋、鞠晔：《论网络消费欺诈的法律规制》，载《法律适用》2012年第1期，第32页。

障碍的法制环境。第二，重视网络隐私权的保护。欧盟主张订立严格的保护标准，并通过设立特别委员会，敦促各国以立法的形式来保护隐私权。①

欧盟目前电子商务和电子合同的规则框架主要是由三个指令组成：1997年的“远程合同消费者保护指令”、1999年的“电子签名指令”、2000年的“电子商务指令”。这三大指令与其他有关规定交织在一起，涵盖了电子商务交易从磋商、订约、履行到争议解决的各个阶段，解决了电子采购、一般条款、支付条件等问题。②

中央银行在欧洲大陆国家可信任交易环境建设中起到关键作用。法国、德国、比利时等欧洲大陆国家在可信交易环境建设中，信用信息服务机构作为中央银行的一个部门建立。银行向征信局提供相关金融信用信息是一种强制行为。

国家在电子商务可信交易环境建设中起着重要的引导和推动作用，采取了以下措施：一是在政府采购中试行电子商务手段，引导信用环境构建；二是把中小企业作为优先支持对象，培育电子商务信用主体；三是选择重点企业和项目给予支持，促进电子商务信用机制创新；四是建立政府—企业协调沟通，形成信用联动机制。③ 欧盟着力打造的可信任交易环境实质上是现代市场经济和电子商务不可或缺的“法制诚信”。

德国作为一个老牌的成文法国家，制定法体系发达，且有着悠久的法制传统，政府也比较强势。但在电子商务监管的思路上最近发生了一些转变，可以概括为：增加透明度、促进信息流动解决问题；武装消费者，让他们了解自己的权利和解决的措施；重视私立标准设定机构的参与，重在形成自我约束机制；形成多元化的市场监督手段和环境，鼓励第三方认证和维权机构的参与；努力实现跨国监管（在欧洲层面）。④ 政府不再包打天下，在电子商务领域基本上不存在事前的监管，政府的监管基本都是事后的。当然，作为成熟的市场经济国家，除了上述变化，更多的还是不变的市场经济的法制基础，如市场经济的竞争规则、信用制度等。

六、我国电子商务诚信的法律规制与体系构建

比较美国和欧盟电子商务诚信的法律规制的特点发现，美国的功夫在其外

---

① 深圳市电子商务示范城市若干问题研究课题组：《欧盟电子商务可信交易环境建设现状》，网址：http://gjss.ndrc.gov.cn/dzswsfcs/zcjx/t20110729_426487.htm，于2012年5月12日访问。

② 张立：《欧盟：规范电子商务面临三大难题》，载《检察日报》2006年第4期。

③ 深圳市电子商务示范城市若干问题研究课题组：《欧盟电子商务可信交易环境建设现状》，网址：http://gjss.ndrc.gov.cn/dzswsfcs/zcjx/t20110729_426487.htm，于2012年5月12日访问。

④ 阿拉木斯：《德国与欧盟电子商务监管研究》，载《信息网络安全》2011年第7期。

而不再其内，对诚信的规制基本上都是依赖于固有的法律体系完成的，电子商务立法只是提供了一个宽松的外部环境，诚信不是其立法重点。美国采取纵向的立法模式，使不同法律中关于诚信问题的具体方面的规定能够适用于网络交易。欧盟则采取了横向立法模式，即在一部电子商务法律中对相关主体的各类责任统一加以限制和规范。[①] 分析原因不难发现这是由于历史、政治、经济、文化、传统等因素的差异导致的，而根本原因是各自国家利益的考虑。从我国的情况看，后一模式是比较可取的。毕竟我国的法律基础薄弱，法律制度的漏洞和盲区较多，法律体系有待完善，社会诚信建设的制度性规定还没有建立或正在形成之中。借助现有的法律还不能对电子商务领域的诚信问题形成有效的规范。制定新的规则和法律是必须的且非常需要的。借鉴欧盟的经验，在几部法律之中从头至尾把相关主体的各个方面的权利义务责任规定在具体的法条之中是解决问题的关键。

1. 结合我国具体国情考虑制定《电子交易法》。该法应当对网上商品经营主体应具备的条件和程序作出相应的法律规定，特别是对交易行为、电子认证、电子交易各方主体的权利义务、网上经营监管、法律责任等方面制定具体的、可操作的法律规范，以调整电子商务法律关系。要强化电子合同的立法和执法建设。因为通过电子合同，在源头上保证电子交易行为的诚信度是当前的主流思潮。[②]

2. 考虑制定《个人数据及隐私保护条例》。把尊重自然人的基本权利和自由作为立法目的，由数据统计管理的主管机构制定单行法律，内容包括：数据收集目的、收集条件与前提、收集方式、收集数量；数据的保存、修改和删除；数据相关人的权利、义务、法律责任；特殊数据的收集和处理；执行公务或涉及公共利益的例外和限制规定；数据的保密与监督；司法救济；向第三国的传输等内容。[③]

3. 考虑制定《电子商务支付保护条例》。为了增强消费者对网络购物的信心，实现消费者的最大需要，可以考虑由金融机构的相关主管机关牵头，会同各有关金融机构、消费者代表、电商企业共同制定。条例的内容应包括：支付方式、支付时间、支付担保、拒绝支付的情形与权利、退款保证、退款期限、投诉的解决以及由于第三方或金融机构的过失导致的损害的赔偿等规定，并将上述规定内容以固定协议的方式，用当事人易于理解的语言和形式在合同缔结前告知消费者。

---

① 郑成思、薛虹：《 我国电子商务立法的核心法律问题》，载《知识产权》2000 年第 5 期。

② 朱玛：《 后危机时代电子商务诚信的法律规制》，载《企业经济》2010 年第 11 期。

③ 吴越、李兆玉、李立宏：《欧盟债法条例与指令全集》，法律出版社 2004 年版，第 211 页。

4. 考虑制定《网络购物纠纷网上投诉解决办法》。可以考虑由商务部、工信部、国家工商行政管理总局、质监局、金融主管部门等相关部门联合，共同打造一个电子商务纠纷投诉解决平台或投诉中心，放在商务部或工信部下面管理，该平台或中心通过网上投诉或电话投诉的方式，专门接受和处理电子商务领域的纠纷，将信息分类及时送达相关部门处理，并在法律规定的时间内将追踪处理结果及时反馈给投诉人。

5. 加强行政执法监管，规范电子商务行为。政府应主动、充分地发挥主导作用，加强对企业的诚信监管，加大对失信者的惩罚力度。主要体现为对电子商务经营者注册登记以及经营行为进行监管，对经营申请者进行资信、身份审查，严把电子商务经营门槛，构建实名认证检验制度，从广告发布、价格宣传、交易行为、商品质量、竞争行为等多方面进行，监管主体分别为工商行政管理部门、商务部、质监部门、价格部门、信息产业部，这些部门在监管过程中应各司其职，分工合作。

6. 明确管辖权规则，强化电子商务司法。建议司法部门针对网络民事、刑事案件管辖权的问题认真研究，尽快做出解释。明确规定电子合同交易中的“场所”等问题，确定管辖权规则。[①] 建议考虑对金额不大的电子商务纠纷案件开展网上在线审理与仲裁。[②]

7. 完善诚信体系建设，培养诚信守法意识。建议商务部中国国际电子商务中心信用认证中心在全国联合若干第三方征信企业，大力发展电子商务的信用中介机构、信用调查机构和信用评级机构，利用互联网的开放性，依法把原先封闭的、分散的企业与个人的诚信数据统一为社会信息体系的公共资源，综合运用行政的、法律的和经济的手段，建立和完善覆盖全国的信用认证体系、评价体系和网络化的信用数据库。如，为所有加入 B2B、B2C、C2C 商业搜索的企业和个人进行实名认证。将商业搜索建成一个以诚信为基础的绿色搜索通道，建立具有公信力的诚信认证体系。它包含在所有加入搜索的企业和个人的网站上盖一个经过第三方权威机构认证的公章，例如域名、网站、工商信息。[③] 商务部中国国际电子商务中心信用认证中心是企业的管理机构，能够直接判断企业信息真伪、确保网站可信。由信用中介机构、调查机构和评级机构参与的电子商务平台开展企业注册信息诚信认证服务和商品、服务质量及经营的诚信认证评级等，可以建立服

---

① 白红平：《电子商务消费合同管辖权规则的选择》，载《生产力研究》2008 年第 11 期。

② 迟玉琢、姜成：《在线争端解决——有效的电子商务争端解决机制》，载《长春师范学院学报（自然科学版）》2007 年第 7 期。

③ 鄢来熊：《完善电子商务诚信体系建设刻不容缓——访电子商务诚信专家、铭万集团副总裁张桐铭》，载《中国信息报》2012 年第 7 期。

务于交易双方的信息对称机制，降低交易风险，充分利用非价格因素提高竞争力。由于诚信问题在我国习惯上被视为社会道德问题，很少提升到法律高度，因此，有必要在全社会大力开展法制诚信教育，提高公民的法律素质，同时加强政府监督指导下的行业自律。

第五部分 民事诉讼法

新民事诉讼法举证时限制度评析

刘金华*

从广义上讲，举证时限制度涉及举证期限的确定和逾期举证的法律后果等。2012年8月31日第十一届全国人民代表大会常务委员会第28次会议通过了《关于修改〈中华人民共和国民事诉讼法〉的决定》，该法第65条规定：当事人对自己提出的主张应当及时提供证据。人民法院根据当事人的主张和案件审理情况，确定当事人应当提供的证据及其期限。当事人在该期限内提供证据确有困难的，可以向人民法院申请延长期限，人民法院根据当事人的申请适当延长。当事人逾期提供证据的，人民法院应当责令其说明理由；拒不说明理由或者理由不成立的，人民法院根据不同情形可以不予采纳该证据，或者采纳该证据但予以训诫、罚款。上述法律规定，对举证期限的确定及当事人逾期举证应当承担的法律后果作出了明确的规定，应当说是立法的一大进步，有利于督促当事人及时提供证据，也有利于法院及时审结案件。但是，法律规定的缺陷也比较明显，包括举证期限确定的职权化，证据失权的宽松化，强制措施的行政化等。本文着重从举证期限的确定和逾期举证的法律后果两个方面对其进行梳理，提出相应的立法建议，以期进一步完善法律。

一、举证期限的确定

举证时限制度，是指负有举证责任的当事人应当在法律规定或法院指定的期限内提出证明其主张的相应证据，逾期不举证则承担证据失权法律后果的一项民事诉讼期间制度。① 我国1991年《民事诉讼法》没有规定举证时限制度，实行“证据随时提出主义”，即当事人可以在一审、二审甚至再审程序中提出证据。这种制度设置带来了如下问题：（1）影响法院办案效率。举证无时限造成部分

---

* 中国政法大学民商经济法学院民事诉讼法研究所副教授、法学博士、硕士生导师。

① 叶自强：《民事证据研究》，法律出版社1999年版，第136页。

当事人拖延举证，使法院迟迟不能下判，而法院办案又有审限的要求，举证无期限与办案有审限的矛盾变得相当突出。（2）诉讼中出现“证据突袭”。诉讼中，一些当事人或诉讼代理人为了对对方实施意外打击，收到出奇制胜的效果，将关键性的证据藏而不露，等到开庭审理时作为杀手锏，突然抛出，使对方当事人措手不及，无法进行有效的质证。（3）增加司法成本，浪费司法资源。在诉讼中，一方当事人突然提出证据，另一方当事人往往要求给予必要的准备时间，认真审查对方提出的证据，或者收集相反的证据进行反驳，法院也需要时间审核新提出的证据。因此，法官往往不得不将正在进行的审理活动停下来，择日再开庭。多次开庭势必增加当事人和法院的诉讼成本。（4）有损生效裁判的稳定性。个别当事人故意在一审中不提供证据，而将证据在二审中提交，二审法院只能依据当事人提出的新证据将一审判决撤销，发回重审或改判。如果当事人在再审中提交关键性的证据，已经发生法律效力的判决就会被推翻，使得法院判决的稳定性受到了相当大的威胁。① 针对上述存在的问题，2001 年 12 月 21 日最高人民法院颁布的《关于民事诉讼证据的若干规定》（以下简称《证据规定》），对当事人行使举证权的期限，以及举证期限届满后提出证据的效力问题作出了详细的规定，标志着我国从“证据随时提出主义”向“证据适时提出主义”的转变。但是，《证据规定》毕竟是司法解释，存在效力问题，同时制度设置也存在诸多不完善之处。新修改的《民事诉讼法》第一次以立法的形式规定了举证时限制度，可以说是立法的一大进步。

举证时限制度的法定化，对于解决“证据随时提出主义”产生的问题，必将起到一定的积极作用。但是，该项法律制度在司法实践运用中将要产生的问题，也不得不引起我们的注意，主要体现在以下两个方面：

1. 没有明确规定确定举证期限的时间。根据新修改的《民事诉讼法》第 65 条规定，举证期限由人民法院根据当事人的主张和案件审理情况确定。从现在法院案件审理程序设置看，主要包括立案阶段、审前准备阶段、法庭审理阶段。立案法官与庭审法官分别设置，在诉讼过程中，在哪个阶段确定举证期限，是立案阶段，还是法庭审理阶段，新修改的《民事诉讼法》规定，根据“当事人的主张”、“案件审理情况”确定，可以理解为立案阶段和庭审阶段，法官都可以根据当事人的主张和案件审理情况确定举证时限，然而，在庭审过程中再确定举证期限显然有违诉讼效率原则。

2. 举证期限确定职权化，即没有赋予当事人协商确定举证期限的权利。从举证时限制度的发展历程看，《证据规定》第 33 条不仅规定了法院指定举证期

① 江伟主编：《民事诉讼法》（第二版），高等教育出版社 2005 年版，第 190 ~191 页。

限，而且规定了当事人协商确定举证期限。新修改的《民事诉讼法》，仅规定了法院指定举证期限，没有赋予当事人协商确定举证期限的权利，应当说是一种退步，忽视了当事人诉讼主体的地位，体现出较强的法院职权主义色彩。[①]

针对上述存在的问题，本文相应地提出以下两项建议：

1. 立法应当明确规定确定举证期限的时间和终点。举证期限终点问题，直接关系到当事人诉讼权利的行使，关系到举证时限制度的价值实现。目前关于举证期限的终点问题，我国理论界主要存在两种观点：一种观点认为，应当将举证期限确定为一审法庭辩论终结时；[②] 另一种观点则主张，将举证期限确定为法庭开庭审理之日。[③] 本文认为，随着《民事诉讼法》的修改，以“证据交换，明确争点”为核心的审前准备程序的设置，应当将举证期限的终点明确规定在审前准备程序终结前，并且由负责审前准备的法官确定。因为在立案阶段，法官对案件情况不甚了解，确定举证期限存在一定的困难。在庭审阶段确定举证期限，会影响庭审的顺利进行，拖延诉讼进程，而在案件审前准备阶段，随着法官对案件情况的进一步了解，可以根据案件的具体情况，确定合理的举证期限，既可以为庭审作好准备，通过证据交换确定无争议的证据，排除与案件无关联的证据，又可以保证庭审工作的顺利进行。

2. 赋予当事人协商确定举证期限的权利。在民事诉讼中，当事人是案件的当事者，是举证主体，对证据获得的难易程度了如指掌，因此由双方当事人通过协商的方式确定举证期限，最科学合理。赋予当事人双方协商确定举证期限，可能会产生这样的异议，即当事人在诉讼中是存在利益冲突的双方主体，由其自己协商确定举证期限不可能，利益冲突的双方当事人之间不可能找到共同点。本文认为，案件情况是错综复杂的，司法实践中，双方当事人之间确实存在利益冲突，但是，利益冲突的双方主体之间并不是不能找到利益共同点，例如，诉讼中的调解协议，就是双方当事人互谅互让达成一致的结果。随着社会经济的发展进步，公民法律意识的提高，诉讼主体的诉讼行为越来越理智，到法院诉讼主要是为了解决矛盾和纠纷，为了节省诉讼时间和费用，双方当事人存在共同协商的可能性。法院是案件的事后裁判者，诉讼是双方当事人的事情，当事人是自身利益的最好维护者，因此法律应当赋予当事人更多的自主选择权，使当事人享有协商确定举证期限的权利，只有在当事人协商不成的情况下，才由法院依法确定举证

---

① 《证据规定》第33条第2款、第3款规定：举证期限可以由当事人协商一致，并经人民法院认可。由人民法院指定举证期限的，指定的期限不得少于30天，自当事人收到案件受理通知书和应诉通知书的次日起计算。

② 李浩：《民事举证责任研究》，中国政法大学出版社1993年版，第93页。

③ 陈桂明、张锋：《民事举证时限制度初探》，载《政法论坛》1998年第3期。

期限，而且为了防止法院随意行使指定权，损害当事人的合法权益，法律应当确定法院指定举证期限的原则，即法院指定举证期限不得少于30天。关于法院指定举证期限时间的限制，《证据规定》中已经有规定，建议将司法解释的内容纳入法律规定。

二、逾期举证的法律后果

设定逾期举证的法律后果，是为了使当事人遵守已经确定的举证期限，如果不规定逾期举证的法律后果，举证期限将变得毫无约束力。我国新修改的《民事诉讼法》规定，当事人逾期提供证据的，人民法院应当责令其说明理由；拒不说明理由或者理由不成立的，人民法院根据不同情形可以不予采纳该证据，或者采纳该证据但予以训诫、罚款。从上述法律规定可以看出，法律规定逾期举证的法律后果有两个，一是证据失权，即当事人逾期提供证据，拒不说明理由或者理由不成立的，人民法院根据不同情形可以不予采纳该证据；二是证据不失权，但要对逾期提供证据者采取强制措施，即采纳该证据，但对逾期提供证据的当事人予以训诫、罚款。法律条文内容的规定主要存在以下问题：

1. 证据失权情形的放宽，可能会导致举证时限制度难以落实。从条文规定的内容看，当事人逾期举证，拒不说明理由或者理由不成立的，人民法院根据不同情形可以不予采纳该证据，或者采纳该证据但予以训诫、罚款。但是，此项法律规定"分号"前，还有一项规定，即当事人逾期提供证据的，人民法院应当责令其说明理由。根据这项法律规定，如果当事人逾期提供证据，并且说明了理由，是否适用证据失权，是否适用采纳证据，对当事人训诫、罚款的规定。如果立法本意是当事人逾期提供证据，只要说明理由，理由成立，法院就可以采纳该项证据，那么逾期举证法律后果的规定就过于宽松，缺乏对当事人行为制约的举证时限制度将无法落实。同时，逾期举证的理由成立不成立，法律规定的较原则，一方面法官与当事人对理由成立与否可能会出现理解不一致的情形，导致当事人与法官矛盾激化；另一方面，司法实践中法官的自由裁量权过大，容易滋生司法腐败。

2. 人民法院采取的强制措施行政化。罚款是一种重要的行政处罚手段，是行政执法单位对违反行政法规的个人和单位给予的行政处罚，不需要经人民法院判决，只要行政执法单位依据行政法规的规定，作出处罚决定即可执行。行政机关在依法履行法定职责时，经常适用该项行政处罚手段依法行政。在民事诉讼中，训诫、罚款属于对实施了妨碍民事诉讼行为的人采取的强制措施，如果当事人不提供证据支持自己的诉讼主张，可以判决该当事人败诉，使其承担举证不能的法律后果，而不宜适用训诫、罚款等强制措施。从证据提供角度看，公权力不应当过度介入私权领域，当事人提供证据不是公法义务，因此对怠于行使举证权利的当事人，法律不应当规定采取训诫、罚款的强制措施。否则，可能会诱发法官滥用该项权利借罚款之名违法敛财等不法行为。

针对上述存在的问题，本文提出以下完善建议：

1. 严格实行证据失权制度。法律规定证据失权制度，主要是为了提高诉讼效率，保证举证期限制度的贯彻落实。如果只规定举证期限制度，没有证据失权制度与之相配套，举证期限制度形同虚设。最高人民法院的《证据规定》中已经规定了证据失权制度，在司法实践施行中产生了较大的负面效应，导致出现较多的反对声音。[①] 新修改的《民事诉讼法》放宽了对证据失权制度的要求，规定当事人逾期举证，如果能够说明理由，证据可以被采纳。本文认为，《证据规定》中规定的证据失权制度在司法实践中贯彻落实失败，属制度设置不完善所致，新修改的《民事诉讼法》放宽该项制度的适用，不够慎重，可能又会变相的重走“证据适时提出主义”的老路。因此在完善相关法律制度的同时，应当继续坚持严格的证据失权制度。

根据《证据规定》的规定，由人民法院指定的举证期限不得少于30天，证据交换之日举证期限届满。除重大、疑难和案情特别复杂的案件外，证据交换一般不超过2次。[②] 上述法律规定存在的问题是，立法没有合理地协调举证期限与证据交换的关系，将证据交换作为举证期限届满的最后期限，并且限制证据交换的次数，导致当事人在举证期限内，不知道该提交何种证据，证据交换之时，发现还有证据需要收集、提交，但是举证期限已经届满，再收集、提供的证据不被采纳，合法权益得不到维护，对法律规定提出质疑。实际上，在诉讼进行中，当事人之间通过证据交换，了解对方证据提交的情形，经过法官的释明，有时方能知晓自己应当或者需要向法院提交何种证据支持自己的诉讼主张，反驳对方的诉讼主张。而根据《证据规定》的规定，证据交换之日举证期限届满，恰恰堵死了当事人相互了解的渠道，导致证据交换之时，再想提交对自己有利的证据为时

① 《证据规定》第34条规定：当事人应当在举证期限内向人民法院提交证据材料，当事人在举证期限内不提交的，视为放弃举证权利。对于当事人逾期提交的证据材料，人民法院审理时不组织质证。但对方当事人同意质证的除外。当事人增加、变更诉讼请求或者提起反诉的，应当在举证期限届满前提出。

② 《证据规定》第33条第3款规定：由人民法院指定举证期限的，指定的期限不得少于30日，自当事人受到案件受理通知书和应诉通知书的次日起计算。第38条第2款规定：人民法院组织证据交换的，交换证据之日举证期限届满。当事人申请延期举证经人民法院准许的，证据交换日相应顺延。第40条第2款规定：证据交换一般不超过2次。但重大、疑难和案情特别复杂的案件，人民法院认为确有必要再次进行证据交换的除外。

已晚。①

解决上述问题的具体方法是，将举证时限确定在审前准备阶段，延长审前准备时间，形成在举证期限内多次进行证据交换的“交换证据，整理证据——提交证据——再交换证据，整理证据——提交证据”的循环过程。首先由双方当事人协商确定举证期限，当事人协商不成的，由法院指定举证期限。根据案情需要，在举证期限内，法院可以多次组织双方当事人进行证据交换。多次进行证据交换的目的主要有两个，一是督促当事人尽快地提交证据；二是通过证据交换、整理证据，使双方当事人互相了解案件情况，法官向当事人释明需要收集、提交哪些未出示的证据，利于当事人在举证期限内收集，并向法院提交。上述整个运行过程可以循环往复进行，直至双方当事人将所有能够向法院提交的证据穷尽为止。为了防止诉讼拖延，法院可以依职权对整个运行过程进行控制。可以说，该项法律制度的确立，既有利于督促当事人及时、有针对性、全面地举证；也有利于保证法院案件审理的公正性，提高诉讼效率。同时，通过证据制度的设定，在知己知彼的情况下，还可以促进当事人达成和解协议，减轻庭审负担，充分发挥审前准备的作用。

2. 取消罚款强制措施的适用。从司法实际情况看，当事人逾期举证主要存在以下两种情形：一是当事人逾期向法院提交的证据对自己有利；二是当事人逾期向法院提交的证据对自己不利。当事人逾期向法院提交对自己有利的证据，法律应当规定严格实行证据失权制度。因为根据本文上述对举证期限制度与证据交换制度的完善，已经给予当事人充分的举证时间，除非属于新证据，当事人再逾期举证，已经没有任何理由，证据失权当事人也无话可说。如果此时还规定可以采纳该项证据，诉讼一审、二审、再审将无休止的进行，既对对方当事人不公平，也会影响诉讼效率，浪费国家的司法资源。司法实践中，当事人往往不愿意将对自己不利的证据向法院提交。但是，如果对方当事人主张该证据的内容不利

① 在我国，无论是《证据规定》还是新修改《民事诉讼法》中规定的证据交换，目的都是为了明确和固定争点。而在美国，审前准备程序包括证据开示和审前会议两个阶段。证据开示是多样化地获取证据和信息的手段和方法，审前会议则是在证据开示的基础上固定争议的争点。证据开示可以多次、反复地进行，当事人可以边保存证据边收集证据，因为对方当事人披露的信息可能会是发现新证据的线索，这样在客观上要求证据交换的重复进行，也就是每当有新的证据出现，证据开示就有必要进行，双方当事人在一个互动的过程中，尽可能地发现更多的证据。我国《证据规定》确立的证据交换制度与审前会议实质上合二为一。一方面，证据交换的手段其实只有一种，即通过申请人民法院组织交换；另一方面，又规定证据交换的次数一般不超过两次，这样的限制使证据交换仅仅成为整理争点的一道工序而不是收集证据的方式。同时，当事人收集证据是封闭进行的，直到证据开示那一天，双方才互相了解对方的实力和“武器”，从本质上说，我国并没有确立严格意义上的证据开示制度。韩象乾主编：《民事证据理论新探》，中国人民公安大学出版社 2006 年版，第 9～10 页。

于证据持有人，并且有证据证明证据持有人持有证据，无正当理由拒不提供的，人民法院可以责令证据持有人提交证据，逾期提交的，可以对证据持有人进行训诫；拒不提交的，人民法院可以推定该项主张成立。如果因为当事人无正当理由拒不提交证据的行为，导致诉讼拖延，给对方当事人造成损失的，对方当事人可以要求赔偿。我国新修改的《民事诉讼法》规定的逾期举证强制措施适用范围广泛，适用条件原则，司法实践中适用不宜掌握，容易被滥用，需要立法进一步完善，予以取消。

此外，需要注意的是，证据失权并不是没有例外。世界诸多国家法律都对"新的证据"提交有例外规定，因为举证时限制度与"新的证据"本来就是一对天生的矛盾。举证时限制度体现了程序的不可逆性，而允许"新的证据"的提出必然引起程序的反复性和不安定性，弱化了举证时限制度对程序的固定作用。为了实现案件审理的公正性，立法需要平衡这一矛盾。《证据规定》第41条、第44条对1991年《民事诉讼法》第125条、第179条关于"新的证据"的规定作了限制性解释，以限制"新的证据"出现的情形，并通过第46条关于由于"新的证据"的提出造成损失的承担的规定对当事人施加压力，以督促当事人遵守举证期限的规定。[①] 但是，关于"新的证据"的规定，在性质上应当也只能是举证期限制度的例外情形，而这种例外在实际效果上形成了对举证期限制度的限制。因此，《证据规定》所确立的举证期限制度实质上是一种相对化的举证期限制度。[②] 我国新修改的《民事诉讼法》没有对"新的证据"的范围作出明确规定。本文认为，为了保证案件审理的公正性，法律应当对"新的证据"作出例外规定，赋予法官一定的自由裁量权，但是，应当采用列举的方式对"新的证据"作出明确的规定，以限制法官的自由裁量权。因此建议将《证据规定》对"新的证据"的规定纳入立法，以增强其效力，保证制度的贯彻落实。

---

① 《证据规定》第41条规定：1991年《民事诉讼法》第125条第1款规定的"新的证据"，是指以下情形：（1）一审程序中的新的证据包括：当事人在一审举证期限届满后新发现的证据；当事人确因客观原因无法在举证期限内提供，经人民法院准许，在延长的期限内仍无法提供的证据。（2）二审程序中的新的证据包括：一审庭审结束后新发现的证据；当事人在一审举证期限届满前申请人民法院调查取证未获准许，二审法院经审查认为应当准许并依当事人申请调取的证据。第42条规定：当事人在一审程序中提供新的证据的，应当在一审开庭前或者开庭审理时提出。当事人在二审程序中提供新的证据的，应当在二审开庭前或者开庭审理时提出；二审不需要开庭审理的，应当在人民法院指定的期限内提出。第46条规定：由于当事人的原因未能在指定期限内举证，致使案件在二审或者再审期间因提出新的证据被人民法院发回重审或者改判的，原审裁判不属于错误裁判案件。一方当事人请求提出新的证据的另一方当事人负担由此增加的差旅、误工、证人出庭作证、诉讼等合理费用以及由此扩大的直接损失，人民法院应予支持。1991年《民事诉讼法》第125条、第179条关于"新的证据"的规定，在新修改的《民事诉讼法》中没有改变，只是第125条变为第139条，第179条变为第200条。

② 孙辙：《新的证据和相对化的举证时限制度》，载《人民司法》2002年第5期。

总之，本文认为，为了保证诉讼公正与效率最大限度的实现，维护当事人的合法权益，法律应当对举证时限制度进一步进行完善，赋予当事人双方协商确定举证期限的权利，严格逾期举证的证据失权制度，在审前准备阶段，确定举证期限，并且在举证期限内多次进行证据交换，督促、协助当事人在举证期限内及时、全面地向法院提交证据。对于有利于证据提交一方当事人的证据，在举证期限内当事人不提交或者不能提交的，除属于法定的“新的证据”范畴，严格适用证据失权制度。同时，取消罚款强制措施的适用，如果有证据证明一方当事人持有证据无正当理由拒不提供，对方当事人主张该证据的内容不利于证据持有人，人民法院可以责令证据持有人提交证据，证据持有人拒不提交的，法院可以推定该项主张成立，由此导致诉讼拖延，使当事人遭受损失的，当事人可以要求赔偿。